21世纪财经应用创新型人才培养系列教材·税收系列

马金华 编著

清华大学出版社
北 京

内 容 简 介

在一定意义上说,了解一个国家的赋税史,也就几乎了解了这个国家的整个历史,了解了国家社会发展的规律性。本书介绍了中国从原始氏族社会至今几千年来财税制度的历史变迁。作者试图跳出传统的赋税史研究的窠臼,把赋税放到整个社会大背景下进行研究,动态地展现赋税征收、改制与政治、经济、军事、文化、社会等各领域的关系。同时,重视历史过程整体性的把握,按照中国历史运行的顺序,以重要的赋税史实为基础,纵横结合,全景式地展现了从原始氏族社会末期赋税的起源到中华人民共和国成立以来的赋税发展史。

本书封面贴有清华大学出版社防伪标签,无标签者不得销售。
版权所有,侵权必究。举报: 010-62782989, beiqinquan@tup.tsinghua.edu.cn。

图书在版编目(CIP)数据

中国赋税史/马金华编著. —北京: 清华大学出版社,2018(2024.2重印)
(21世纪财经应用创新型人才培养系列教材. 税收系列)
ISBN 978-7-302-47697-9

Ⅰ. ①中… Ⅱ. ①马… Ⅲ. ①赋税-财政史-中国-高等学校-教材 Ⅳ. ①F812.9

中国版本图书馆 CIP 数据核字(2017)第 157997 号

责任编辑: 高晓蔚
封面设计: 汉风唐韵
责任校对: 王荣静
责任印制: 刘海龙

出版发行: 清华大学出版社
网　　址: https://www.tup.com.cn, https://www.wqxuetang.com
地　　址: 北京清华大学学研大厦 A 座　　邮　编: 100084
社 总 机: 010-83470000　　邮　购: 010-62786544
投稿与读者服务: 010-62776969, c-service@tup.tsinghua.edu.cn
质量反馈: 010-62772015, zhiliang@tup.tsinghua.edu.cn
课件下载: https://www.tup.com.cn, 010-62770175-4506

印 装 者: 三河市铭诚印务有限公司
经　　销: 全国新华书店
开　　本: 185mm×245mm　　印　张: 15.5　　插页: 1　　字　数: 327 千字
版　　次: 2018 年 4 月第 1 版　　印　次: 2024 年 2 月第 4 次印刷
定　　价: 55.00 元

产品编号: 073610-03

序言 PREFACE

马克思曾说过：赋税是政府机器的经济基础。国家存在的经济体现就是捐税。因此研究一个国家的历史，不能不研究它的赋税史。为满足财经类高等学校税务专业的本科教学需要，我们编写了本书，介绍中国财税制度的历史变迁。为了让历史更生动地为现实服务，我们根据中国赋税历史所表现出来的先秦时期地方分权型财税、秦至清代封建社会中央集权型财税和近现代多元性财税的特点，将历史上的赋税制度分专题进行了讲述。在本书写作中，试图跳出传统的赋税史研究的窠臼，把赋税放到整个社会的大背景下进行研究，动态地展现赋税征收、改制与政治、经济、军事、文化、社会各领域的关系。同时，重视历史过程整体性的把握，按照中国历史运行的顺序，以重要的赋税史实为基础，纵横结合，全景式地展现从原始氏族社会末期赋税的起源到中华人民共和国成立以来的赋税发展史，同时本书还补充了大量的阅读性材料和专栏资料，无论从时间跨度上还是从资料翔实程度和内容可读性上都超过作者本人在2012年主编的《中国赋税史》教材。在一定意义上说，了解了一个国家的赋税史，也就几乎了解了这个国家的整个历史。

本书由中央财经大学财政学院马金华教授编写，中央财经大学财税学院王朝芳、刘锐、薛迪参与了全书资料搜集和专栏撰写等工作。本书的编写，吸收了近年来中国赋税史最新的教学科研成果。在此，向财税史学前辈和各位同仁表示诚挚谢意。本书主要面向高等院校的本科生、专科生以及对财税感兴趣的实务工作者和社会工作者。本书的编写，自始至终得到了清华大学高晓蔚编辑的支持和帮助，在此向她表示衷心的感谢。

由于作者水平有限，加之史料浩繁，错误和不足之处在所难免，请广大读者指正。

编　者

2018年1月

目录 CONTENTS

第一章　先秦时期的赋税概况 ··· 1
　　第一节　中国赋税的产生 ··· 1
　　第二节　夏、商、西周时期的赋税 ································· 4
　　【阅读性材料】··· 9
　　第三节　春秋战国时期的赋税 ····································· 13
　　【本章小结】·· 32
　　【关键词】·· 33
　　【复习思考题】·· 33

第二章　秦至清代的农业租税 ·· 34
　　第一节　秦汉时期的租赋制 ······································ 34
　　第二节　三国两晋南北朝时期的租调制 ···························· 37
　　第三节　隋朝和唐前期的均田制和租庸调制 ························ 41
　　第四节　唐朝中后期的两税法 ···································· 44
　　【阅读性材料】·· 47
　　第五节　宋代的"方田均税法" ··································· 49
　　第六节　明代的一条鞭法 ······································· 51
　　第七节　清代的摊丁入亩 ······································· 57
　　【本章小结】·· 62
　　【关键词】·· 62
　　【复习思考题】·· 62

第三章　秦至清代的徭役制度 ·· 64
　　第一节　秦汉的徭役和更赋 ······································ 64
　　第二节　三国两晋南北朝的徭役 ·································· 66
　　第三节　隋唐时期的徭役 ······································· 68
　　第四节　宋辽金时期的徭役 ······································ 70
　　【阅读性材料】·· 70
　　第五节　元代的徭役 ··· 73

第六节　明代的徭役 …………………………………………………… 76
第七节　清代的徭役 …………………………………………………… 79
【本章小结】 ……………………………………………………………… 80
【关键词】 ………………………………………………………………… 81
【复习思考题】 …………………………………………………………… 81

第四章　秦至清代的专卖和工商税　82

第一节　秦汉的专卖和工商税 ………………………………………… 82
第二节　魏晋南北朝的专卖和工商税 ………………………………… 89
第三节　隋唐时期的专卖和工商税 …………………………………… 92
【阅读性材料】 …………………………………………………………… 96
第四节　宋辽金时期的专卖和工商税 ………………………………… 99
【阅读性材料】 …………………………………………………………… 101
第五节　元代专卖和工商税 …………………………………………… 104
第六节　明代的专卖和工商税 ………………………………………… 107
第七节　清代前期的专卖及工商税 …………………………………… 110
【本章小结】 ……………………………………………………………… 115
【关键词】 ………………………………………………………………… 115
【复习思考题】 …………………………………………………………… 115

第五章　秦至清代的赋税特征与赋税管理　116

第一节　秦汉时期的赋税特征与管理 ………………………………… 116
第二节　魏晋南北朝时期的赋税特征与管理 ………………………… 120
第三节　隋唐的赋税特征与管理 ……………………………………… 122
【阅读性材料】 …………………………………………………………… 124
第四节　宋辽金的赋税特征与管理 …………………………………… 125
第五节　元代的赋税特征与管理 ……………………………………… 128
【阅读性材料】 …………………………………………………………… 130
第六节　明代的赋税特征与管理 ……………………………………… 132
【阅读性材料】 …………………………………………………………… 133
第七节　清代前期的赋税特征与管理 ………………………………… 136
【本章小结】 ……………………………………………………………… 139
【关键词】 ………………………………………………………………… 139
【复习思考题】 …………………………………………………………… 140

第六章　清代后期的赋税 ……………………………………………………… 141
- 第一节　清代后期的政治经济与赋税特征 ……………………………… 141
- 第二节　田赋、关税、盐税、厘金 ……………………………………… 143
- 【阅读性材料】 …………………………………………………………… 151
- 第三节　赋税管理机构和制度 …………………………………………… 155
- 【阅读性材料】 …………………………………………………………… 157
- 【本章小结】 ……………………………………………………………… 158
- 【关键词】 ………………………………………………………………… 159
- 【复习思考题】 …………………………………………………………… 159

第七章　北洋政府时期的赋税 ………………………………………………… 160
- 第一节　北洋政府时期的政治经济与赋税特征 ………………………… 160
- 第二节　田赋、关税、盐税、厘金 ……………………………………… 162
- 第三节　赋税管理机构和管理制度 ……………………………………… 172
- 【阅读性材料】 …………………………………………………………… 176
- 【本章小结】 ……………………………………………………………… 179
- 【关键词】 ………………………………………………………………… 179
- 【复习思考题】 …………………………………………………………… 180

第八章　国民政府时期的赋税 ………………………………………………… 181
- 第一节　国民政府时期政治经济与赋税特点 …………………………… 181
- 第二节　土地税、关税、盐税 …………………………………………… 184
- 第三节　统税、货物税、直接税、专卖 ………………………………… 193
- 第四节　赋税机构与管理制度 …………………………………………… 204
- 【阅读性材料】 …………………………………………………………… 210
- 【本章小结】 ……………………………………………………………… 211
- 【关键词】 ………………………………………………………………… 212
- 【复习思考题】 …………………………………………………………… 212

第九章　中华人民共和国成立以来的税收制度 ……………………………… 213
- 第一节　税制建设与巩固时期(1949—1957年) ………………………… 213
- 第二节　税制建设曲折发展时期(1958—1978年) ……………………… 217
- 第三节　税制建设全面加强时期(1978—1994年) ……………………… 220
- 【阅读性材料】 …………………………………………………………… 226

第四节　社会主义市场经济确立时期的税制改革(1994—2012年) ············ 228
第五节　国家治理视野下的税制改革深入阶段(2012年至今) ················ 232
【本章小结】·· 236
【关键词】·· 237
【复习思考题】··· 237

参考文献 ·· 238

CHAPTER 1 第一章　先秦时期的赋税概况

学习目标

(1) 初步掌握中国赋税产生的基础，了解早期赋税的形态和特点。
(2) 了解夏、商、周时期赋税的征收形式、内容和赋税管理制度。
(3) 了解春秋战国时期的赋税改革的原因、改革内容。

先秦时期是指公元前 221 年秦国建立统一的封建国家之前的历史时期。史学界按社会性质把这一时期分为原始社会和奴隶社会。夏代(公元前 21—前 16 世纪)是奴隶社会的形成时期；商代(公元前 16—前 11 世纪)和西周(公元前 11 世纪—前 771 年)时期，奴隶制发展到较高阶段；春秋(公元前 770—前 476 年)战国(公元前 475—前 221 年)时期，是奴隶社会的瓦解时期，也是封建社会的形成时期。国家的赋税制度和社会性质有关，但又有其特殊性，它和各个历史时期的政治、经济和人类生产生活有着十分密切的关系。这一时期，由于生产力发展水平低下，国家赋税显示出其原始性、不稳定性和残酷剥夺性。

第一节　中国赋税的产生

赋税是人类文明的产物，是人类社会发展到一定历史阶段的产物。即当人的劳动生产物除了满足自己食用、养育自己的父母、子女之外，还有剩余；而财富能带给人类家庭以温暖、光耀乃至某种地位(或者说是得到贫乏者、幼弱者、被灾者投来的羡慕或乞求的眼光)时，人们对财富的私人占有欲陡然增强；当私有制发展给社会带来了贫富分化，即财富分配不公成了矛盾激发的根源时，要维持社会的稳定，必然要求有一种平衡力量的出现，这一力量，在古代氏族社会后期，就是氏族的首领，部落的酋长。当这些人越来越多地脱离生产劳动时，就需要本氏族成员的贡献。这种贡献，最初不叫税。赋税性质的征收，由最早针对周边部落而逐渐面向内部成员，成为制度。"自虞、夏时，贡赋备矣。"①

最早的赋税是按人头或按户平均分摊的，有一定的比例，定期以实物缴纳，初步具有固定性和强制性的特点，也带有均平性、法律性和制度化的意义。但是，赋税的产生是有条件的：经济发展到一定水平，社会活动确实需要。即一是需要，二是有保证这种需要的

---

① 《史记·夏本纪》。

可能。《公羊传》宣公十五年有一段话："古者饣十一而藉。……多乎什一,大桀小桀;寡乎什一,大貉小貉。"同时,赋税的发展又是有规律的,列宁曾说过:"任何社会制度,只有在一定阶级的财政支持下才会产生。"

一、农业是人类生存的经济基础

研究赋税,自然离不开土地,因为赋税是根据土地出产而征收的。土地出产最早是指农业(包括种植业、采集业、渔猎业等)出产,因此古代农产品就成为最早征收的对象。

中国的原始社会,大约是从几十万年以前开始的。由于渔猎经济的进步,因而促成了氏族公社的最后形成。由原始群进入氏族社会后,人类经济生活方面发生了重大变化。早期的原始人群,依靠采集和狩猎为主,由于生产工具很原始,个人的力量微弱,既不足以自卫,更难捕获猛兽,因此捕获的成功率不高,这就需要联合群体的力量,共同劳动,猎取食物,抵御伤害,维持生存。氏族社会是以生产资料公有制为基础、最初是以母系血缘为纽带的血缘集团,既是生活单位,又是生产单位;适应当时生产力状况,氏族社会初期以采集和狩猎为主。氏族制度的形成和逐步完善化,又有力地促进了社会经济的发展。

首先是农业的建立。相传神农氏"因天之时,分地之利,制耒耜,教民农作,神而化之,使民宜之。"[①]由于部落首领领导氏族成员,利用天时地利,从事农业生产,使农业得到了发展,中国成了世界上农业发达最早的国家之一。

在农业发展的基础上,家畜饲养业也产生并发展起来了,在继续狩猎和捕鱼的同时,除了养狗之外,人们开始普遍养猪。家畜饲养成了农业的一个重要补充。随着农业、家畜饲养业的发展,人们生活的改善,又向原始手工业提出了新的要求。一些原始手工业,如制陶业、纺织业、缝纫以及房屋建筑业等也开始出现。只是这时的手工业多在农事和其他生产的间隙进行,它们还没有从农业中独立出来,而是同早期农业生产结合在一起进行的,生产的产品也主要是为了满足本部落居民的需要。

农业、畜牧业和手工业的发展,使男子在生产中的地位普遍加强,社会生产和家庭经济中男女所处地位发生了变化,母系氏族社会转变为父系氏族社会。这时,生产水平进入了一个新的发展时期。随着畜牧业和手工业先后成为独立的生产部门,这种社会大分工又推动了生产工具的改进和生产技术的提高。粮食较前丰盛了,还有不少粮食用作储备,随着手工工艺的进步,直接交换为目的的商品生产出现了。一种新的社会形态——奴隶制,已开始在原始社会的内部萌芽、生根和发育起来。而交换的进一步发展、私人占有财富的增多,又是促使原始社会迅速向奴隶制社会转变的催化剂。

由于生产力的发展,氏族部落内部的财产占有开始有了差别,出现了阶级分化。氏族之间经常围绕财物和权力而战争,战争背后,又涉及众多人的利益。于是,要求一个代表氏族权益、代表部落联盟利益的机构出现。正如恩格斯所说:"古代氏族制度被滥用来替

---

① 班固:《白虎通义》。

暴力掠夺财富的行为辩护。所缺少的只是一件东西,即这样一个机关,它不仅可以保障单个人新获得的财富不受氏族制度的共产制传统的侵犯,不仅可以使以前被轻视的私有财产神圣化,并宣布这种神圣化是整个人类社会的最高目的,而且还会给相继发展起来的获得财产的新形式,因而是给不断加速的财富积累,盖上社会普遍承认的印章;所缺少的只是这样一个机关,它不仅可以使正在开始的社会划分为阶级的现象永久化,而且可以使有产阶级剥削无产者的权利以及前者对于后者的统治永久化。"① 这个机关就是国家,国家因此而产生。在国家出现以前,为保证氏族首领和氏族集团的公共需要,需向公社成员提取一部分产品充当公积金。这种征收,还不完全具备税收的性质。只有当国家出现以后,氏族公仆成了氏族主宰,为部落服务的公共事务机构也逐渐演变成统治氏族成员的专政工具,这时为了实现国家职能的需要,就该让氏族成员缴纳贡赋了。

二、中国早期赋税形态

多数学者认为,在国家出现以前,是没有赋税征收制度的。据《抱朴子·诘鲍》所载,无君臣之时,"身无在公之役,家无输调之费;安土乐业,顺天分地",这应该是说的父系氏族社会初期的情况。当时,农业生产还比较原始,社会分工还未发生急剧变化,还属于"无制令而民从"的阶段。到了父系氏族社会后期,社会生产发展速度加快;部落联盟的出现和部落间战争的多发,公共事务的增加,使为氏族的生产、生活和安全服务的专职人员逐渐脱离生产劳动,他们为公共事务而造成的劳动损失,必然要从氏族成员的剩余产品中得到补偿。

赋税,是人类社会生产力发展到一定阶段的产物。这个历史阶段,通常是指:生产力发展到一定的水平,出现了剩余生产物和贫富的差异,进而产生了私有制,产生了阶级,出现了国家。为了保证国家行使职能,就需要向人民征收捐税。所以,生产力发展,是税收产生的基础;而国家的出现,是赋税产生的前提。据史籍记载,夏王朝是中国古代最早出现的国家,它用贡赋形式向臣民进行征收,征收的原则:"禹定九州,量远近,制五服,任土作贡,分田定税,十一而赋。"② 就是说,禹根据各地离京畿的远近,土质的肥瘠、高下,评定土地等级,征收收获量1/10的税。据《史记·夏本纪》载,早期的贡赋包括两个方面的内容:一是对农产品的征收,"相地宜所有以贡"。二是各地方臣属向中央贡献的土特产品,如兖州(今河南荥阳和山东西部)贡漆丝,青州(今山东东部、北部)贡盐、海物等等。可见,夏代的贡献,是中国古代最早的赋税形态。

三、中国早期赋税的特点

相传夏禹废禅让,传位于子,开始了"家天下"的历史。王位世袭制的确立,专制君主

---

① 恩格斯:《家庭、私有制和国家的起源》,见《马克思恩格斯选集》,第四卷,104页,北京,人民出版社,1972。
② 《通典·食货四·赋税上》。

的产生,国家机构也就得到了加强。为了强化自己的统治,保证法令的通行,夏王朝还在加强军队建设、修造监狱、制定严厉的刑法的同时,也加强了赋税的征收管理。

据史料分析,在夏代的贡赋,已具有如下一些赋税的一般特点:

第一,强制性。夏王朝以武力征服各个氏族部落后,向它们强行索取财物和农产品。各氏族部落为求自身安全,以贡纳物品以示臣服,因而具有一定的强制性。

第二,无偿性。夏王朝的贡、赋征收上来后,一般用于满足国家政治、军事、经济等方面的需要,不存在返还性。

第三,原始形态的固定性。夏王朝对臣服部落征收的贡物是根据土地、物资多少确定贡物的等差,贡纳时间也无限制,因而不存在严格的固定性。对臣民"分田定税,十一而赋"的征收原则具有原始形态的固定性。

但是,由于夏王朝刚刚脱离原始社会,还带有它脱胎而来的那个社会的许多残余。其内部原属不同部落的地区具有不同的特点,所以,表现在赋税征收上也有差异。这说明夏王朝的赋税,还是处于不成熟的幼年阶段。此外,各部落所贡方物不能定时、定量、定律,且路有远近,物有轻重,这也是早期赋税的一个特点。

第二节　夏、商、西周时期的赋税

公元前 21 世纪,禹死后,其儿子启废除了禅让制度,建立了中国历史上第一个世袭国家政权——夏王朝,正式确立了世袭制度,开始了中国历史上的"家天下"局面。史学界多把夏代(公元前 21—前 16 世纪)定为中国奴隶社会的形成时期,商代(公元前 16—前 11 世纪)和西周(公元前 11 世纪—前 771 年)定为奴隶社会的发展和兴盛时期。

一、政治经济概况

夏商周三代都属于王权国家。这种王权国家和秦汉以后的君主专制体系有很大的区别。王权国家在很大程度上是通过包容原有的地方性集团势力、血缘氏族组织和自然人群落而发展起来的。除了一个有限的核心范围之外,王的权力并没有直接地贯彻到社会中的个人。周围的部落、邦国势力弱时就臣服,势力强时则反叛。商就是夏族中的部落之一,经过五百年的发展成为夏王朝东方地区强大的方国。商王朝是以王权为中心的方国联盟,居于王城的王直接控制着一个由贵族、祭司与官僚共同组成的中央国家机关。商王直接控制的区域(称"王畿")是以宗族集团为单位,整体地与商王发生关系,对国王提供劳役和兵役。畿外得到王权的确认,臣服商朝,向商王提供贡赋和军事支持,是商的地方政权。到周代,则进一步完善了夏、商的国家制度,周代通过分封所建立的王权政治体系与商代基本相同。通过分封,大批周王室成员和推翻商朝的战争中建立功勋的地方势力成为诸侯,分封制使王朝中央与诸侯的关系由联盟的关系变为以血缘亲疏为纽带的宗法分封关系,加强了对全国各地的控制。

夏商周都实行"家天下"的王位世袭制。夏商二代实行的是兄终弟及、父死子继的制度。传子中，又有传长子与传幼子等多种。继承制度的不确定极易造成统治阶级内部争权夺利的斗争，不利于王朝稳定。从周成王开始，推行王位嫡长子继承制，从而结束了统治集团内部经常出现的为争夺最高政权而造成的动荡，嫡长子继承制对我国古代社会结构演变起了重要作用。

农业收入是夏商周三代的主要收入来源，因此，三代国王对此都十分重视。夏禹对农业确实作出了贡献。首先，区画九州，疏浚河流，消除水患；在此基础上，平整土地，开挖沟渠灌溉系统；在耕作时，顺应节令变化，适时播种与收割。史书上说"行夏之时"，就是说，夏以后的农民，学夏的历法，四时八节不误农时。由于有了一套合理的耕作技术，所以，粮食产量比以前多了。不过应该承认，由于这时使用的仍然是木石农具，所以，农业劳动生产率仍然很低。到商代，生产状况有了较大的变化，井田制在商代已经巩固下来。当时，开始有简单的协作，由于农业的发展，粮食生产多了，这时开始建立仓库储存。此时，农村普遍栽种了桑麻，家里还喂养牛、马、猪、羊、鸡、犬等畜禽。到西周，农业耕作方法有了改进，通常利用耦耕，《诗经》记载"十千维耦"，"千耦其耘"，是说当时有成千上万人在一起从事农业劳动。这种宏大的劳动场面，说明了当时农业的盛况。

夏商西周时期的土地所有制，基本上是实行土地国家所有制度。这不能说是奴隶社会的创造，而是对氏族社会土地制度的继承和发展。进入奴隶社会后，即国家出现后，打破了原来以血缘关系为纽带的土地公有制。国家以"高居在所有这一切小集体之上的结合的统一体以最高的所有者或唯一的所有者的资格而出现。"① 国家是土地所有者，而拥有至高无上权力的君主则是国家土地的最高所有者，也是唯一的所有者，他把土地通过奴隶主贵族、诸侯国君分给所属成员。从事劳动生产的成员，仅是土地的占有者。马克思在《资本主义地租的产生》一篇中曾经有针对性地做过如此论述：在这种直接生产者面前对立出现的，不是私有土地的地主，却像在亚洲一样，是那个对他们来说是地主同时又是主权者的国家，地租和课税就会合并在一起，……在那里，国家就是最高的地主。在那里，主权就是在全国范围内集中的土地所有权。但是，从另一方面说，在那里，因此也就没有土地私有权，虽然对土地来说，既存在私人的也存在共同的占有权和使用权。② 即在土地国家所有制下，要根据情况分配给国内臣民去耕作，国家据此征收赋税。从中国历史看，夏王朝时，夏部落本身同周边加盟部落并没有融为一体，各部落仍有自己的土地和人民；到了西周，为巩固和加强周王朝的长久统治，大封同姓贵族和异姓功臣为诸侯，以藩屏周室。如封武王弟康叔于卫，封吕尚于齐，封成王弟唐叔于晋，封伯禽于鲁，封召公之长子于燕，等等。当时的分封，是连同土地和人民一起赐给受封者的。

在三代，土地国有制表现为三种情况：一是国王直接派官经营管理的公田，一般在王

---

① 马克思：《资本主义生产以前的各种形式》，5页，北京，人民出版社，1956。
② 《资本论》第三卷，924～925页，北京，人民出版社，1966。

城四周即京畿千里的地方,但也不是京畿千里的全部,其中还有封给王室其他人的土地;二是京畿之外,由分封的诸侯所管理的土地,他们只有使用权,并无所有权;三是附属国及有独立行政权力的部落地方。国王设官经营管理的田,史称"大田""我田""公田""甫田"等。

农业的进步,促进了手工业和交换的发展。大约夏代已由石器时代进入铜器时代。进入商周时期,青铜冶铸业得到重大的发展,从安阳殷墟出土的铜器,不仅数量多,品种多,而且制作精美。后母戊方鼎重达八百七十五斤,可见当时的冶铸技术已具相当高的水平。出土的铜器,除礼器外,还有供贵族使用的容器、兵器、乐器和车马饰物。青铜还被用作刀、斧、锛等工具。此外,相传夏奚仲造车,即已有木工。商代,漆器和丝织业也已发展到一定水平。西周时,除了官府手工业外,已出现了农民家庭副业的民间手工业,虽然属于自给自足性质,但为私人工商业的发展开创了新路。

商业萌芽于商代。西周初年,朝歌(今河南淇县)即有商代遗民用牛车载货经商的事。这属于近地交换,交换的大多为生活实用之物。不仅如此,商代商人还从远达千里或数千里之遥,运来奴隶主贵族所需之物。从商代遗址中,常出土海贝等物,海贝大量生长在印度洋和南海岛屿附近,我国大陆不产此物,可见商人涉足之远。出土文物还可证明,西周已用贝作交换手段——货币,从殷墟文字"贝十朋"可资为证,这说明海贝、铜贝等已充当一般等价物。货币是顺应生产发展、剩余生产物的增加、交换的扩大的需要而产生的,是社会发展到一定阶段的产物。当然,商周之际,商贾同百工一样,多隶属于贵族,即"工商食官"。尽管如此,还是证明了在商、周时期,已有了脱离农业的专业工匠和商人。

随着奴隶社会经济的发展,奴隶制国家政权机构、法制、制度也逐渐在完善。组织政权的目的,主要是维护统治阶级权益,巩固其统治。传说禹曾设官分职,制定出最早的刑法。西周的"三事""六官"之设,五刑之罚,土地之分封,井田之制,赋役之征,所有设官分职、兵戎钱谷之事,都属政权建设的一部分。这一切说明,奴隶制国家在巩固自己对奴隶统治的同时,各种职能机构,也日益扩充和完善。

二、夏商周的赋税制度

(一) 田制和田赋

1. 田制

在三代,土地属奴隶主占有。相传在禹治水之时,即观察土地,识别土质,把田地按高低、肥瘠情况分为九等,量远近,制五服,任土作贡。在夏王朝,国家把土地按远近分给奴隶主贵族,奴隶主贵族再按级下分,最后将土地分给平民和奴隶耕种。据《孟子》所说:"夏后氏五十而贡。"即每户(夫)给五十亩一块的土地。从商到周,则实行井田制。关于井田制,据《孟子·滕文公》上说:"方里而井,井九百亩,其中为公田,八家皆私百亩,同养公田;公事毕,然后敢治私事。"即把大约九百亩的一块地分为九块,中间一块是公田,周围八块是私田,公田由八家共耕,公田里的收获物归奴隶主。总之,在三代,土地是按等级分配;对平民实行劳力课征。

2. 田赋

(1) 夏代的田赋——贡

夏代实行"贡"法。夏代的田赋征收有两种:一种是按田土的农产品产量征收定额的田赋;一种是根据各地的特产,强行规定贡纳土特产品。据史籍记载,夏代把全国分为五个区域,在王城之外,每五百里为一区,根据各区距离王城的远近和运输负担,确定缴纳物品的精、粗。赋税的比率,一般是收获量的1/10。《孟子》说:"夏后氏五十而贡",贡的比率是1/10,因年成有好坏,夏代的做法是将相邻几年的收获,求出一个平均数,以其平均收获量的1/10,作为贡赋定额,不分凶年、丰年,都要缴纳规定数量的粮食。所以,夏朝的税赋,实际上是一种农业定额税。

除赋税之外,还有土贡,即各地诸侯、臣属向夏国王贡纳的土产、珍宝。如扬州贡金三品、瑶、琨(美玉)、竹箭、齿、革、羽、旄、橘、柚;徐州贡五色土、孤桐、浮磬、珠及鱼等。这里面又分为常贡和临时贡纳,后者一般是那些难得的物品或新鲜果品。

(2) 商代的田赋制度——助

助法是建立在井田制度基础上的一种田赋制度。在商代实行的是井田制度,《孟子》说:"殷人七十而助。"据朱熹解释:以六百三十亩的土地,分为九块,每块七十亩,中为公田,八家共耕;外为私田,八家各授一区。纳税的形式,是使八家之力助耕公田,以公田所获交公。私田不再纳税。这种田赋的性质,《孟子》说:"助者借也。"实际是一种借民力助耕的劳役地租。这种以租代税的形式实际上是对活劳动的直接征发。

助法的税率,《孟子》说是什一税率,朱熹推算是九一税率。因为每家负担的是1/8,即12.5%,比什一税要高。

(3) 西周的田赋制度——彻

"彻"法是周代的田赋制度。《孟子》说:"周人百亩而彻。"是指周代田赋征收实行彻法,即把九百亩大小一块田,分为九个百亩一块的田,每夫授田一块。每年终了,按百亩的实际收获量征收实物,税率大概为1/10。

彻法同助法一样,也建立在井田制的基础上;但彻法的征收同助法有所不同。首先,授地亩数不同;其次,夏代是定额税,周代则采取比例税形式;最后,它能多收多得,有利于调动劳动者的积极性。可见,彻法比贡法要进步得多。

西周除田赋之外,还有贡的收入,即各国诸侯和平民,按规定向周天子的献纳。这种献纳,不完全是自愿,它具有强制性。

西周的贡有两种:一是邦国之贡,一是万民之贡。史载邦国之贡有九种,计:①祀贡:供祭祀用的包茅、纯色全体牲畜(牺牲)等物品;②嫔贡:指诸侯贡献给国王接待宾客所用之物,一般为皮帛之类物品;③器贡:指宗庙器具之类的物品,如银、铁(梁州贡)、漆(兖州贡)、石(砥砺)、磬(徐州贡)等类;④币贡:指帛,也说是玉马、皮帛之类物品;⑤材贡：指木之类；⑥货贡：指金、玉、龟、贝之类物品；⑦服贡：祭服，即玄绣及纤缟之类，也有说服贡不是制成的衣服，而是服材；⑧斿贡：指燕好、珠玑、琅玕之类，一说贡羽毛之类；⑨物贡：指各地其他方物特产可供贡献者，如肃慎氏贡矢之类。有的说是贡鱼、盐、橘、柚之类。其实，邦国之贡也是万民之贡，名为诸侯所贡，实是各诸侯国奴隶主通过向人民征集，然后将其一部分缴纳给天子，以待公用。

（二）关市之征

我国古代手工业发展得早，商代末年，商人贸易已经出现，但是这时是"工商食官"，手工业和商业都属官办，故不征税。"市廛而不征""关市讥而不征。"即去市场上交换的物品，在关卡上只检查是否有违禁事例，而不征税；在市场上也只对市肆收点管理费。但到了西周后期，由于农业的剩余生产物和手工业产品的交换活动日益增多，在官营手工业和官营商业之外，出现了以家庭副业形式的私营个体手工业和商业，商人活动的范围已不是几十里、上百里的小范围，而是来往于各诸侯国乃至海外。周统治者一方面出于保护农业劳动力的需要，对从商之人加以抑制；另一方面也是为了满足统治阶级日益增加的财政需求，就需要对参加商品交换的物品征税了。西周的关市之征，据《周礼》记载，包括关市税和山泽税两类。

关市税：古代的关，主要指陆路关卡，或设于道路要隘之处，或设于国境交界之处；其作用是维持治安和收税，即有双重作用。周代征收关税的事例，见诸有关齐国、晋国和宋国的史料，大多征收较轻。由于这是一种新的税收，不易为人所接受，所以征收范围不广。

市税，在西周时，是指对市内邸列肆、守斗斛、诠衡的征收，实际上是费的性质。据史载，有絘布、总布、质布、罚布、廛布等名目。絘布（列肆之税）即对商店所征的税；总布，对守斗斛、诠衡者所征之税，即牙税性质；质布，指由质人（评定物价、保证货物的质量的官）课于犯质剂者（违反契约规定者）的钱。质剂，指契约，有长券（指买卖牛马之属的券契）、短券（指买卖兵器、珍异之类）之分；罚布，对犯市令者的罚款；廛布，对商人储存货物的店铺所收的费。西周关市之征用货币缴纳，意味着西周时货币经济已开始发达起来。

山泽税：对山林、园池水泽所产所征的税。包括山林所出的兽皮、齿、角、羽翮，池泽所出的鱼、盐等物所收取的实物。

（三）罚课

古代还有一种寓惩于征的措施，即罚课。凡不勤劳生产，或不完成生产任务的，都要受到加税或服徭役的处罚。据载：凡住宅地旁不种桑麻者，要出里布；有地不耕者要出屋粟；凡民闲居，而不参加生产者，不仅要缴纳一夫的田赋，还要服徭役。

（四）徭役

徭役包括力役和兵役。据载，古代平民要负担徭役，随时服从国家的征调，即使是贵族,也有服兵役的义务。

力役:古代力役是指强制人民从事劳役活动。包括跟随诸侯、大夫从事狩猎、追捕盗贼以及运送官物等事。一般是一户一人。服役的日数一般为一年三日,少者一日,如遇灾荒凶年则不服劳役。服役的年龄:国中之民自二十岁至六十岁,野自十五岁至六十五岁。对于国中的特权阶级,如贵者、贤者、能者、服公事者、老者、疾者都免役。

军赋:包括兵役和军赋。周代兵役,一般是七家出一人服兵役,按规定轮换。军事首领多由贵族承当。至于军赋,据记载:殷周"因井田而制军赋"①。一丘之地(十六井)出戎马一匹、牛三头;一甸(四丘)出戎马四匹,兵车一乘,牛十二头,甲士三人,卒七十二人,干戈武器也由自己准备。从上可见,在周代仍然是兵农合一,田制和兵制结合,人民服兵役和纳军赋相结合。这是周代财政的特点。

阅读性材料

井 田 制

井田制是我国奴隶社会的土地国有制度,西周时盛行。那时,道路和渠道纵横交错,把土地分隔成方块,形状像"井"字,因此称作"井田"。井田属周王所有,分配给奴隶主使用。奴隶主不得买卖和转让井田,还要交一定的贡赋。奴隶主强迫奴隶集体耕种井田,无偿占有奴隶的劳动成果。

"井田"一词,最早见于《穀梁传·宣公十五年》:"古者三百步为里,名曰井田。"夏代曾实行过井田制。商、周两代的井田制因夏而来。井田制在长期实行过程中,从内容到形式均有发展和变化。井田制大致可分为"八家为井而有公田"与"九夫为井而无公田"两个系统。记其八家为井而有公田者,如《孟子·滕文公上》载:"方里而井,井九百亩。其中为公田,八家皆私百亩,同养公田。公事毕,然后敢治私事。"记其九夫为井而无公田者,如《周礼·地官·小司徒》载:"乃经土地而井牧其田野,九夫为井,四井为邑,四邑为丘,四丘为甸,四甸为县,四县为都,以任地事而令贡赋,凡税敛之事。"当时的赋役制度为贡、助、彻。助即服劳役于公田,贡为缴纳地产实物。周行彻法,当为兼行贡、助两法。结合三代赋役之来分析古时井田之制的两个系统,其八家为井而有公田、需行助法者自当实行于夏、商时期。其九夫为井而无公田者当始实行于周代。周朝行助法地区仍沿用八家为井之制,惟改私田、公田之数为百亩;而行贡法地区则将原为公田的一份另分配于人,故有九夫为井之制出现。古时实行易田制(即轮耕制),一般是不易之地家百亩,一易之地家二百亩,再易之地家三百亩。以上所说井田之制,当为在不易之地所实行者,是比较典型的。至于在一易之地、再易之地等如何以井为耕作单位进行区划,已无法推知,井田之间立五沟五涂之界以便划分土地和进行生产。井田制由原始氏族公社土地公有制发展演变而

---

① 《汉书·刑法志》,1081页。

来,其基本特点是实际耕作者对土地无所有权,而只有使用权。土地在一定范围内实行定期平均分配。由于对夏、商、周三代的社会性质认识各异,各家对井田制所属性质的认识也不相同,或以为是奴隶制度下的土地国有制,或以为是奴隶制度下的农村公社制,或以为是封建制度下的土地领主制,或以为是封建制度下的家族公社制或农村公社制。但在承认井田组织内部具有公有向私有过渡的特征,其存在是以土地一定程度上的公有作为前提这一点上则认识基本一致。夏朝、商朝时期实行的八家为井、同养公田之制,公有成分更多一些。周代以后出现的九夫为井之制个人私有的成分已增多,可以看作私田已被耕作者占有。西周中期,贵族之间已有土地交易,土地的个人私有制至少在贵族之间已经出现。由此,自上而下,进一步发展为实际耕作者的土地个人私有制。

周朝施行井田制,既作为诸侯百官的俸禄等级单位,又作为控制奴隶的计算单位。井田制下的土地一律不准买卖,只能由同姓依照嫡庶的宗法关系去继承。耕种井田的农业奴隶也随着土地同属于奴隶主阶级所有,终生不得离开土地,更不准转业。

西周的各级统治者把井田分为三类。他们各自把其中最好的(即位于河流附近、背山向阳的平展土地)成千块、上万块地留给自己,叫"公田"。因为公田的面积很大,所以也叫"大田",驱使奴隶集体耕种。把距城市较近的郊区土地,以田为单位分给和统治者同族的普通劳动者耕种。这部分人因为住在"国"(即城市)里,叫"国人"。国人不负担租税只负担军赋和兵役。他们平时每年向国家缴纳一小罐米和一捆牧草,作为军费。战时当兵,自己准备武器、粮食和军需。国人有当兵和受教育的权利,所以也叫"武夫"或"士"。他们受教育主要是军事训练和学习礼仪。这部分人是奴隶社会里的普通平民。他们表面上不受剥削,是自食其力的劳动者。但是,奴隶社会的掠夺战争是十分频繁的。他们经常被征调去打仗,自己家里的田园都荒芜了,因而破产负债。打了胜仗,掠夺来的土地和财富统归统治者所有,如果打了败仗,还有被俘沦为奴隶的危险。因此,国人的地位是动荡的。

奴隶主把距离城市较远、土质瘠薄的坏田,分给住在野外的奴隶——庶人。庶人因住在野外,所以也叫"野人",奴隶主阶级瞧不起他们,认为他们最愚蠢,所以也管他们叫"氓"。庶人没有任何权利,只有给奴隶主耕种井田和服其他杂役的义务。他们每年要先在奴隶主的大田上劳动,然后才被准许去耕种自己作为维持最低生活的那一小块土地。因此西周时期的"国""野"对立,既是城乡对立,也是阶级对立。

春天到来,农事季节开始了。大批庶人全部被驱使到奴隶主的"公田"上去。天刚一亮,奴隶主指派的官吏("里胥"和"邻长")就分别坐在村口,清查出工的人数。晚间收工时也如此。早在冬天备耕的时候,就由"里宰"根据劳动力的身体强弱、年龄长幼,把每两个人搭配在一起,叫作"合耦"。两个人一对,一起劳动叫"耦"。这种拼种方法叫"耦耕"。在大奴隶主的公田上,有成千耦、上万耦的劳动者。他们在田官("田畯")的监视下劳动。秋天,奴隶主大田上的收获,多得像小岛,像山丘,要准备好成千仓、上万箱去收藏。冬天农闲季节,奴隶们还要给奴隶主修房、打草、搓绳和干其他杂项差役;妇女要为奴隶主采桑、养蚕、纺纱、织帛做衣裳、缝皮袍,从白天干到半夜。奴隶主怕他们偷懒,还要把他们集中到一起,既省灯火,又便于监督。

春秋晚期,井田制逐渐瓦解了。促成这一变革的物质因素,是生产力水平的提高。铁器的使用和牛耕的推广,是当时生产力水平提高的标志。铁器的使用和牛耕的推广,为人们开辟广阔的山林,兴修大型水利工程,带来了方便。耕地面积和农业产量大幅度增长了。农业的发展,使一家一户为单位的小生产和以个体经营为特色的小农阶层,有了成为社会基础的可能。井田制的"千耦其耘""十千维耦"的集体劳动形式过时了,而分散的、个体的、以一家一户为单位的封建经济形式兴起了。早在西周中期,就有个别奴隶主贵族为了额外榨取奴隶的剩余劳动,强迫奴隶开垦井田以外的空地。这样开垦出来的田地,不可能是方方正正的,也不可能有一定的亩积,是瞒着公室,不纳税的私有物,叫私田。周恭王时的格伯簋铭文记载格伯用四匹马换倗生三十亩田,就是明证,因为公田是不允许用来交换的。到西周末期,私田的存在已相当显著。争夺田邑、交换土地的记载也多起来了。到春秋时期,铁器的使用和牛耕的推广使私田急剧增加,诸侯、大夫们富起来。周王便不能任意侵夺他们的田地了。公元前712年,周桓王取郑国田地,就得以王畿内苏忿生之田作为交换条件。贵族之间为田地争斗、诉讼,也层出不穷了。公元前580年,晋大夫郤至与周争鄇田,公元前574年晋郤锜夺夷阳五田,郤犨与长鱼矫争田;公元前533年,周甘人与晋阎嘉争阎田;公元前528年,晋邢侯与雍子争鄐田等等。这些事件,都表明土地制度在发生着深刻的变化。

开辟和耕种大量私田,需要大批劳动力。而用奴隶制的办法已不能调动生产者的劳动积极性。《公羊传》何休注说:当时"民不肯尽力于公田"。于是,一些顺应新形势的贵族为了招徕劳动人手,改变剥削方式,如齐国田氏向民众征赋税使小斗,把粮食贷给民众用大斗;晋国韩氏、魏氏、赵氏采取扩大地亩,而不增税额的办法,收买民心。这样,奴隶们纷纷从公室逃往私门,"归之如流水"。封建依附关系产生了。春秋时代见于记载的"族属""隐民""宾萌""私属徒",都指的是这些逃来的奴隶。虽然他们身份还不是自由的,但却不同于奴隶。他们可以占有少量的生产资料,独立经营农业和与农业有关的家庭副业。他们已经是封建农民的前驱了。奴隶的逃亡,使一些国家的公田由"唯莠骄之""唯美桀桀"(《诗经·齐风·甫田》),变成了荒原。井田制再也维持不下去了。

《左传》记载:公元前594年,鲁国实行"初税亩",正式废除井田制,承认私田的合法性,而一律征税。公元前548年,楚令尹子木整顿田制,视土地高下肥瘠,"量入修赋",其后各国也纷纷效法。本来这些改革的目的在于维护旧秩序,但它们既然在一定程度上承认了已成的事实,从而事与愿违,在井田制上打开了一个缺口。缺口接二连三地被打开,井田制的瓦解崩塌就是必然的趋势了。

三、夏商周的赋税管理

（一）赋税机构

据史籍记载，夏代就开始设官分职，"夏后氏官百，天子有三公九卿，二十七大夫"①。国家建立后，国家机构相应产生，只是这时的国家不大，机构不完善，设官也不多，一般是行政官兼理财政。发展到西周时期，分工渐细，职责才能较明确。

周代负责国家财政包括赋税征管工作的主要是地官司徒。大司徒总掌均平土地、区别各地产物、划分土地等级、制定赋税征收办法。小司徒协助大司徒职掌全国土地和户口，确定各地赋税数量。地官司徒的属官，据《周礼》记载有如下部门：

载师：掌任土之法。即区分不同土地，如园廛、郊甸、漆林之类。按照土地的肥瘠和利用情况，分成等级，制定赋税。

闾师：掌国中及四郊的人民、六畜之数，根据民力所能负担和国家全年的需要情况，按时组织征调。

县师：掌邦国、都鄙、稍甸、郊里等地区，对田莱之数、六畜和车辇进行检查。

遂师：根据王朝对各遂的政令戒禁，征收赋税、调征力役。

廛人：掌征敛市肆的絘布、总布、质布、罚布、廛布，交入泉府。对屠者敛其牲畜之皮角筋骨交入玉府。对珍异之有滞者，敛入于膳府。

此外，还设有角人、羽人、委人、司葛等，分掌山泽之赋。内府、仓人、廪人主管国库及粮食的收支。司会、司书主管会计。

（二）赋税征收原则和管理制度

据《史记》记述，从禹开始，就制定了一些征收赋税的基本方针、政策：（一）"相地宜所有以贡"。即因地制宜原则。根据各地出产而征税。（二）"因田制赋、任土作贡"。按土质分全国土地为九等，根据土地肥瘠和运输等条件定九等赋，组织各种征收。

西周时期，邦国财用由冢宰（宰相）总负责，大宰、小宰、宰夫分掌邦国财用制度。据《周礼》记载："以九职任万民，以九赋敛财贿，以九式均节财用，以九贡致邦国之用。"规定了赋税收入和支出的关系。九贡是指邦国之贡，万民之贡，都是指向人民征调而来的。九赋，是指经常的九种收入来源，其中邦中之赋、四郊之赋、邦甸之赋、家削之赋、邦县之赋和邦都之赋，属于田赋范围；关市之赋、山泽之赋和币余之赋，是对工商业及其他生产门类的征收。

我国财政（赋税）的会计统计，相传始于夏禹。会计，就是通过簿籍考核赋税的收入来源及去向。虽然在奴隶社会时期，不可能形成分门别类的现代会计统计工作，但当时天官

---

① 《礼记·明堂位》。

属官的司会、司书之职,即是专司会计统计的官。司会、司书根据各有关部门的赋税收入记录,按月汇总,报给宰相或国王。国王再据以考核官吏的成绩,以决定升降。后世税收部门的统计工作,就是发源于此。

四、奴隶社会国家税收的作用

税收是实现国家职能的重要工具。它的产生,对国家的巩固和发展有着重要意义。马克思指出"捐税体现着表现在经济上的国家存在"。这句话十分正确地说明了这个问题。事实上,在奴隶社会,国家税收就在充分发挥它的作用。在中国古代主要表现在以下几个方面:

第一,促进国家政权的巩固。一个国家的存在,不能没有国家财政的支持。国家既具有实现阶级统治的职能,又有干预(组织)经济的职能。前一项职能又包括对外要抗御侵略,保卫国土和主权的完整;对内要镇压国内被统治阶级的反抗,维护社会的安定。这就需要建立军队,设置官吏,兴建监狱,构筑城池,制造武器等。这些,都是巩固国家政权所必需的,也就需要国家财政从财力和物资上给予保证。

第二,维护宗法统治。为了维护王权,维护奴隶主贵族的统治,天子必须授地于诸侯,同样,诸侯要授地于卿大夫,卿大夫分地于士;而卿大夫对诸侯、诸侯对天子,又有服从调拨、贡献财物的义务,这表明,赋税是巩固奴隶主宗法统治的重要工具。

第三,促进奴隶经济的发展。为维护奴隶主统治的需要,奴隶主国家必须把通过赋税征收上来的财物的一部分,有目的地用于社会生产的恢复和发展、灾荒的救济、水利灌溉事业的兴建、文化教育事业的兴办等方面。这些方面的开支尽管数量不多,但对生产的恢复和社会安定方面,仍有它的重要意义。

第四,维护奴隶主阶级王室生活和百官俸禄的需求。奴隶制国家有庞大的官僚机构。据《尚书·酒诰篇》说:"越在内服,百僚庶尹",这就是说中央有许多的官,"越在外服,侯男卫邦伯",即地方也有统治机构和官员,这些官僚人数既多,地位互殊,脱离生产,必然靡费大量资财。奴隶社会国王实质是最大的奴隶主,不仅生前骄奢淫逸,死后还殉葬巨额财富,赋税则是其财政收入的主要来源。

第三节 春秋战国时期的赋税

我国历史上的春秋战国时期始自周平王东迁之年(公元前770年),结束于秦并六国(公元前221年),共计550年。春秋时期即东周前期(公元前770—前476年),因鲁国的编年史《春秋》一书而得名。战国时期即东周后期(公元前255—前221年),因七国连年争战而得名。春秋时期中国奴隶制度逐渐走向崩溃,战国时期中国封建制度逐步建立,中国由诸侯割据走向国家统一。由于生产力的发展和进步,社会经济逐步繁荣,奴隶制度的瓦解和封建地主阶级的萌生,社会生产关系发生变化,引起了赋税制度的改革。

一、春秋时期的赋税改革

周平王东迁以后,代表奴隶主势力的周天子固守礼教,王室地位日跌,所辖地区不断缩小,由此导致财政收入也相应减少。周平王二十一年,秦文公伐戎至岐,岐以东归周,以西归秦;惠王二十二年,晋灭虢,丰镐之地,为晋所扼,西畿不可复,被局限于东畿数百里间。各诸侯国群雄角逐,战事迭起,为了巩固各自的统治,纷纷扩充军力,壮大经济。

(一)改革的原因

春秋时期,各诸侯国地区的社会经济,已在原有的基础上,获得了显著的进步。出现了很多新的因素:在农业上,由于冶铁的发展和铁器应用于农业,牛耕的方法进一步推广,以及新的生产技术的采用和某些重要的水利灌溉事业的兴建和发挥作用,使农作物的产量大大增长,剩余农产品也比过去增多。由于生产工具和生产技术的改进,使奴隶社会时期成千上万人的集体耕作,有可能被分散的、个体的、以一家一户为单位的个体经营所代替。在手工业方面,各国也有了可喜的进步。青铜器不仅在数量上有了明显增加,在制造技术上也有了显著改进;此外,煮盐业、冶铁业、漆器业等新的手工业部门,也迅速发展,专职盐官、铁官已经出现;特别是在官府手工业之外,出现了私营手工业和个体手工业;在商业方面,官商垄断开始出现缺口,一些国家被迫允许私商周游列国做生意。夏殷以来,"工商食官"的制度开始崩溃。总之,春秋时期经济关系的新变化,促使奴隶制逐渐解体,为封建制度的出现奠定了物质基础。

在经济发生变化的同时,社会阶级关系也发生了变化。由于生产力的发展,人口的增加,原先奴隶主贵族和庶民所掌握的土地,逐渐满足不了需要,一部分"国人",即奴隶主贵族的远亲、远宗和平民,因为缺乏土地或失去土地,不得不向耕地以外的山林湖泊去寻求生计。由于私田不像公田有一定规格,它可随地形由人自由选择;而且,可以任意买卖,是真正的私有财产。同时,耕种公田需要向国家缴纳一定的赋税,负担一定的徭役;而耕私田地却不要交税,至少初期是这样。所以,随着荒地的大量开垦,私田数量不断增加,收获量也不断增加;在私田的发展过程中,不少诸侯和卿大夫扩充了自己的土地和财富。

在私田的大量开辟过程中,奴隶主贵族还企图同周天子争夺公田,以扩大自己的势力和影响。在此以前,国王有权对全国的土地和土地上的劳动者在各国诸侯之间进行分配和再分配。但随着私人占有欲念的加强,许多诸侯、卿大夫开始抗拒王命,公田徒有其名,事实上已成了诸侯、大夫的私产。此时,周王所控制的土地日益减少,井田制开始崩溃,国家财政收入逐渐失去保证,井田制是奴隶社会的主要土地分配形式,也是国家财政收入的重要计算单位。井田制的废弛,标志着奴隶制开始瓦解。

随着周王朝的削弱,周的邻国和诸侯开始兼并和称霸,彼此混战不已。诸侯、卿大夫为了巩固自己的统治,必须首先壮大自己的经济和军事等方面的势力。这样,对财政收支必须提出更多的要求。

随着财政需要的增加,在生产发展的同时,奴隶主贵族对奴隶和平民的剥削和压迫日益苛重;而在奴隶主的高压下,庶民起义、奴隶暴动也时有发生。各国奴隶的大量逃亡,又严重打击了奴隶主贵族的统治。

上述这些变化,包括井田制开始遭到破坏,私营工商业的出现,诸侯、卿大夫势力开始扩张和对国家财政提出了新的要求,这一切使统治者不能不正视现实情况,即如要维系自己的统治,就必须对原有的一套制度进行改革。

(二) 变革的内容

1. 田制、田赋的变革

春秋时期的财政改革,首先在齐国进行。齐国是东方的一个大国。公元前685年(周庄王十二年),齐桓公即位,任用管仲改革内政。其中,属于田制、田赋方面的改革是实行"相地衰征"。即根据土地好坏或远近分成若干等级,按等级征收田赋(土地税)。由于税负大体均等,从而调动了生产积极性,也有利于缓和阶级矛盾。

齐国改革财政的同时,晋国也进行了改革。晋惠公六年(周襄王七年,公元前645年)秦晋之间发生战争,晋惠公被俘。晋国在大臣的主持下"作爰田",即把休耕地卖给大家,以获得民众的欢心,争取有更多的人服军役。这种办法,开创了以后按军功给田宅的先例。

鲁宣公十五年(公元前594年),鲁国正式推翻过去按井田征收赋税的旧制度,改行"初税亩"。即不分公田、私田,凡占有土地者均须按亩缴纳土地税。井田之外的私田,从此也开始纳税。这是三代以来第一次承认私田的合法性,是一个很大的变化。

成公元年(公元前590年),鲁国对军赋的征收也作了相应的改革,行"作丘甲"。即确定一丘出一定数量的军赋,丘中之人各按所耕田数分摊,它不同于公田制,农民皆出同等的军赋。也有人认为是加征军赋。即把征收军赋时以甸为单位,改为以丘为单位,也就是说,这时的一丘之田(十六井)相当于过去一甸之田(六十四井)的军赋,意味着军赋增加了三倍。

楚康王十二年(周灵王廿四年,公元前548年),楚国令尹子木对田制和军赋进行了整顿。"量入修赋,赋车籍马,赋车兵、徒兵、甲楯之数。"① 即根据收入的多少征集军赋,这就打破了奴隶社会旧军赋的限制。

鲁昭公四年(公元前538年),郑国"作丘赋",即按田亩征发军赋,丘出马一匹、牛三头。鲁哀公十二年(公元前483年)季康子"用田赋",军赋全部按土地征发。

上述这些改革充分说明奴隶社会的赋税制度,已不适应社会生产力发展的需要,它在各国已经开始崩溃。随着新的封建生产关系的形成,一种新的、适合封建生产关系需要的

---

① 《左传·襄公二十五年》。

国家赋税制度开始形成。

2. 春秋时期的专卖

专卖,是指国家对于某种或某几种关系国计民生的重要物资,从生产到运销,采取由国家经营的办法,不允许民产民销。

(1) 实行专卖的原因

春秋时期,随着农业的发展,手工业生产得到进一步扩大,也促进了商业的繁荣。据记载,郑商的足迹,南到楚,北到晋,东到齐,即活动的范围包括黄河、长江流域。越国有大夫范蠡弃官经商,号称"陶朱公"。这时,商人的财力能和诸侯分庭抗礼。春秋时期,奴隶主贵族为满足其奢侈腐化生活的需要,不仅依持特权,侵占国家资财,还加紧了对奴隶和平民的剥削和压迫,阶级矛盾十分尖锐。各国为了稳固统治,有必要限制贵族特权,平衡负担,减轻税负,主要目的还在于集中财力,富国强兵,以成霸业。所以在对田制、田赋征收进行改革的同时,一些重要物资的生产和经营也由国家控制起来。

(2) 专卖的内容

盐专卖。对盐铁实行专卖,最先开始于齐国,齐桓公问管仲,怎样才能把国家治理得富强起来?管仲提出了"海王之国,谨正盐策","正"是征收的意思。"盐策"是指盐利。就是实行"官山海"政策。管仲认为,食盐是日用必需品,一家三口,一月需盐十升左右;经过粗略估算,万乘之国吃盐的人达千万,如果每升加二钱,一月可得六千万钱,这比征人口税多一倍,可见把盐管起来,财政收益是十分大的。而且,实行专卖,国家收入多而民不会受惊扰。如果用加税的方法,则会引起人们普遍不安,对国家安定反而不利。齐国食盐专卖的具体做法,是民制与官制相结合。在农闲时节,国家命民制盐,由官府包收,储存。农忙时,农民转入农业生产。等到盐价上涨到十倍之时,再由官府运到梁、赵、宋、卫等不产盐之国去销售,则国家获利丰厚。

铁专卖。铁也是人们的生活必需品,管子设想:每根针加价一钱,三十根针加价的收入就可等于一个人一个月的人口税;一把剪刀加六钱,五把剪刀的收入也等于一个人的人口税;如果一个铁制耙农具加价十钱,则三个耙的收入等于一个人的人口税。以此相论,管仲认为,专卖利益胜于课税。

粮食、材木官营。管仲认为五谷不仅是人们生活不可缺少的东西,在社会经济中,还占据着支配地位。所以,管仲主张国家应通过征税、预购等方式掌握大量的谷物,借以作为财政收入的重要来源。

对于山林出产的木材,包括薪炭林和建筑用林,管仲也主张由国家控制,因为山林树木是国有的。通过定期开发,限制采用,征收税收,从而达到增加财政收入的目的。

国家控制对外贸易。管子认为:有效地控制对外贸易,不仅是获取高利,抑制豪商乘时牟利兼并的手段,同时也是保护本国财物不致外流的重要方法,为了壮大本国经济实力,管仲对食盐、黄金、谷物等重要物品,主张由国家控制,造成独占,等这些物价上涨后,然后抛售出去,坐取几倍的厚利。

春秋时期的专卖政策,以齐国管仲施行最彻底、最有效。他通过推行"官山海"的政策,即设官管理山海及其他重要物资,使国家掌握了人们生活的必需品,使财政收入有了稳定、可靠的来源;同时,国家掌握了具有战略意义的粮食和盐、铁,不仅打击了富商大贾投机兼并活动,维护了统治阶级的利益;同时为齐国加强军备、称霸诸侯奠定了物质基础。

总之,春秋时期的各国变法,具有十分重大的意义,它直接的目的是增加财政收入,维护奴隶主贵族阶级的利益。但是,统治者承认土地私有,新的生产关系的形成,井田制的开始崩溃,意味着在奴隶制度上打开了一个缺口。从财政发展史上看,春秋时期的税收制度有了一个新的变化,主要表现在对土地征税和对工商业征税已经分开;国家对重要物质资源的控制,以及保护新兴地主阶级合法权益的措施逐渐施行,这都说明,一种新的赋税制度正在形成。

二、战国时期的赋税改革

(一) 变革的原因

战国时期经济的发展要求生产关系作出更大的、根本性的改变:①要求在更大范围内,承认私田的合法性,允许土地自由转让和买卖;②农业和手工业的发展,要求突破原有的耕作方法和管理方法;各国间商业交换,也要求消除各国道路关卡的限制,要求度量衡的统一、货币的统一;③各国为了保存自己,必须壮大经济实力和军事实力。为此,要求改革和整顿财政制度,增加财政收入,改变旧的征收办法。这时,一些有远见的政治家、理财家在各诸侯国王的支持下,在各国相继变法。

(二) 战国时期的赋税制度改革

1. 魏国的改革

魏是周威王二十三年(公元前 403 年)正式建立的封建国家。为了地主阶级的利益,魏文侯即位后,在他统治的四十多年里,先后任用李悝、翟璜、吴起、乐羊、西门豹、卜子夏和段干木等一批封建政治家、思想家进行社会改革。其中,比较突出的是魏文侯四十一年(公元前 406 年)李悝所进行的改革。李悝对财经的改革,主要是三个方面:第一,废除世卿世禄制,这是消除奴隶制的残余,为封建地主阶级利益服务的;第二,"尽地力之教",考虑到魏国地少人多,要发展农业生产,就要充分利用现有土地,如杂种五谷,抢收抢种,在住宅周围种桑,田边的地角种瓜果等。他认为,通过勤劳种田,能使一亩地增产三斗粮食;那么,百里见方的地区就可增产粮食一百八十万石。这是一个十分好的措施;第三,行"平籴法",由国家控制市场,丰年平价收购粮食,歉收年平价出售粮食,防止粮价受价格波动的影响。魏国变法的结果,使它成为战国初年头等富强的国家。

2. 楚国的改革

在楚国,旧贵族势力较大,在改革过程中,地主阶级同奴隶主贵族势力的斗争十分激烈。楚悼王十九年(公元前 383 年),楚王下令求贤执行变法。楚国的改革家当推吴起。吴起是一位有名的军事家。他在任魏国的西河守期间,即重视开垦土地,增加生产,以充实府库。公元前 390 年左右,由魏入楚,任为宛守,后升为令尹(相当于相),主持变法。当时的楚国,"大臣太重,封君太众"。由于贵族掌握了国家的政治经济大权,对新兴地主阶级十分不利,为此,吴起提出"损有余,补不足",并强令把贵族迁到边远地方去,以"实广虚之地"。"损有余"是革除一些世袭封君的特权,精简国有机构,把无能的、无用的和不急需的官裁减掉,"补不足"是把节省下来的钱用于扶植地主阶级。至于迁徙贵族,既收回了他们原有的封地,又有利于土地的开发,这对财政有好处。

3. 秦国的变法

秦国在变法前,各方面都很落后,国内矛盾尖锐,社会不稳定,对外还受到各国的排挤。迫于自存的需要,必须进行改革。秦国的改革,最早为秦简公七年(公元前 408 年)实行的"初租禾",即不分公田私田,一律征收土地税,承认私田存在的事实。公元前 361 年,秦孝公即位,商鞅建议孝公顺应社会情势,进行改革,富国强兵,成就霸王之业。孝公接受了商鞅的建议,任他为左庶长,推行变法。商鞅变法,前后共两次。第一次在孝公三年(公元前 359 年);第二次在孝公十二年(公元前 350 年)。变法的内容中有关财政经济的改革主要有六点:①废除井田制,承认土地私有和买卖。这是一次划时代的改革,它既为地主经济的发展铺平了道路,又因承认土地私有而一律征税,使国家财政得到好处;②不分贵贱,按军功赏给房屋和土地。把大量土地赐给新兴地主,加强地主阶级的社会地位;③实行重农抑商政策,禁止游手好闲,弃农经商。凡因从事末业或不好好参加生产而贫困的人,罚作奴隶;④鼓励分居立户,禁止父子兄弟同家共业。一户有两个成年男子以上不分家的,加倍课赋;耕织收入多的,免其徭役。这对保证封建国家的财源和兵源,巩固封建统治的经济基础都有重要意义;⑤把山林川泽收归国家所有,按土地多少征收赋税,按人口课人头税,按人口征兵,建立封建地主武装;⑥为了便于经济交流和便于国家征税统一了度量衡。

各国的社会改革,特别是商鞅变法,社会意义是十分重大的。这些改革打击了贵族势力,使封建制得到发展和巩固;促进了社会生产的发展,人民生活有了改善,商鞅变法为秦国最后统一全国奠定了基础。

三、春秋、战国时期的赋税和贡

(一) 田赋

春秋战国的五百余年(公元前 770—前 221 年)中,各国对田赋征收制度多有改革,但在土地所有制方面,除春秋时鲁国实行"初税亩",被认为是废井田制,战国时期秦国商鞅变法彻底打破井田制度外,还很少有国家对此有触动,仍然维持"天子经略,诸侯正封"的井田制度。特别是孟子在游说各国诸侯时,仍然宣扬实行井田制度。如孟子见梁惠王(公元前369—前319年在位),王问治国之策,孟子回答为:不违农时,采捕有制,重视教育和维护井田制度;齐宣王(公元前320—前302年在位)问王政,孟子答以文王治岐的办法:耕者九一(井田制),仕者世禄,关市讥而不征,泽梁无禁;孟子在回答其弟子公孙丑提问时说:耕者,助而不税(商代井田制);滕文公使毕战问井田制,孟子说:划分好田土界限,使井田大小均匀;国中实行贡法(行什一税),野之乡田用助法(九一税率);井田的规制:"方里而井,井九百亩,其中为公田,八家皆私百亩,同养公田。"① 可见,孟子仍把井田制作为国基稳固的基础。

井田制的基本点是使"农分田而耕"②,即要求每户农民必须耕种一定数量的土地。如齐国:"取鳏寡而合和之,予田宅而家室之,三年然后事之(供赋役)。"③"陵陆丘井田畴均,则民不惑。"④"地量百亩,一夫之力也。"⑤魏国:"一夫挟五口,治百亩。"⑥又说:"魏氏之行田以百亩,邺独二百亩,是田恶也。"秦国:"入顷刍藁,以其受田之数,无垦不垦。"⑦ 说明秦国的每个农户基本上也能分有一百亩耕地。

将土地分配给农民耕种,目的是为国家创造财富。这些财富,其中一部分是通过田赋的形式集中上来的。如周敬王(公元前519—前476年在位)时,公孙龙对范氏之田征税。⑧ 又如《管子》所说的让鳏寡合成一家,给予他们定量土地,三年之后,也要按土地征收赋役。对于不认真劳作,造成田地减产的,国家要进行重罚。西周如此,春秋战国也如此。按《管子·揆度》记载:"力足荡游不作,老者谯之,当壮者遣之边戍。"即对年老者只是谴责而已,而对年壮者则要罚他服徭役,戍守边境。对劳动者的劳动成果,还有量的考核,据银雀山出土的竹简《田法》中,对此问题说得十分明确:"卒岁少入百斗者,罚为公人一岁;卒岁少入二百石(斗)者,罚为公人二岁;出之之岁者,以为公人终身;卒岁少入三百斗者,鲸刑以为公人。"这段文字虽有缺字,但让人看清了一个问题,即惩罚的轻重,是按少缴谷物的多少来确定的。按《田法》所说:"中田小亩,亩廿斗","上田,亩二十七斗","下田,亩十三斗"。按中田计算,亩产二石(二十斗),百亩二百石,即二千斗,什一之税,合二百斗。若每年少缴税五十斗,则是应纳田赋的1/4,要受到一定的处罚(竹简上的字不清楚);如达到一百斗者,即少缴应纳田赋的1/2,要罚为公家服徭役一年;如田赋任务全未完成者,罚为公家服役二年。春秋战国时期的田赋税率,可能仍然实行什一税率制,即"田野什一"。但各国情况也不尽相同,后来随着贵族的奢侈或为战争的扩大,负担转重。如

---

① 《孟子·滕文公上》。
② 《荀子·王霸》。
③ 《管子·入国》。
④ 《管子·小匡》。
⑤ 《管子·山权数》。
⑥ 《汉书·食货志上》。
⑦ 《睡虎地秦墓竹简·田律》。
⑧ 《左传·哀公二年》。

鲁昭公三年(前539年)。齐国"民三其力,二入于公,而衣食其一";同样,晋国也是"道殣相望","民闻公命,如逃寇仇"。战国时,商鞅变法,"收泰半之赋,三分而税一,咸阳民力殚矣"。① 关于田赋税率问题,一些有远见的政治家已经意识到,田赋征收的轻重,关系到国家兴亡、政权巩固,晋国六卿分治政事,范氏和中行氏先亡即是明例。

由于田赋税率轻重关系重大,不少思想家都提出"薄赋敛",即实行轻税政策。齐桓公时,三会诸侯,"令曰:田租百取五"。要求参与盟会的各国减轻田赋税率。而齐桓公自己,"践位十九年……案田而税,二岁而税一。上年什取三,中年什取二,下年什取一,岁饥不税"。② 晋文公"弃责薄敛";晋悼公即位(前572年),始命百官"薄赋敛"。关于轻取于民的原则,孔子在不同情况下作了同一思想内容的表述:如在财用原则上主张"度于礼,施取其厚,事举其中,敛从其薄";取于民的标准税率是"彻",即按田亩出产1/10的税率征收;为此,要求统治者要克制自己,取之有度,其理由是"百姓足,君孰与不足;百姓不足,君孰与足?"③他又说:"先王制土,籍田以力,而砥其远迩;赋里以入,而量其有无;任力以夫,而议其老幼,于是乎有鳏寡孤疾,有军旅之出则征之,无则已。其岁收田一井,出稯禾、秉刍、缶米,不是过也,先王以为足。"④同样,管子主张"牧民者,厚收善岁,以充仓廪,……其收之也,不夺民财"。⑤ 即国家组织财税收入时,应使人民有所积余。

在具体征收上,春秋战国时期主要是征收实物,包括粮食(粟、谷),饲草(刍稿)等,如秦"贳粟而税"。在征收入库时,要登记账簿,"辄为府籍";对因工作失误造成财产损失的要对当事者进行处罚。按《秦律》所说,如按国家规定容量一桶(斛)相差二升以上,一斗相差半升以上,重量一石(一百二十斤)相差十六两以上,都要罚缴铠(甲)一件。对抗税不缴者,也要重罚,如赵将赵奢在为田部吏时,"收租税而平原君(赵文王之弟,曾三次为相)家不肯出租,奢以法治之,杀平原君用事者九人"。⑥

这时的田赋,也有减免规定,如春秋时齐国规定"岁饥而不税,岁饥弛而税"⑦。即遇上灾年,粮食歉收,免征田赋。但又不是一律免征,而是区别情况,重灾多减,轻灾少减,无灾不免。对少数民族地区也有减免照顾。如秦惠王时,宽待巴国,"其君长岁出赋二千一十六钱,三岁一出义赋千八百钱。其民户出幏布八丈二尺,鸡羽二十镞"。秦昭王时,对朐忍(四川云阳西)夷人的优待政策是:"复夷人顷田不租,十妻不算。"⑧

---

① 《七国考·秦食货》。
② 《管子·大匡》。
③ 《论语·颜渊》。
④ 《国语·鲁语下》。
⑤ 《管子·小问》。
⑥ 《史记·廉颇蔺相如传》。
⑦ 《管子·大匡》。
⑧ 《后汉书·南蛮传》。

(二) 徭役

春秋战国时期不仅有"力役之征",而且较以前的徭役负担加重,主要是:(1)征收面扩大;(2)出现了脱离生产的正规军。

从春秋后期开始,各国诸侯或为争霸,或为自保,开始设置常备军;特别是郡县的设置,其首先的目的任务是守卫郡国边境,所设的防军也就成了常备军了。军队编制,史称"管子制国,卒伍整于旅(五人为伍,二百人为卒),军旅整于野"。① 服兵役的年龄,一般为15~60岁。兵力的动员,春秋初最多不过600乘,中叶为700~800乘,到春秋末有动员4 000乘(四万人)的。据《史记·苏秦列传》说:燕国"带甲数十万,车六百乘,骑六千匹,粟支数年";赵国"带甲数十万,车千乘,骑万匹,粟支数年"。据《七国考·秦兵制》说:"秦带甲百余万,车千乘,骑万匹。"战国时期战争规模越来越大,动员兵力也越来越多,战争伤亡自然也大。如秦昭王四十七年(公元前260年)与赵军战于长平,赵军战败降秦者40万人,除释放240人外,余皆被秦将白起坑杀;赵军前后死者45万,秦国损失是"死者过半"。由于大量的青壮年劳力都用于打仗,对各国农业和手工业生产无疑是一个十分重大的损失,徭役的过度征调,势必带来税源的枯竭。

按照养老、慈幼、恤孤、合独的原则,古代对徭役的征发也有减免规定。《管子·入国》篇中说:"年七十以上,一子无征,三月有馈肉;八十以上,二子无征,月有馈肉;九十以上,尽家无征,日有酒肉。"凡家有七十以上老人者,可以免除一个男子服役,有八十以上老人可免两个男子服役,可见当时不是按户调发,而是按男丁调发服役。关于"慈幼"的规定:"有三幼者无妇征,四幼者尽家无征,五幼又予之葆,受二人之食。"这应属鼓励生育政策,可能与战争伤亡有关,但"妇征"指什么,未见说明。关于"恤孤"的规定:凡士人死后,留下的孤幼无有抚养,如有人收养,"养一孤者一子无征,养二孤者二子无征,养三孤者尽家无征"。这些规定,真正实行了的可能少有。

(三) 工商经济和税收

新的生产关系的萌芽和发展,不仅推动了农业生产的发展,而且也促进了手工业生产技术的进步:冶铁业、冶铜业、制陶业、漆器业,以及玉石、纺织、皮革等业,不仅生产增长,而且技艺很高;各种有用资源的开发,私营手工业的大量涌现,特别是有利于商货流通的车船的制造和水、陆交通的修通,更是使战国时期的社会经济展现出崭新的面貌。如舫船,一舫载五十人与三月之食,下水而浮,一日行三百余里;② 车,可载重五十石;入蜀有栈道;在黄河上还架设有浮桥(蒲津桥)。至于各国之间的陆路交通,更是纵横交错,这就使各地的物产得以流通。除前面所说的齐、晋商业交往情况外,此时楚国的工矿农副产品,

---

① 《国语·齐语》。
② 《史记·张仪列传》。

不顾"关梁之难,盗贼之危",远销于黄河以北地区,如楚国的木材、皮革,销于晋国。《左传·襄公二十六年》载声子的话说:"如杞梓、皮革,自楚往也。虽楚有材,晋实用之。"又如鲁僖公二十三年(公元前637年),晋重耳过楚时说:"子、女、玉、帛,则君有之;羽毛、齿革,则君地生焉,其波及晋国者,君之余也。"至于沟通南北物资的中间人,则是楚、郑、陈等国的商人,郑为商贾之国,又地居天下之中,南到楚,北到晋,东到齐,西到周,足迹几遍"天下"。为保证商路的畅通,楚共王十二年(公元前579年),宋华元促成晋楚之盟(地在宋都西门外),除了政治、军事和经济内容外,还有交通往来、道路无阻的内容,这当然为携带财货提供了极大方便。于是,楚国出产的木材、金、铜、锡、皮革、水产等物品远销于中原各地,而齐、鲁的盐,秦筝齐缕、郑绵、赵萧,即各国土特产品和手工业品,也流入楚国。不仅如此,楚与大秦(东罗马)、天竺等国也发生了贸易关系,楚国织锦、龙凤纹刺绣、绢、纱、罗等产品也远销到了印度。所以说,春秋以来的经济活跃了,商人的利润丰厚了,于是关市之税成了各国财政除田赋之外的重要来源。这时是否对手工制造业征税,史籍上很少记载。国家税收主要通过关、市环节进行征收。这里介绍的工商税收,主要是指关市税和山泽税。

1. 山泽税

按古人的粗略估算,山林川泽约占全部土地的1/3,是可供开发的宝地。《商君书·算地》中说:"为国任地者,山林居什一,薮泽居什一,溪谷流水居什一,都邑蹊道居什四,此先王之正律也。"在《徕民》篇中又说:"都邑蹊道处什一,恶田处什二,良田处什四,以此食作夫五万;其山陵薮泽蹊谷,可以给其材;都邑蹊道,足以处其民,先王制土分民之律也。"在西周初期及以前,山林川泽资源为官民共用,但以后当自然资源成了某种财富之后,专利同互利的矛盾就开始尖锐起来。为了保护既得利益,春秋各国国君多有取财于山林的行为,如齐桓公时,实行"官山海";楚康王(公元前559—前545年在位)用蒍掩为司马,使子木治赋税,其中一个重要的内容就是山林薮泽的出产(竹、木、龟、珠、皮、角、羽毛和矿产);齐景公时亦专山泽之利,"山林之木,衡鹿守之;泽之萑蒲,舟鲛守之;薮之薪蒸,虞侯守之;海之盐蜃,祁望守之"。① 春秋前期,诸侯的山林政策,前后也有变化。据文献所载,管仲与桓公盟誓为令:"山林梁泽,以时禁发,而不正也。草封泽盐者之归之也,譬若市人。"②《荀子·王制》说:"山林泽梁,以时禁发而不税。"鲁庄公二十八年(公元前666年),"冬,筑微。山林薮泽之利,所以与民共也,虞之,非正也。"③ 注称鲁庄公先筑鹿苑,后又筑城,设专官守山泽,所以说这种做法"非正也"。因为在山泽之利的处理问题上,各国做法上的不同,故鲁襄公十一年(公元前562年)四月,鲁、晋、宋、卫、曹、齐等十余国伐郑;秋七月,同盟于亳,载书曰:"凡我同盟,毋蕴年,毋壅利……"即是说,同盟国之间,不

---

① 《左传·昭公二十年》。
② 《管子·戒》。
③ 《穀梁传》。

能对邻国受灾不救济，不能专山泽之利。一些卿大夫，为了获取民众的拥护，也采取了一些与民有利的做法，如齐陈氏在其所在地，即规定山木、鱼盐的售价同出产地一样。

从经济发展的规律来看，随着生产的发展，社会的进步，许多采伐、捕捞产品已具备作为课税客体（征税对象）的条件，如山林之木材，沼泽的萑蒲，薮（水少、林木多的湖）地的木材、薪材，河湖及大海出产的鱼、盐、蜃、蛤等水（海）产品，均已构成数量不等的财利，为国家课税奠定了前提条件。如果说，春秋以前的西周政权，设山虞、泽虞、角人、羽人、掌葛、掌染草、掌炭、掌荼、掌蜃等机构和官员，或主掌山林之禁，或主掌官营场圃，或收采捕者之税，或为官府按时提供所需山海之珍，还基本上属于国家与人民共用山林薮泽之利的体制的话，那么到了春秋时期，一些富有山林资源的国家，如齐、鲁等国，因"山林川泽之实"，以供"器用之资"；由于这时人民对山林薮泽的开发，使各地土特产品得以交流，如南方的木材（楚国的长松、文梓、楠等）、矿产（黄金、铜、锡、丹砂）、海产、鸟兽（犀、象、兕鹿等）、水产、水果和珠玑，东方的渔产（鱼、盐）和织品（布帛等），西方的矿产、池盐、皮革，北方的家畜、橐驼和枣栗等等，这些物品，既然贩运于各地，而且收入丰厚，为保证国家财用，各国在出产地或在关市征税。如秦国，史称"昔商君之相秦也……外设百倍之作，收山泽之税，国富民强，器械完饰，蓄积有余"。① 说明商鞅之时，山泽税已构成秦国财政收入的重要来源。

2. 关市税

（1）关税。古之设关，多在水陆交通要道。设关的最初目的是为了国家安全，而不是征税。春秋时期，臧文仲置关（六关）收税，孔子指责他不仁。但春秋时期，关税收入已在国家财政收入中占有一定地位。管子说："关者，诸侯之陬隧也，而外财之门户也，万人之道也。"由于关既是国门，是诸侯交往必经之地，也是百姓往来通道，还是商货流通的门户，利益所在，于是于十六道皆置关收税。到齐景公（公元前549—前490年在位）时，在靠近国都地方亦设关收税，史称"逼介之关，暴征其私；承嗣大夫，强易其贿。布常无艺，征敛无度……内宠之妾，肆夺于市；外宠之臣，僭令于鄙，私欲养求，不给则应。"②说明征收十分苛刻，税外有求。在楚国，根据出土的鄂君启节铭文所载：水上运输，集三舟为一舿，以五十舿即一百五十只船（舟）为限，陆路运输以车五十乘为限；如用马牛等牲畜来驮载货物，则集十匹当一车；如用肩挑（担徒），则集二十担当一车，并不得载马、牛、羊之类的物品，"女（如）载马牛羊台（以）出内（入）关，则政（征）于大府，毋政（征）于关"。这是说，对马、牛、羊的出入关是有限制的，其征收权在大府。鄂君启节是楚怀王（公元前328—前299年在位）时颁发给鄂君启的水路和陆路运输凭证，有效使用期为一年，有一定的通行范围。凭此节可免某些商品物资的关税，足见楚国对关税的征收管理已有相当严格的制度。在魏国，信陵君（？—前243年）建议魏王从韩的上党到魏的安城途中设关征税，"出入赋之"；所收关税，"足以富国"。这里可能夸大了关税的作用。

---

① 《盐铁论》。
② 《左传·昭公二十年》。

关税之外,还有就门征收的记载。史称宋武公(公元前 765—前 748 年在位)时,宋败狄于长丘(今河南封丘南),宋公于是以门赏给耏班,并以该门征收所得供其食用。

(2)市税。设官管理市场早在西周初已开始,而对市场贸易活动收税,则要晚至中后期。进入春秋战国以后,市税的征收就已显复杂而苛重。如《荀子》说:"今之世而不然,厚刀布之敛以夺之财,重田野之税以夺之食,苛关市之征以难其事。"①晋平公(公元前 557—前 532 年在位)说:"吾食客门左千人,门右千人。朝食不足,夕收市赋;暮食不足,朝收市赋。"②几千门客(谋士之类)的饮食开支,仅凭都邑的市税即可解决。又如赵国大将李牧(?—前 228 年)长期驻防北边,"居代雁门,备匈奴,以便宜置吏,市租皆输入莫府,为士卒费"。以市税养战士,应该认定是国防开支的补充,也可说市税收入在当时是比较多的一项收入。一般说来,在战国时期,由于工商经济发达,收税较多,所以封君多以它作为私收入。

对于关市税的征与不征,税率为多少,从春秋到战国,在一些国君和政治家的思想和行动中,都有不同的表示,采取过不同的措施。如荀子认为:"轻田野之税,平关市之征,省商贾之数,罕兴力役,无夺农时,如是则国富矣。"③即只要轻田赋,免除工商税,减少从商的人数,少调发徭役,全力劝农,国家就会富足。孟子的主张是:"市廛而不征,法而不廛,则天下之商皆悦而愿藏于其市矣;关讥而不征,则天下之旅皆悦而愿出于其路矣。"就是说,市场上只对商人租用公房收点租赁费,不对其货物征税;或者严格法令(入市之法),连租赁费也不收;在各关口,只对进出关的人和携带的货物进行检查,只要不违反国家法令即可放行,也不收税,这样,谁都愿到这里来做生意了,正好达到国家的目的。即如《礼记》所说的使"四方来集,远乡皆至,则财不匮;上无乏用,百事乃遂"。④ 这有点近似后世的放宽限制、招商引资的意义,商人来得多,商品流通活跃了,必然会促进经济的发展。相反的意见是,面对当时富国强兵的需要,必须加重对商人的征收,这在《商君书》中有强烈反映;"重关市之赋,则农恶商";"贵酒肉之价,重其租,令十倍其补,然则商贾少。"⑤"不农之征必多,市利之租必重。"⑥前两条是防止人民弃农经商,影响国家农战政策的实施,后者是因"农之用力最苦,而赢利少",不如工商,故重税工商,有平均收入的意义。管子的观点介于中间,即对关市要征税,但不主张重税,他说:"征于关者勿征于市,征于市者勿征于关。"即只征一次税。至于关市税的税率,总体来看,还是很轻的:《管子·大匡》称齐国"桓公践位十九年,弛关市之征,五十而取一";而在三会诸侯时,令"市赋百取二,关赋百取一"。这样规定可能有其目的性,即令各国关税减轻,便于商货流通,对齐国有利。

---

① 《荀子·富国》。
② 《韩诗外传》卷六。
③ 《荀子·富国》。
④ 《礼记·月令》。
⑤ 《商君书·垦令》。
⑥ 《商君书·外内》。

各国是否还征过别的税收,如房屋税("籍于台榭""籍于室庑")、木材税("籍于树木")、牲畜税("籍于六畜")、人头税("籍于人")等①,史书对此无明确记载,可能某些国家对其中某一项有过征收,但可认定,房屋、林木、六畜等已成为当时的重要税源。

3. 盐、铁专卖

盐作为国家收入之一,始见于《禹贡》。周襄王二十二年(公元前630年)冬,王使周公阅来聘,飨有昌歜、白黑、形盐。这里说周王仍掌握有盐的资源。春秋战国时期,对盐、铁实行专卖政策的主要是齐国,因为齐国有这方面的地理优势和资源优势。实际上,晋国的郇瑕之地(在今山西解池周边地区),沃饶而近盬,国利君乐。② 晋人以山、泽、材、盐,视为国家之宝。

齐国对盐、铁实行专卖的原因,一是国家对财力的需要,二是齐国靠海,富鱼盐之利,又有铁矿(今山东莱芜、淄博金岭镇产铁),因而奠定了管仲专卖理论的基础。管仲认为:当时拥有丰富自然资源的国家有三个,"楚有汝汉之黄金,而齐有渠展之盐,燕有辽东之煮"③,而且,齐国还有甾石(今福山产铜,招远、掖县等地产金)。所以,齐国只要伐菹薪(枯干之草和薪材),"煮沸水为盐,正而积之",即可富国。之所以这么说,是因盐和铁是农家的生产和生活必需品,无论男、女、老、少,不分官、民,均需食盐,万乘之国,人口千万,日食盐千钟,每升盐加2钱,则一月就是6 000万,相当于两个万乘之国的人口税;对铁也如此,如每根针加价一钱,则30根针的加价等于一个人的人头税,其他如一把剪刀加价6钱,则5把剪刀的加价即为一人的人头税;一个犁铧加价10钱,则3个犁铧的加价等于一个人的人头税。即只需对铁器具略有加价,便可免除直接对人征税,是国家专卖对象的最佳选择。

实行食盐专卖,一个重要方面是对外开展贸易战。即利用农闲组织农民伐柴草煮盐,由国家收购,从10月至来年正月,可得盐3.6万钟。孟春时,全国忙于农事,在此期间,禁止一切非农活动,包括官员不许修理坟墓、宫室,建筑亭台、墙垣,沿海之民不得煮盐,等等,因数月无盐供应,则盐价坐涨;梁、赵、宋、卫、濮阳,都是不产盐的地区,无盐则病,乘贵而粜,则可成金1.1万斤。此时,齐国可令各诸侯国在朝聘、会盟时必须献金,从而导致金价上涨百倍。如此,齐国只需控制盐、铁,即可把财富尽归于齐。

盐、铁专卖之制,春秋时似未普及全国。进入战国时,随着工商经济的发展,出现了许多大私营盐、铁商,如大盐商猗顿、大铁商郭纵,"与王者埒富";其他如蜀卓氏、程郑、宛孔氏、曹邴氏等,都是以冶铁致富,或"富倾滇蜀",或"富至巨万"。

---

① 《管子·海王》。
② 《左传·成公六年》。
③ 《管子·轻重甲》。

(四) 贡

按照西周制度规定,诸侯应定期朝见天子,一年一小聘,三年一大聘,五年一朝;天子五年巡狩一次。进入春秋后,虽然周王势衰,但聘问制度还在维持。不仅诸侯于天子有定期朝聘的制度规定,诸侯之间,特别是中、小国诸侯对大国诸侯也有定期或不定期的聘享活动。鲁昭公三年,子大叔说:"昔文、襄之霸也,其务不烦诸侯,令诸侯三岁而聘,五岁而朝,有事而会,不协而盟。"凡参加朝聘,不论诸侯朝聘天子,或者诸侯之间的聘享活动,都要赠予礼物,受礼者也应回赠,如无赠品,则叫失礼。如昭公元年(公元前541年)秦后子(桓公子)享晋侯,行聘享礼,"造舟于河,十里舍车,自雍(秦国都,今陕西凤翔)及绛(晋国都,今山西侯马市),归取酬币,终事八反"。用的是最隆重的九献礼。一般朝聘用的礼物为玉、布帛、金等贵重物品,《周礼·小行人》称有六币:圭、璋、璧、琮、琥、璜,以及马、皮、帛、绵、绣、黼等物。

对贡品的轻重、多少,周代曾制定有制度,春秋时亦曾执行。昭公十三年,宋、晋、齐、卫、郑等十余国盟于平丘(今河南封丘东),因贡赋等级存在不公问题,子产不服,说:周制规定,位尊者贡重。郑国为男爵,不应按公侯爵级纳贡。

按王引之《经义述闻》所说,周代所制朝王制度,到春秋时多已不如以前严格。如鲁国,是西周最重要的国家之一,在春秋的240年里,除僖公、成公因涉及鲁国安全问题而朝王外,其他未有朝王的记载。当然这不是绝对的,如鲁僖公五年十二月,晋灭虞,将其职贡归于周王。僖公七年(公元前653年),管仲言于齐侯,"招携以礼,怀远以德",齐侯聘享诸侯,诸侯收受地方土特产品献于天子,符合"礼"的规定,可见,朝王之事,虽不经常,但仍在维持。可能鲁国是特例,由于鲁国不供职,导致周朝派人来索贡,如周平王死(隐公三年);鲁不按规定供奉王丧之物,王因未葬,故周室派大夫之子来赗(助丧之物);又如鲁文公九年(公元前618年),周襄王死而未葬,周使毛伯卫来鲁求金以供葬。这一方面说明周与鲁关系非一般,另一方面也说明周室经济的困乏和贡制的约束力减弱。

春秋战国时期,天子可以得罪,而大国不可得罪,"大国令,小国共",属于正常情况,史称春秋时,中、小国对大国的态度,已超过对周天子的态度。如郑、鲁贡于晋就是典型例子。鲁襄公十一年(公元前652年),郑人赂晋侯以师悝(钟师)、师触(鎛师)、师蠲(磬师)、广车(攻敌之车)、軘车淳十五乘,甲兵备,凡兵车百乘;歌钟二肆(由大至小16件乐器组成的一列),及其鎛、磬;女乐二八。①襄公二十二年(公元前551年)夏、晋又召郑使朝贡。襄公十九年,闻晋君将安定齐鲁之地,四月,又入贡以探听会盟时间。而在不朝期间,"无岁不聘,无役不从。以大国政令之无常,国家罢病,不虞荐至,无日不惕,岂敢忘职?大国若安定之,其朝夕在庭,何辱命焉?"②即春秋时期,小国介于大国之间,大国对小国诛求无

---

① 《左传·襄公十一年》。
② 《左传·襄公十二年》。

时,搜刮小国财富,使人居无宁日。襄公二十九年,鲁国对晋国是"职贡不乏,玩好时至"。中小国如不讨好大国,特别是霸主,将会招致大国对自己的征讨,甚至丧国。如隐公九年(公元前714年),郑国以宋公不朝王而伐宋;桓公五年(公元前707年),郑伯不朝,王命诸侯伐郑;僖公四年(公元前656年),齐以楚不贡包茅,而兴师问罪。以上是打着维护王权旗号而以武力征讨不贡之国的例子。而以武力为自己索贡的事也有,如鲁隐公十一年,因许国不纳贡,郑、齐、鲁三国联兵伐许;僖公十二年,黄人不归楚贡而被灭。

从上可见,诸侯之贡,是禹贡以来的贡赋的体现,虽然不再是土特产品,但圭、璧、皮、帛,当是取于各国人民的财物,应属税的性质。

【专栏】

春秋战国土地、赋税制度与阶级关系的变化

春秋战国,王室衰微,各诸侯国经济发展迅速,日渐强大。一些诸侯国国君、卿大夫,争取民众,改革图强。各诸侯国之间、各诸侯国内国君与卿大夫之间、卿大夫之间斗争激烈,臣、妾等奴隶和实际处于奴隶地位的庶民和国人也参与其中。其结果不仅使周天子和一些诸侯国国君控制、支配全国土地的土地国有制遭到破坏,也使庶民助耕公田和农村公社定期轮换耕地的制度崩溃。与此同时,维护奴隶主贵族的旧的分封制、世官制度遭破坏,奴隶主贵族也由此逐渐退出历史舞台;新兴地主阶级和反映他们利益的封建官僚制度、食封制度兴起;个体农民广泛出现并成为社会的主要生产者,等等。在这一变化过程中,赋税制度和剥削方式发生了深刻变化,变化的特点是从榨取直接生产者剩余劳动(徭役经济)向征收实物税(租)的实物经济过渡。

（一）奴隶制经济关系崩溃的原因

1. 统治阶级对土地的争夺

西周以井田制为主干的土地国有制是奴隶主阶级的集体所有制。然而,奴隶主阶级中的人并不以此为满足,他们常常通过种种方式扩大私人占有的份额。因此,当国家不能进行有效控制时,土地国有制就渐渐向奴隶主贵族的个人私有制转化。西周时期的《智鼎》《格伯簋》的铭文中就有奴隶主贵族之间转让土地的记载。1975年2月在陕西岐山县董家村出土的铜器中,发现了西周中叶恭王时关于租田、诉讼、赏赐的铜器铭文。其中有一种叫《卫盉》的铜器铭文记载了贵族裘卫两次共用贝一百朋(100串贝)和一些服饰品从贵族矩伯那里租到转让的土地十三田(1 300亩)。这种出租转让土地实际上是一种买卖,说明西周时期奴隶主贵族土地私有的倾向在发展之中。

东周时,由于王权衰落,用种种手段争夺土地的记载不绝于史。各诸侯国内部土地兼并的结果导致了公室衰落,卿大夫强大,齐国最后由田氏取齐,晋国是魏、赵、韩三家分晋,鲁国是季孙、叔孙、孟孙三家瓜分公室。随着上述斗争的进行,土地所有权逐级下移。首先是以周天子为代表的国有制实际上转变为各诸侯国的国有制,再进而转变为实际上的卿大夫所有制,后来又导致了地主土地私有制的产生。

春秋时期不仅各国内部争夺土地的斗争十分激烈。国与国之间争夺土地的斗争也十分激烈，其结果是大国兼并小国。春秋初国名见于春秋经传者，尚有209国，到春秋末年国之存者不过二十余，大国仅十余。据清人顾栋高所作春秋列国疆域表记，大国兼并小国之数为：齐国兼并十国，和邑二。《韩非子·有度篇》则说齐桓公并国三十。晋兼并二十国和狄部落数处及其他国邑数处。楚兼并十三国，《韩非子·有度篇》则说楚庄王并国二十有六。宋兼并六国，郑兼并三国，等等。各国之间互相兼并的结果最后导致了秦统一六国。

2. 改革是一场革命

西周灭亡后，社会急剧变化。为适应新的形势，从周王室、各诸侯国到卿大夫都在不断改革。西周时期的分封制和世官世禄制度就是通过改革被逐渐废除的。分封制与世官世禄制度是中国奴隶社会的根本的政治、经济制度。通过分封制，周天子分封诸侯，诸侯分封卿大夫，卿大夫在封邑中又建立自己基层政权组织。这样，各级奴隶主贵族都取得了相应的土地、奴隶，并建立了他们的世袭统治。因此，分封制和世官世禄制是各级奴隶主贵族阶级得以存在的前提。然而，从春秋开始，由于各国之间不断兼并，诸侯国国君出于防御和对外用兵的需要，就在边地设置郡县，直属国君管辖，由国君派官治理。同时由于分封制下卿大夫在国内俨然似独立的小王国，彼此之间及与国君之间不断斗争，也使国君和一些取得胜利的卿大夫不得不改分封制为郡县制。另外，由于上述这些原因，一些国家在兼并别国后，也常常在兼并土地上直接设郡县治理。春秋初期鲁庄公时，楚文王灭申、息两国后就设置了郡县，后来晋设了40个县。终春秋之世，天下已有一半以上的地方设置了郡县。战国中期，公元前350年，商鞅在秦国第二次下达变法令，并秦国小乡邑为大县，在秦全国设立41县。在秦统一六国过程中，郡县制逐步确立，奴隶主贵族的世官世禄制才为封建官僚制所取代。

所谓世官世禄制，世官是指官位可以世袭继承，如封为诸侯、卿大夫后，其官职可以父死子继，代代相传。另一种情况是，虽然官职可以变动，但世代作官这一点确是共同的。世官制下的选官是以血缘宗法关系为标准的，异姓有功者、姻亲和来投靠的他国贵族亦可做官，并有世袭的占有、剥削、统治的生杀予夺的权力，并不是由国家每年给予实物、货币俸禄。世官世禄制下对被统治者的统治带有宗族的血缘宗法关系的偏见，压榨非常残酷。春秋时期随着分封制的逐渐被废弃，世官世禄制也逐渐被封建官僚制取代。众所周知，春秋后期，新兴的士阶层在社会上崛起。孔子就是新兴士大夫的代表人物。他的学生如子路、子贡、冉求等人都做过官。这类人是通过"学而优"的途径进入仕途的，而不是通过宗法血缘关系进入的。他们也不占有土地作为世禄，而是领受实物俸禄。孔子到卫国，卫灵公问孔子："居鲁得禄几何？"孔子说："奉粟六万。"《论语·雍也》载："原思为之宰，与之粟九百，辞。"说明这些官僚领受的是实物俸禄。而且，这种官不是世官，不是终身制、世袭制，孔子本人就做过官，不做后就去周游各国。这种新的官僚制度，逐渐发展、壮大，取代了旧的世官世禄制度。

分封制与世官世禄制被逐渐废弃,在社会上占统治地位的奴隶主贵族阶级也就失去了存在的依靠,逐渐退出了历史舞台。分封制与世官世禄制是通过改革逐渐被废弃的,所以说改革就是一场革命。开始时,这种改革是统治者为了眼前利益、需要不自觉地进行,但通过积累、发展,最后却导致了伟大的、预料不到的结果。

3. 新旧势力的斗争

春秋时期,周天子与诸侯国之间,各诸侯国彼此之间、各诸侯国内部国君与卿大夫之间、卿大夫彼此之间,都为各自的利益进行激烈的斗争。斗争发展的总趋势是:周天子衰弱了,诸侯发展起来;诸侯衰弱了,卿大夫发展起来。在这种上下相克的斗争中,有的削弱和失败,无法维护旧的制度和秩序,有的为保存、发展、壮大自己的势力,就采取种种措施争取民众,在财产和权力的分配上进行了有利于新兴势力和民众的改革。他们的势力越来越强大,逐渐转变为新兴封建势力的代表人物,并战胜旧势力,最后取得胜利。这是中国古代基于生产力、生产关系矛盾运动所导致的一次巨大变革。伴随这一变革曲折反复进行,新的封建地主阶级和封建依附民由隐而显地在历史舞台上占据了统治地位。在春秋时期新旧势力的斗争中,齐、鲁、晋诸国新势力都取得了胜利。而在楚国却遭到了失败。春秋时期各国内部新旧势力斗争谁胜谁负,决定着历史发展的方向,决定着奴隶制和封建制谁胜谁负。这是因为在奴隶制崩溃过程中,奴隶反对奴隶主阶级的斗争只能打击奴隶主势力并削弱它,而不能创造出新的生产方式和新的社会制度。而新兴的封建势力则代表着历史前进的方向,是新的生产方式和新制度的代表者,是当时社会大变革过程中的领导力量。因此,这些新兴势力所进行的改革、斗争能预示历史前进的方向,决定旧制度能否灭亡和新制度能否胜利。

4. 奴隶反对奴隶主贵族的斗争

春秋时期,奴隶反对奴隶主的斗争表现为处于奴隶地位的庶民、工匠反对各国统治者的斗争。

春秋时期作为被统治族的庶民,地位仍很低下,还未完全从奴隶的状态下解放出来。奴隶主贵族对庶民的压榨非常残酷,迫使他们进行反抗。"民溃"就是庶民反抗的一种形式。公元前644年冬,鄫国为淮夷所困,齐桓公为保护鄫国,击退淮夷,以霸主身份会合诸侯于淮水旁,让齐、鲁、宋、陈、卫、郑等十国被征发服役的庶人修筑鄫城,冬天的苦役使很多人病倒。有人在夜间登上土丘高喊:"齐有乱",服役的庶人骚动,逃亡了。关于此事《左传》僖公十六年载:"十二月,会于淮,谋鄫且东略也。城鄫,役人病,有夜登丘而呼曰:'齐有乱。'不果城而还。"看来,这次齐桓公"不果城而还"的主要原因,就是因为服役庶人逃亡了。这使齐桓公筑城计划被迫停止,东征淮夷的打算也落了空。

奴隶反对奴隶主的斗争,除"民溃"外,还有工匠暴动。如公元前520年,周王室内部发生了"王子朝因旧官百工之丧秩职者与灵、景之族以作乱"的事件,曾一度赶跑周王。事情的起因是这样的,周景王已立王子猛为太子,死前又私许王子朝为太子。景王死,国人立王子猛,王子朝遂攻王子猛,贵族之间也分为两派。由于晋国支持王子猛,所以王子朝没有成功,后流亡到楚国。这次斗争前后延续近20年。支持王子朝的主要一部分人是"旧官百工之丧秩职者",这里所说"百工"虽指工官,但参加者是包括不少手工业奴隶在内的。因此,周王室内部这一次斗争曲折地反映了手工业奴隶反对奴隶主贵族的斗争。春秋末卫国曾发生过两次工匠暴动,明显属于奴隶反对奴隶主贵族的斗争。一次是公元前478年手工业奴隶反对卫庄公的斗争。这次暴动的原因是"公使匠久"。暴动的工匠进攻卫庄公,庄公在宫门外求饶,"弗许"。卫庄公带着太子疾和公子青从宫墙北边跳墙逃跑摔断了腿。附近的"戎州人"也乘机攻打庄公,并杀太子疾、公子青。最后,庄公也被曾受他残害的戎州己氏杀死。公元前469年,卫国又发生了手工业奴隶起义,爆发的原因也是"公使匠久"。此外,卫侯辄侵犯了贵族褚师比、公孙弥牟、公文要、司寇亥、司徒期等的利益,这些人也利用工匠起义而达到自己的目的。起义的手工业奴隶"皆执利兵,无者执斤",向卫侯辄发动进攻,并联络卫侯辄的亲信拳弥到官里作内应。卫大夫鄢子士要求镇压工匠起义,拳弥对他说:"当今不可,众怒难犯。"卫侯辄只得狼狈逃跑。

"民溃"和工匠起义,发生的原因一般都是繁重的徭役激起的,其目的则是改善牛马似的处境,争取一定的人身自由。这些斗争说明被统治者无法接受原有的统治,奴隶主贵族也无法照旧统治。这种斗争促进了新兴封建势力的发展、壮大,促进一些奴隶主贵族向新兴封建势力转化。同时也促进了奴隶向封建依附者转变。春秋战国时期的"隐民""私徒属""宾萌""眅隶"等等就是由奴隶转化来的封建依附者。

5. 平民反对奴隶主贵族的斗争

所谓平民反对奴隶主贵族的斗争,在春秋时期主要是国人暴动。国人指住在国都及其近郊的居民,包括贵族、平民和部分工商业者。国人中平民人数最多,构成了国人的主体。平民原是本部落、氏族和联盟部落、氏族的成员,与贵族处于平等地位。后来由于阶级分化,氏族、部落贵族变为奴隶主贵族,大多数氏族、部落成员却沦为被压迫、被剥削的平民。随着奴隶社会的发展,奴隶主贵族与平民的矛盾越来越尖锐,斗争越来越激烈。所以,国人暴动,从性质上说,是平民反对奴隶主贵族的斗争。西周末年就发生过大规模的国人暴动,春秋时期的国人暴动次数就更多了。国人暴动一般是由于统治者昏庸腐朽和对国人的政治压迫、经济盘剥引起的。而国人的向背,常常决定着政权的更替和国君的存废。国人有时在客观上充当了新兴封建势力战胜守旧势力的助产士。如公元前532年齐国田、鲍与守旧的贵族栾、高交战时,双方"战于稷,栾、高败,又败诸庄,国人追之,又败诸鹿门",后栾、高投奔鲁国。公元前489年田、鲍又与齐国守旧的贵族高张、国夏打仗,双方"战于庄",高、国败,"国人追之,国夏奔莒"。在上述这两次斗争中,田氏明显地是在国人支持下取得胜利的。国人支持田氏是因为他们从田氏用小斗收税以大斗贷出的活动中得到了好处。但这种支持在客观上却为田氏战胜齐国旧势力奠定了基础。从这个意义上可以说国人的支持客观上充当了新兴势力田氏战胜旧势力的助士。

总之,上述奴隶制度自身的矛盾和斗争,决定旧制度必然要为新制度所取代。由于那时新的生产力已经出现,旧的制度、旧的社会关系已明显不适合需要而必须让位于新制度、新社会关系。所以,这种新、旧制度的更替就是通过不断的自上而下的改革和围绕改革而进行的新、旧势力的斗争而进行的。这种改革和围绕这种改革所进行的新旧势力的斗争就是一场革命。而下层群众庶民、工匠、国人的斗争,则为新旧制度的更替开辟了道路,客观上充当了助产士。然而,如果与秦以后中国封建社会相比,春秋战国这次社会大变革明显带有自身的特点:秦以后的封建社会出现过多次大规模的席卷全国的农民起义或武装斗争,但是封建制度、封建社会并没有崩溃和被取代。相反,春秋战国并没有发生大规模的席卷全国的奴隶大起义,而奴隶制却被封建制所取代。这个差异明显地说明,生产力发展才是根本的决定社会发展的最终动力。而阶级斗争则是推动社会变革的直接动力。

(二) 土地、赋税制度的变化

1. 春秋时期的土地国有制

春秋时期土地占有关系变化的特点是:一方面旧的土地占有关系仍然存在,另一方面这些现存的土地占有关系又在迅速破坏之中,这明显地表现在以下几个方面:周王朝实行土地国有制,"普天之下,莫非王土"。西周灭亡后,周天子失去了对全国土地的控制权,周天子式微,诸侯起来。春秋时,诸侯国的国君对各国内部的土地有实际所有权。各国国君可以把国内土地分赐给臣下。如《齐子仲姜镈》铭文载,鲍叔事齐有功,齐侯赏赐给他299邑。《左传》襄公二十七年载:"宋左师(向戌)请赏,曰请免死之邑,公(宋平公)与之邑六十。"又载:"公(卫平公)与免余邑六十。辞曰:唯卿备百邑,臣六十矣,下有上禄,乱也。"国君把邑赏赐卿大夫,自然连邑中的劳动者和土地也就一齐给了。这样,便可看出,春秋时国君支配着全国土地,国君又把土地、劳动力封赏给卿大夫,卿大夫又支配着自己封邑内的土地与劳动力,俨然又是个独立王国。这都说明春秋时期西周分封制下的社会结构仍然延续了下来。

按照周代的传统,从周天子以下接受分封的各级奴隶主,在自己控制的土地上,把耕地分为公田和私田(直接生产者的份地)。公田归各级奴隶主直接管理、经营。公田主要靠榨取被征服族庶民的剩余劳动耕种。私田是直接生产者庶民的份地,由于这时农村公社土地公有的制度还保存着,所以份地要定期轮换耕种,一般是三年轮换一次。所以,周代土地国有制的破坏,不仅表现在周天子和一些诸侯国国君对全国土地控制权、支配权丧失方面,也表现在征发庶民助耕公田制度的破坏和村社定期轮换耕地的土地公有制的破坏方面。

2. 从共耕公田到"均地分力"的转变

春秋时期奴隶制下直接榨取奴隶的剩余劳动的共耕公田的制度一度还保留着。这种制度就是借民力助耕公田的制度。这种制度由于不能适应生产力发展的需要,所以在春秋战国时期逐渐瓦解。这一点在典籍中有明确反映。《管子·乘马篇》载:"正月,令农始作,服于公田农耕,及雪释,始耕焉。……均地分力,使民知时也。民乃知时日之早晏,日月之不足,饥寒之至于身也。是故夜寝早起,父子兄弟不忘其功,为而不倦,民不惮劳苦。

故不均之为恶也：地利不可尽，民力不可惮；不告之以时，而民不知；不道之以事，而民不为。……审其分，则民尽力矣。是故不使，而父子兄弟不忘其功。"这一记载生动地描述了从共耕公田制到"均地分力"的转变。共耕公田时，劳动者没有生产积极性。所以出现了"不告之以时，而民不知；不道之以事，而民不为"，并导致了"地利不可尽，民力不可惮"的结果。因此，实行共耕是不合时宜的。怎样才合时宜呢？"道曰：均地分力，使民知时也。""均地分力"可以大大提高劳动者的生产积极性，所以他们"夜寝早起，父子兄弟不忘其功，为而不倦，民不惮劳苦"。因此，只要详审"均地分力"的好处，认真把这件事办好，劳动者积极性就会发挥出来。此类记载，不止一处，《吕氏春秋·审分篇》也说："今以众地者，公作则迟，有所匿其力也；分作则速，无所匿迟也。"《荀子·王霸篇》也说："传曰：农分田而耕"云云。这些记载都说明春秋战国时确实经历过从共耕制到个体耕作的转变。

从上述土地占有和阶级状况来看，战国应为封建社会，而且是属于封建地主制社会。因为：其一，战国时庶民地主发展虽不充分，但各国统治者却采取了一系列措施促进地主阶级发展，整个社会在发展方向上是向着地主制轨道前进的。其二，国家是最大的地主，受田制下的广大农民就是国家的封建依附农。其三，战国时的各级封君、官僚衣食封邑中的租税和俸禄，是封建地主制范畴中的特权者与官僚。封君与既掌握着领地上的土地占有权又掌握着领地上的行政、军事、司法等大权的封建领主是有区别的。因此战国属于封建地主制社会。

【本章小结】

中国赋税征收具有超经济强制的特点。当古人类祖先选择了农业种植、产品有了剩余，特别是当财富范围扩大，人们在财富占有出现不平衡时，一个以公权利益代表人身份出现的领导集体(酋长、首长)形成了。他们在履行公众赋予的职责的同时，需要居民献礼作为他付出劳动的补偿。这种"献礼"，就是早期赋税的胚胎。从黄帝"征不享"，尧有四岳、众官的记载来看，献礼一开始就具有强制性和持续性的特点。从"自虞夏时，贡赋备矣"之说，此时国家应已出现，赋税制度已经初步形成。夏商周时期行井田制。夏"任土作贡"，商"籍田以力"，周有"布缕之征，粟米之征，力役之征"，随着经济发展，手工制造业的扩大，山林的开发和专税专用原则的实施，三代赋税制度在向规范化发展。春秋战国时期，是由奴隶制向封建制社会的变革时期。适应这种剧烈变革的需要，各大国的财税制度、措施，也发生了由量变到质变的过程。从春秋时期齐国的"相地衰征"、晋国的"作爰田"、鲁国行"初税亩"，到战国时期魏国行"尽地力之教"，秦用商鞅两次变法，奖励耕织，"为田开阡陌封疆"，把土地分配、赋税征收和国家强固结合在一起。秦原居陕西，各方面比较落后，因为改革最彻底、最坚决，改革措施符合历史发展方向，最后统一了全国。

【关　键　词】

贡　助　彻　初税亩　专卖　山泽税　关市税

【复习思考题】

（一）名词解释

1. 任土作贡
2. 九贡
3. 初税亩
4. 平籴法

（二）简答题

1. 试简述赋税产生的前提条件。
2. 什么叫井田制？你理解的井田制应是什么样的制度？
3. 试简述贡、助、彻的主要内容。
4. 简述春秋时期的财税改革。
5. 简述战国时期的财税改革。

CHAPTER 2 第二章 秦至清代的农业租税

学习目标

(1) 了解秦汉时期的租赋制，主要是田制、田租的课征方法。
(2) 掌握三国两晋南北朝时期的租调制。
(3) 理解隋唐和唐前期的均田制和租庸调制，唐朝中后期的两税法的背景、内容和影响。
(4) 了解宋代的方田均税法、明代的一条鞭法、清代的摊丁入亩。

公元前221年，秦始皇平削群雄，统一中国，建立了我国历史上第一个封建君主制中央集权的国家，以秦的统一为标志，中华文明进入了更大规模的统一时代，即一个长达两千多年的中央集权的封建国家形成、发展以至走向鼎盛的历史，其间虽也出现过短暂的地方割据、多个政权并存的现象，但统一始终是这一历史时期发展的趋势和主流。中国封建国家的生存基础是农业。农业是国家机器运转的基本财源，农民是国家课税的基本对象。因此，农业租税成为封建国家财政史研究的重要方面。本章主要介绍的是封建国家向农民和土地征课的那部分财政制度的演变。

第一节 秦汉时期的租赋制

一、田制

秦始皇三十一年(公元前216年)，秦朝宣布"令黔首自实田"，即下令占有耕地者(地主和自耕农)向官府呈报自己实际占有的土地方位和数量，官府承认土地私人占有，私田受到国家法律保护。自春秋以来的土地所有制的改革至此完成，这种全国一制的土地私有制是封建社会的重要体现。

秦汉时期土地占有方式主要分为两类：少部分土地属于封建王朝的公田(即官田)，大部分土地属于私人占有，包括王侯、富商、官吏、地主和农民等占有的土地。秦始皇实行了"上农除末""尊奖兼并"的政策，使地主可以大量兼并土地，为封建私有制发展铺平了道路。从此，"富者田连阡陌"的现象出现了。秦始皇所要达到的"男乐其畴(田亩)，女修其业(丝织)""黔首安宁"的目的，实际上是要农民附着于土地上，努力劳动，听任封建王朝的摆布和地主阶级的剥削。

二、田租

1. 征收原则和税率

秦汉称田赋为田租,是国家向土地所有者征收的土地税,属收益税性质。秦始皇在统一全国后,为了巩固新创建的封建大帝国,整齐划一了全国从政治到军事、经济和文化等方面一系列制度,包括田制和赋税制度,由内史总管全国的田租收入,掌管粟米之征。秦始皇制定的"上农除末""尊奖兼并"的政策,为封建土地私有制的发展铺平了道路。由于土地可以自由买卖,地主兼并土地受到法律保护,"富者田连阡陌,贫者无立锥之地"的现象开始出现。无地少地的农民,"或耕豪民之田,见税什五",除了承受地主豪强的沉重的地租剥削和提供无偿劳役外,还要按规定向国家缴纳人头税,服繁重的徭役。秦代的田赋负担相当沉重,征收量达到2/3,田租田赋,盐铁之利,相比之下20倍于古。在这种情况下,农民常"衣牛马之衣,食犬彘之食",生活极端贫困,造成社会生产的严重破坏。

汉初,刘邦面对经济凋敝、人民逃亡、府库空虚的残破景象,为了巩固自己的统治,他确定了一条还兵于农、恢复生产、轻徭薄赋、与民休息的政策方针。具体到田赋,其征收原则是:"量吏禄,度官用,以赋于民。"田租一律用实物交纳,且实行轻税政策:汉初,定为"什五税一",即税率为6.7%。在一般情况下,不能改动。到惠帝、高后之时,农民生活有所改善,但仍然困难,国库无所积蓄。贾谊指出:"汉之为汉几四十年矣,公私之积犹可哀痛。失时不雨,民且狼顾;岁恶不入,请卖爵子。"晁错认为,在国家统一又无天灾人祸的情况下,仍无蓄积,关键在于"地有遗利,民有余力,生谷之土未尽垦,山泽之利未尽出,游食之民未尽归农也"。他建议,薄赋敛,使民尽务农桑;"可时赦,勿收农民租";广蓄积,实仓廪,备水旱。汉文帝刘恒接受了他的建议,亲耕籍田,劝农课桑;十二年(公元前168年),诏免"民十二年租税之半",即三十而税一,成为定制。东汉初,因战争的影响,支出浩繁,田赋改行什一税率,即根据同一块土地连续几年的平均收获量,征收1/10的税。当北方的主要地区得到统一,征收面积扩大;屯田收入有了增加以后,建武六年(公元前30年),又诏行西汉旧制,三十税一;直至东汉献帝初,循而未改。两汉的轻税政策,有力地保护了封建地主阶级的利益,促进了封建经济的恢复和发展。东汉末年,由于封建割据势力的兴起,簿籍散失,人口流亡,临时按户征调随之而起,秦汉田租、田赋制度因此而遭破坏。

2. 田赋的征课范围和征课方法

田赋的征课范围:为土地的出产物,包括粟米和刍稿,均以实物缴纳。

田赋的征课方法:田赋的征课依据是土地册籍。核实土地数量的方法,秦代是"黔首自实田",汉代是"令民得以律占租",都是指农民自己申报。报告的内容包括耕地面积,大小人丁,土地产量等;经乡一级主管官吏(三老、啬夫)审查核实,统一评定产量后,再根据实有田亩数,评定的亩产量和国家规定的税率,求出应纳税额,登记入册,按户汇编,上报到县,经批准后,由乡佐组织征收。后来,因国家无事,社会稳定,在土地税收变化不多的情况下,为简化征收手续,就根据连续几年的征收情况,规定一个固定的税额,据以征收。

东汉章帝建初时(公元76—83年),又根据山阴太守秦彭的奏议,号令把全国的土地,按照土地的肥瘠分为上、中、下三等,每一等根据连续几年的生产情况,确定一个平均收获量,对上、中、下三等不同的土地课以同一税率,这样,税率虽然一样,但每亩土地缴纳的税额不一样,这种分等定税的方法,也对后代影响很大。

在汉代,田赋的征收,除了粟米之外,还有刍稿。刍稿是农作物的秸秆,用以充当饲料、燃料和建筑材料之用。有人认为刍稿是一种附加税。其实,从秦到汉,刍稿都是同粟米同时征收的,都应属于田赋收入的范围。如秦二世皇帝元年(公元前209年)用度不足,"下调郡县转输菽粟刍稿"。东汉光武帝中元元年(公元56年)令"勿出今年田租刍稿"。东汉和帝初元十四年(公元162年)因灾减免,两者都是结合在一起进行的,刍稿属于田赋无疑。

3. 田赋附加

汉代的田赋附加,开征的时间见诸史料是东汉桓帝、灵帝时期。桓帝延熹八年(公元165年),因对羌族用兵等原因,耗费很大,开征田赋附加,用货币缴纳,每亩加征铜钱十文。这是田赋附加的开始。灵帝中平二年(公元185年),因南宫遭火灾,烧毁殿堂多处,又广阳门外屋宇毁坏,需要修建,以此为名,向天下田亩征收附加税,亩收铸币十钱。这两次附加,都属于临时性质的征收。

4. 田赋减免

秦汉时期田赋减免范围,包括对人征税和对土地的征税。主要有①灾歉减免。汉代在大灾之年,对灾区除开仓赈济灾民外,还给予减免田赋的照顾;②行幸减免。是政治性的临时性减免田赋的措施,在皇帝出巡、泰山封禅、郊祭泰畤的时候,为表示"爱民",对沿途各地予以减免田赋;③劝农减免。为鼓励农业生产,汉代实行田赋从轻的政策,文帝十二年(公元前168年),为扭转农民弃农从商的现象,在晁错的建议之下,宣布免除当年全国田赋的一半,第二年又全免田赋。此外,为了鼓舞民心,有时改年号也有减免,以示"普天同庆"之意;④移民免赋。免赋是指免除农民徭役负担。为有利于农民的迁徙,减少移民阻力,国家对被列为迁徙之民给予减免徭役的照顾。

三、口赋和算赋

汉代的口赋、算赋,对人征收,属于人头税性质。按人头征税,最先开始于秦代。据史载:秦代曾使税吏挨家挨户按人头数收税,用一种竹制的箕收敛,充作军费,至于是否有男女老少之别,收多收少之差,史无记载。发展到汉代,人头税已经制度化,有算赋、口赋之分。

1. 口赋

汉代的口赋又叫口钱,征收对象是七岁至十四岁的少年儿童。汉代规定,凡适龄的少年儿童,不论男女,每人每年要缴纳口赋钱二十,充作皇室收入。汉武帝时,随着军费开支的增加,为了弥补国家财政的不足,加重口赋的征收,纳税年龄提前到三岁即要负担口赋,征课额也增为二十三钱,增加的三钱作为车马兵器之用,即作为军费开支。由于口赋的加重,人民难以负担,致使有些民户生子辄杀,制造了很多惨剧。但这种严重的社会现象,却未引起统治者的重视,一直维持到汉元帝元年(公元前48年),由于贡禹的建议,才又恢复到七岁起征。但口钱数额并未减少,每人每年仍征二十三钱。对少数民族地区,也要征收口赋。

2. 算赋

算赋,是对成年人征收的人头赋。算赋的开征始于汉高祖四年(公元前203年),当时规定:凡年龄在十五岁以上至五十六岁的成年男女,每人每年需要向国家缴纳算赋一百二十钱,叫一算。作国家购置车马兵器之用。

算赋的税额,时有升降。汉初规定:一百二十钱为一算。文帝时,由于经济得到恢复,人口也有了增加,为了减轻人民负担,在减轻田租的同时,也将算赋由一算一百二十钱改为一算四十钱,即调低了2/3。武帝时,由于对外用兵,国家财政不足,算赋又重新改为一百二十钱为一算。以后,又数作变动,宣帝甘露二十年(公元前52年),以九十钱为一算;汉成帝建始二年(公元前31年),以八十钱为一算。

汉代的算赋,具有强烈的政策性,即是说,它征多征少,具体征收对象的确定都体现了国家的政策要求。首先,对少数民族有特殊规定,如武陵蛮夷地区,令人交麻布,成年人一匹,未成年二丈。在板楯蛮夷地区,规定除罗、朴、督、郑、度、夕、龚七姓不输租赋以外,其余各户每口每年纳钱四十;其次,为限制商贾牟取暴利,在赋税上对商人加重征敛,每人每年两算,即纳二百四十钱;第三,为保障农业生产有足够的劳力,鼓励人口增殖,对家有奴婢课重税,每人每年两算,占有奴婢越多,纳税越多。为了鼓励生育,对晚婚者课重税,凡女子十五岁不结婚,到三十岁,分成五等,每升一等,加征一算,到三十岁加到五算,即一年要交六百钱。这种累进课税法,在税制上说来,也是一种进步。

3. 户赋

户赋是在封君食邑区域对民户征收的一种税。汉朝,封了不少异姓和同姓王,并封给这些王侯一定的封国或封地。汉景帝后,列侯封君不领经费,以封地食邑内的租税供充俸禄。封君的收入包括在封地内征收的田租、户赋和市税。户赋按户计征,每户二百钱。因户赋由郡县征收后,直接输给封君列侯,所以也属于王室财政,不直接列入国家财政收入之内。

第二节 三国两晋南北朝时期的租调制

三国两晋南北朝从公元220年曹丕称帝,到公元589年隋灭陈,前后共计370年。这是中国历史上分裂割据、朝代更替频繁、战争连绵不断的大动乱时代,但也是北方少数民族和汉族依次向南大迁徙、大同化、大融合的时期,也是中国社会在制度形态上发生重大变异和演进的时代。特别是以农民为课征对象的赋役,作为国家统治的重要财源,当政者进行了不少卓有成效的改革,是中国历史上变秦汉而启隋唐的过渡时代,具有承上启下的时代特征。

魏晋南北朝时期田赋制度的特点是由政府将因长期战乱造成的无主荒地分配给流民耕种(曹魏行屯田,两晋行占田,北魏行均田)。在此基础上实行田赋制度的改革,废除秦汉以来的田租、口赋制度,推行田租、户调制。租调制始于曹魏时期。租即田赋,按亩征收产物;调即户调,按户征收绢绵;合称租调制。公元204年,曹操颁行租调制。规定百姓每亩田地向国家缴粟四升;每户出绢二匹、绵二斤;其他税收项目一律罢止。豪强地主也必须按土地亩数纳田租、出户调,不准让百姓代出。以后西晋、东晋、十六国、南北朝、隋代、唐代前期都相继实行租调制,虽具体内容稍有变化,但总的原则是一致的:①从限制土地兼并,保证农民对小块土地的占有权和使用权方面来保证国家赋税的基础;②注意按负担均赋税。

一、曹魏的屯田制和租调制

东汉末年,严重的土地兼并,沉重的赋役苛剥,再加上天灾,致使大量农民逃亡,人口锐减。曹操在镇压农民起义和扫除北方势力的过程中,目睹了生产凋敝、民不聊生的景象,为了解决军队的口粮问题,曹操兴屯田、抑兼并,以保证军粮的供应。建安元年(公元196年),颁布《置屯田令》,募民屯田于许昌,当年即"得谷百万斛",以后又逐渐推广到全境。屯田分军屯和民屯两种,军屯多分布于边境地区,按军队编制组织生产,耕战结合;民屯是招募或迁徙民屯垦,政府贷给其种子、耕牛。军屯生产所需由政府提供,收获物全部上交;民屯"持官牛者官得六分,百姓得四分。私牛而官田者,与官中分"。① 屯田之民免服兵役和徭役。

从维护自身统治地位出发,曹操还采取了改进税制的措施。建安九年(公元204年),曹操进驻冀州后颁行租调制,规定:对土地所有者(包括自耕农和地主),每亩土地征收田租谷四升。每户征收户调绢二匹、绵二斤。租调之外,不得另有其他征发。② 户调取代汉代沉重的人头税,对农民有好处,也有利于大族豪强庇荫佃客;同时,亩收四升为定额税制,改变了两汉以来土地税按产量多少征收的比例税制,既方便征收,又可做到增产不增税;另外,曹操命令加重对豪强兼并行为的惩罚,但大族豪强兼并事实上难以阻止。

二、西晋的占田课田制和租调制

晋初社会经济和土地兼并有所发展,为加强对自耕农民的控制,限制土地兼并,保证

---

① 《三国志·魏书》。
② 《三国志·魏书·武帝纪》。

国家赋税徭役的征发,太康元年(280年)灭吴统一全国后,西晋政府颁布占田、课田令。

西晋的赋税制度——占田课田制。规定:男子一人占田七十亩,女子三十亩。丁男课田五十亩,丁女二十亩,次丁男减半,次丁女不课(男女年十六以上至六十为丁,十三至十五、六十一以上至六十五为次丁)。官吏以官品高卑贵贱占田,从第一品占五十顷,至第九品占十顷,每品之间递减五顷。此外规定,依官品高低荫亲属,多者九族(一说指本姓亲属,上至高祖,下至玄孙;一说包括他姓亲属,即父族四、母族三、妻族二。从后文与三世对比来看,这里当指前者),少者三世(自祖至孙),荫衣食客,第六品以上三人,第七、八品各二人,第九品一人,荫佃客,第一、二品不得超过五十户(疑当作十五户),第三品十户,第四品七户,第五品五户,第六品三户,第七品二户,第八、九品各一户。占田制规定男子一人占田七十亩,女子三十亩,没有年龄限制,原则上任何男女都有权按此标准占有土地。这种土地不是由政府授予或分配,而是规定人民可以占有土地的法定数量和最高限额,但政府没有任何措施保证人民占有足够数量的土地。占田制并没有改变原有的土地所有制关系,地主和农民所有的土地仍然得以保留,不足规定限额的还可以依限占垦。

西晋的租调制规定:丁男之户,岁输绢三匹,绵三斤,女及次丁男为户者半输。① 边远郡县只缴2/3或1/3,少数民族居民每户缴纳麻布一匹,较远地方可减到一丈。麻布是对边远山区少数民族课征的实物税,这种户调只是一种平均定额,实际征收时,官吏预先按纳税户的贫富情况,划分为九个等级,按照等级征税,富户交的多一些,贫户交的少一些,叫作"九品相通",以后南北朝的统治者大多都采用此法。

占田、课田制是封建国家为保证赋税剥削而制定的一套完整的土地、赋税制度。统治者允许人民占田是为了课田,课田建立在占田基础上,两者密不可分,没有占田,则无从课田,没有课田,则占田也就落空,失去意义。西晋占田、课田制总结了古代土地、赋税制度的经验,规定了占田的最高限额和课田的最低限额,允许人民在这两个限额之间有机动余地,从而既保证了国家赋税收入,又在一定程度上调动了农民的生产积极性,起到了"劝课农桑"的作用,有利于促进个体农民经济的发展。

三、东晋、南朝的田赋和租调制

东晋(公元317—420年)和南朝(公元420—589年)的政治、经济制度及其状况,是两汉以来的政治、经济制度及其状况的继续和发展。东晋的田租制度,经历了从户征收、从田征收、从人口征收三个阶段。东晋前期继承西晋的租调制度,从户从田征收兼有,但由于北方的士家大族和流民大量移居江南,造成土地占有极不平衡,于是在公元330—公元376年间,实行"度田收租制",对江南土地进行丈量,按亩收税,每亩税米三升。② 结果遭

---

① 《晋书·食货志》。
② 《晋书·成帝纪》。

到大地主阶级的抵制,致使田赋积欠严重,不得不废除度田收租制,于公元 377 年改定王公以下,口税米三斛,公元 383 年又增加为口税米五石。① 这实际上是"舍地税人",不论王公、平民、男女老幼,有无土地,都要纳同等数量的田赋,其负担的不平等达到极点。东晋户调征收数量,与西晋一样,按户缴纳绢绵,不产绢绵的地方交布。据《隋书·食货志》载"男女十六以上至六十为丁,男年十六亦半课,六十六免课;女以嫁者为丁,若在室者(未婚),年二十乃为丁"。可见,东晋征课范围较西晋宽,从年龄上说,则东晋课税较西晋为轻。

　　东晋灭亡后继而起的南朝,包括宋、齐、梁、陈四个连续的短命王朝,其中宋、齐两个朝代,基本上沿袭了东晋后期的制度,实行依口税米的田租和户调制。梁、陈时期的租调制发生了重大变化。梁朝初期,不仅田租按丁征收,丁男租米五石,丁女并半,而且户调也按丁征收,变成丁调,丁男调布绢各二丈,丝三两,绵八两,丁女并半。还废除了西晋以来实行的按户等征调的"九品相通"制,增加了禄米、禄绵、田税等附加税,规定丁男禄绢八尺,禄绵三两二分,禄米二石,亩税米二升。② 陈朝沿用梁朝旧制。

四、北魏均田制和租调制

　　北魏均田制颁布于太和九年(公元 485 年),是孝文帝经济改革的主要内容。公元 280 年,西晋政权的建立,结束了三国时期魏蜀吴三分天下的局面,实现了国家统一。但西晋的统一仅维持了几十年的时间,中国北部就重新陷入分裂,经过近 140 年的"五胡十六国"战乱,最终,北魏统一了北方。北魏统一政权维持了近百年,使中国北方的社会经济得到了一个相当长的恢复发展时期。北魏政权在经济上和财政上首先遇到的难题就是土地问题。西晋末年以来,由于北方长期战乱,人民流徙死亡,出现了大量无主荒地。由于土地关系紊乱,有关土地产权的纠纷层出不穷。一些豪强地主宁肯让自己霸占的土地丢荒,也不让农民耕种,以至于社会上一度出现了"良畴委而不开,柔桑枯而不采"的现象。在这种情况下,国家赋税收入受到严重影响。为了保证国家税收来源,北魏孝文帝颁布均田制并开始执行。

　　均田制规定:男子十五岁以上,授种粟谷的露田四十亩,妇人二十亩。奴婢同样授田。耕牛一头授田三十亩,限四头牛。授田视轮休需要加倍或再加倍。授田不准买卖,年老或身死还田,奴婢和牛的授田随奴婢和牛的有无而还授。男子授桑田二十亩。桑田世业,不必还给国家,可传给子孙,可卖其多余的,也可买其不足二十亩的部分。产麻地男子授麻田十亩,妇人五亩,年老及身死后还田。授田以后,百姓不得随意迁徙。贵族和官僚可以通过奴婢和耕牛另外获得土地。奴婢授田额与良民同。耕牛每头授露田三十亩,一户限四头。凡是只有老小癃残者的户,户主按男夫应授额的半数授给。民田还授,每年正

―――――――――――
① 《文献通考》卷二,《田赋考》二,《历代田赋之制》。
② 《梁书》卷五十三,《良吏传序》。

月进行一次。在土地不足之处,有满十五岁成丁应授田而无田可授时,以其家桑田充数;又不足,则从其家内授田口已受额中匀减出若干亩给新授田者。地足之处,居民不准无故迁徙;地不足之处,可以向空荒处迁徙,但不许从赋役重处迁往轻处。土地多的地方,居民可以随力所及借用国有荒地耕种。园宅田,良民每三口给一亩,奴婢五口给一亩。因犯罪流徙或户绝无人守业的土地,收归国家所有,作均田授受之用,但首先授其近亲。地方官吏按官职高低授给数额不等的职分田,刺史十五顷,太守十顷,治中、别驾各八顷,县令、郡丞各六顷,不准买卖,离职时交于继任者。

均田制作为特殊历史背景下的产物,在当时社会展现出强大的优越性,对社会的稳定、经济的发展和政权的稳固做出了很大贡献。缓解了自东汉以来越演越烈的土地兼并的形势;加强了政府对人民的控制;促进了农业经济的发展,均田制分授荒田,使劳动力与田业相结合,大大促进了当时经济的发展。

在均田制的基础上,北魏紧接着改革了租调制。太和九年(公元485年),规定:一夫一妇每年出帛一匹,粟二石。年十五岁以上的未婚男子四人出一夫一妇的租调。从事耕织的奴婢八人,耕牛二十头,应纳税额也与一夫一妇的负担相等。产麻布的地方,可以布代帛,所交数量相同。新租调制的优越性,一是改变了过去按户征收的办法,转而按丁口征税。这种变化与均田制按丁口授田的规定相适应,旨在使隐匿的丁口成为国家赋税的承担者,同时新税制中有"民年八十以上听一子不从役",失去劳动能力者可以免去赋税负担。这些规定考虑到纳税者的负担能力,比较公平合理。二是用税收手段抑制豪强兼并,吸引大量农民从豪强地主的庇护下脱离出来而编入政府户籍,扩大了征税面。可以说,建立在均田制基础上的租调制是北魏的一大创举,它兼顾了政府、地主和自耕农三者的利益。

北魏之后,东魏、西魏、北齐、北周继续实行均田制和租调制,对限制土地兼并、发展北方社会经济来说起了积极作用,从而为隋朝统一全国奠定了物质基础。

第三节 隋朝和唐前期的均田制和租庸调制

一、隋朝时期的均田制和租庸调制

公元581年北周开国功臣周宣帝皇后的父亲,大官僚杨坚接替了周静帝的王位,立国为隋,号文帝。隋文帝在公元589年举兵灭了南方的陈王朝,统一了中国。至此结束了分裂达378年的混战局面。

隋朝在统一中国后,为了有效控制土地和人口、稳定社会,恢复经济,巩固中央集权制而选择的土地制度即均田制。其原因:首先,均田制在北方经济中已实施,有一定的经验和基础;其次,均田制能为中央集权有效控制土地和人民,有利于稳定社会、发展经济;最后,均田制本身的优越性与当时社会生产力(如农用铁制工具的发展)相适应。这些因素决定了隋代只有选择均田制。隋代均田制特点：第一，在内容上与前朝的均田制相比，隋代的均田制内容丰富。表现为：①它不仅有对一般农民的授田规定；而且还有对官吏的永业田、职分田、公廨田的规定；丁男、中男授田的规定；笃疾、废疾、老、小授田的规定；园宅地的规定，等等，而在北齐均田制中只有对农民授田之规定，其他的规定都没有。②在一般农民授田之规定上也有异于北齐。隋朝规定："其丁男、中男授永业露田"，当时北齐没有中男授田之说。③隋代在对人丁的划分上也与前几朝不同。隋代规定：男以二十一岁为丁，五十八岁为限，实行从丁课，同时把十八至二十划为中男。从而出现了对丁男、中男两种不同年限的授田方法。这一划分，反映了力役在隋代得到不同限度的豁免，调动了劳动者的生产积极性；同时也反映出隋代经济之富强。第二，隋代均田制吸收了北魏、北齐、北周田令中的有关成分，并集前代之大成。第三，隋代的均田制在集前代之大成的基础上，又结合本朝的特点，进行了一些改革和创新，表现为：①对于国家官吏，特别是对开国元勋以永业田作为特殊照顾，规定："自诸王以下，至于都督，留给永业田，各有差，多者一百顷，少者至四十亩。"隋代官吏永业田是固定的，私有的，不能轻易剥夺。②新创官吏职分田，它是将官吏俸禄固定为地，由于产生了职分田，这在前几朝代中也是首创的。隋制规定：京官分给职分田，一品官给五顷，每品以五十亩为差，至五品则为三顷，六品二顷五十亩，其下每品以五十亩为差，至九品为一顷；外官亦各有职分田。隋代的这种做法，限制了官吏对劳动人民的盘剥。③在隋代田令中还新增加了官吏的公廨田，规定京官与外官除职分田外，"又给公廨田，以供公用"。④新增加军人授田，开皇十年五月规定："凡是军人，可悉属州县，垦田籍账，一与民同。"这一规定是隋代新田令中一个重要内容。隋之前的府兵是专业性的，兵农分离，军人不从事生产，专门作战，没有授田之说，正如隋文帝说的，"魏末丧乱，宇县瓜分，役车岁动，未遑休息。兵士军人，权置坊府，南征北战，居处无定，家无完堵，地罕包桑，恒为流寓之人，竟无乡里之号。"隋代开皇九年全国实现统一后，由于战事减少，专业化的军队不适应了，隋文帝对西魏以来的府兵制加以改革，变兵农分离为兵农合一，这样一来，十万卫士就从此悉州县，与农民一样申报户籍，授还土地，所以，军人授田只有在此时才出现。说明隋代充分利用人力、土地资源，使之达到最佳配置，使社会达到充分就业，这样既有利于生产发展，又有利于社会稳定。⑤关于土地还授的规定，隋代规定民十八岁授田，六十免役退田，比北周规定六十四退田缩短。①

隋代的租调制也是采用北齐之制，以一夫一妇为床，以"床"为课征单位，以"男"为主体。"丁男一床，租粟三石，桑土调以绢绝，麻土以布。绢绝以匹，加绵三两；布以端，加麻三斤。"②同时隋代租调制还有些减免规定："单丁及仆隶各半之，未受地者皆不课，有品爵及孝子顺孙，义夫节妇，并免课役。"在开皇三年，隋王朝还把成人年龄由十八岁提高到二十一岁，把每年服役日数改为二十天，调绢由原来的四丈减轻为二丈。开皇十年，又规定

---

① 《隋书·食货志》。
② 《隋书·食货志》。

五十岁以上一律免役收庸,就是用布代替力役。庸的出现,在租调制中是个重要的变化。这一规定标志着长期以来束缚在人民身上的力役枷锁得到解放。隋炀帝即位后,由于免除了向妇女及奴婢、部曲的征课,从而将西晋以来就出现的赋税征课对象逐渐向成年男子转移的过程完成,赋税征课全都集中到了成年男丁的身上。隋代的赋税政策,对人民的生产产生了激励作用,使隋代均田制得以顺利进行。

二、唐朝前期的均田制和租庸调制

唐朝初期总结以往均田制的利弊,对均田制作了进一步的调整。唐政府规定:民始生为黄,四岁至十五岁为小,男子十六岁至二十岁为中,二十一岁至五十九岁为丁,六十岁以上为老。至唐玄宗时,改十八岁至二十二岁为中,二十三岁为丁。国家每年一造计账,三年一造户籍。户口簿籍是国家推行均田和租调制度的依据。唐代均田制的主要内容是:其一,对百姓授田的规定。十八岁以上的中男和丁男,每人受口分田八十亩,永业田二十亩。老男、残疾受口分田四十亩,寡妻妾受口分田三十亩;这些人如果为户主,每人受永业田二十亩,口分田三十亩。杂户受田如百姓。工商业者、官户受田减百姓之半。道士、和尚给田三十亩,尼姑、女冠给田二十亩。此外,一般妇女、部曲、奴婢都不授田。其二,对贵族官僚授田的规定。有爵位的贵族从亲王到公侯伯子男,受永业田一百顷递降至五顷。职事官从一品到八九品,受永业田六十顷递降至二顷。散官五品以上受永业田同职事官。勋官从上柱国到云骑、武骑尉,受永业田三十顷递降至六十亩。此外,各级官僚和官府,还分别领有多少不等的职分田和公廨田,职分田的地租作为官僚俸禄的补充,公廨田的地租做官署的费用。这两种土地的所有权归国家。其三,对土地买卖的规定。贵族官僚的永业田和赐田,可以自由出卖。百姓迁移和无力丧葬的,准许出卖永业田。迁往人少地多的宽乡和卖充住宅、邸店的,并准许卖口分田。买地的数量不得超过本人应占的法定数额。① 唐代的均田制,无疑仍是维护和加强封建地主土地所有制的一种土地制度。唐朝统治者以永业田、职分田、勋田的名义,按官品、爵位、功勋的高下,分别授给贵族和官吏。多者万顷,少则六十亩。永业田"皆许传之子孙"。法令还规定:五品以上官员的永业田和勋田,限在宽乡请授,但也允许在狭乡买田以补赐田的不足。这就不难看出,唐初实行的均田制,是培植封建地主的兼并力量,巩固封建政权统治基础的手段之一。

唐朝初年,十分注意实行轻徭薄赋的政策。唐政府规定征敛赋役的原则是"务在宽简"。广大农民的主要负担是租庸调制,该制是在均田制的基础上,计丁征取。唐初规定每丁年纳"租"粟二石,随乡所出,输"调"绢(或绫、绝)二丈,绵三两;若输布则二丈五尺,麻三斤。每年服徭役二十日;不应役者,则按每日三尺绢折纳,叫作"输庸"。凡加役十五天免调,三十天租调俱免,额外加役最多不能超过三十天。唐代租庸调法,是在唐政府掌握相当数量的土地和劳动者的基础上实行的,并成为当时社会赋役负担的基本方式。在均

---

① 《文献通考》卷二,《田赋考》二,《历代田赋之制》。

田制没有按规定实行的情况下,租庸调的规定,实际是不管土地多少,只要是劳动力,就要成为封建政府奴役的对象。但是,这种税法与前代相比,还是有所减轻。如减隋役一个月为二十天,实行以"庸"代役也有利于农业生产的不致中断;由于租庸调具有一定的标准,这在一定程度上可减少官吏的苛索。唐初施行租庸调制时,运作良好,人民生活安定,国家收入稳定。但自安史乱后,户籍失修,生产破坏,国家支出大增,旧有的租庸调制已不合时宜,不得不以两税制取而代之。

第四节　唐朝中后期的两税法

从秦汉到唐朝中期一千多年的历史中,我们了解到,封建国家财政剥削是以人丁为基本对象的,而从8世纪末期到19世纪的一千多年里,封建国家财政在赋役上的征课原则是以资产为基本对象的,开始了赋役制向租税制的转化。

一、两税法产生的背景

(1) 均田制的瓦解,使以身丁为本的租庸调制失去了存在的基础

唐朝前期的赋役制度——租庸调制,是建立在均田制和国家牢牢掌握丁男与户数的基础上,"田有租、户有调、身有庸"是三位一体、不可分割的。但是,到唐朝中期,土地兼并加剧,土地向各类地主、官僚手中集聚,国家控制的土地越来越少,这样就难以维持对农民的授田了,均田制遭到破坏。现存唐代户籍也证明,从武则天到唐玄宗时期,农民授田的数额越来越严重不足,如齐州多半户均有田三十亩,江西彭泽,一户不过十亩、五亩。"富者兼地数万亩,贫者无容足之居"的现象非常严重。

(2) 土地兼并的不断发展

租庸调制的本质是官府向无地或者少地的农民授田,保障农民的基本生活以缓和社会矛盾,体现轻徭薄赋和为民精神。同时把农民牢牢控制在土地上,统治者方便剥削农民租税和徭役。封建小农经济的不稳定性决定了小农对抗风险的能力差,官府的赋税压力和自然灾害的偶然性加剧小农的困难,明君盛世小农还能勉强维持生活,遇到昏庸的皇帝或者是不好的年成,农民就会破产。豪强趁机兼并土地。小农失去土地却依然要承担原有的赋税差役责任,因此大量逃亡。政府为了保持赋税总额的稳定就把逃亡百姓的负担加到其他百姓身上,结果导致更多的百姓逃亡,形成恶性循环。

(3) 传统赋税地位受到新型赋税的冲击

按农田面积征收的地税和按贫富等级征收的户税逐渐重要起来,到天宝年间,户税钱达二百余万贯,地税粟谷达一千二百四十余万石,在政府收入中的比重和传统的赋税比重大约相等,极大地冲击了传统赋税的地位。

(4) 安史之乱激化了社会矛盾

安史之乱时期南方相对安定,北方大量人口为了逃避战乱向南迁徙,形成了中国历史

上第二次大规模人口南移,改变了原有的人口分布格局,加大了征税的难度;唐政府忙于战争放松了对户籍制度的监管,大量人口趁机投靠佛门寺院封建势力,逃避租税,使纳税总额大大减少;中央对地方的控制能力减弱,地方独立性大大加强,各地方纷纷用各种名目摊派,赋税制度非常混乱。阶级矛盾十分尖锐,江南地区出现袁晁、方清、陈庄等人的武装起义,极大地动摇了唐朝的统治秩序,推动了赋税制度的改革。

【专栏】

租庸调演变为两税法

两税法是唐后期以及五代时期实行的基本赋税制度。两税法的实施,标志着中国赋税史进入了一个新的阶段。安史之乱爆发后,从北魏以来施行了300余年的均田制,终于完全崩坏,庄园经济加速发展起来。建立于均田制上按床、按丁征收赋税的租庸调法,也遭受破坏,出现了按庄田、按资产征税的两税法。

在唐代,租庸调制难以为继的最重要原因是均田制在封建大土地私有制的冲击下彻底崩坏,租庸调制失去了继续实施的基础条件。唐中后期,大土地私有制迅速发展,这一点从均田制本身的演变过程即可看出,一是土地买卖的限制愈来愈松弛,官吏普遍授田,勋官、职事官和散官在唐朝都可授永业田;二是官吏必为地主,大官也就必为大地主,在封建大土地私有制飞速发展的情况下,封建政府控制的公田也日益减少,进一步蚕食了封建赋税的基础。均田制再也难以支撑下去,其作为小农生产生活的基石来源、封建赋税基础的作用已完全消失了。

租庸调制演变为两税法的第二个主要原因,是封建政府赋税征收的超常苛重。其原因,首先是封建政府机构庞大,贵族、官僚人数众多,财政开支过大。其次是安史之乱战起后,军费需求孔急,封建统治者窘于应付,赋税征发自然越来越重。由于当时北方陷于战乱之中,赋税征收的重点便转移到了南方的江淮一带。此时的赋税征收,除经常性租庸调课征外,还巧立各种名目,多方征取。人民无法生存,武装暴动已然到处发生。

租庸调制演变的第三个原因是赋役不均。唐中期以前的赋税不仅苛重,而且极度不公平,表现为赋税负担都落在课户身上,不课户却无税一身轻。肃宗时,租庸调完全负担在仅占总户数的1/3、总口数的1/7的农民身上。赋役的剥削越加苛重,逼得农民无以为生,只好相率逃亡,但唐政府又用摊逃的办法,加强课证,于是逃户更多。高宗、武后以来,逃户问题即已日趋严重,摊逃政策害民,也越来越严重。

总之,唐中期以后封建大土地私有制的发展,使农民耕地被侵夺,封建政府赋税徭役的苛重,使得农民无法承受,只有走逃亡之路。封建政府为保证收入来源,只能实行摊征,进一步加重在籍农民的负担,而这样做的结果,又促使更多的农民逃亡。均田制的本质,就是把农民束缚在小块耕地上,为封建国家课征赋税创造基本条件,农民流失了,均田制的赋税意义已经失去,唐政府也就只能放弃均田制。所以说,均田制的破坏,也就是租庸调的破坏,故杨炎指出:"租庸之法弊久矣。"推行两税法改革势在必行。

二、两税法的主要内容

780年(建中元年),由宰相杨炎建议推行的两税法,实质上就是以户税和地税来代替租庸调的新税制。它的主要内容是:

(1) 取消租庸调及各项杂税的征收,保留户税和地税。

(2) 量出制入,政府先预算开支以确定赋税总额。实际上,唐中央是以779年(大历十四年)各项税收所得钱谷数,作为户税、地税的总额分摊各州;各州则以大历年间收入钱谷最多的一年,作为两税总额分摊于各地。因此,户税、地税全国无统一的定额。

(3) 户税是按户等高低征钱,户等高的出钱多,户等低的出钱少。划分户等,是依据财产的多寡。户税在征收时大部分钱要折算成绢帛,征钱只是很少一部分。

(4) 地税按亩征收谷物。纳税的土地,以大历十四年的垦田数为准。

(5) 无论户税和地税,都分夏秋两季征收,夏税限六月纳毕,秋税限十一月纳毕。因为夏秋两征,所以新税制称为两税法。

(6) 对不定居的商贾征税1/30(后改为1/10),使与定居的人负担均等。

三、两税法的影响与意义

两税法把中唐极端紊乱的税制统一起来,在一定程度上减轻了人民的负担,但在实行中弊病也不少:①长期不调整户等,不能贯彻贫富分等负担的原则。②两税中户税部分的税额是以钱计算,因政府征钱,市面上钱币流通量不足,不久就产生钱重物轻的现象,农民要贱卖绢帛、谷物或其他产品以交纳税钱,增加了负担。③两税制下土地合法买卖,土地兼并更加盛行,富人勒逼贫民卖地而不移税,产去税存,到后来无法缴纳,只有逃亡。于是土地集中达到前所未有的程度,而农民沦为佃户、庄客者更多。由于没有更好的税制来代替,这种税制就成为后代封建统治者所奉行的基本税制了。

两税法的作用在于:使唐朝中期以来极端混乱的税制得到统一,在一定时期内,保证了国家的财政税收;改变了自战国以来以人丁为主的赋税制度,而"唯以资产为宗,不以丁身为本",表明封建政府对农民的人身控制有所放松;两税法规定贵族、官僚、商人都要交税,这就扩大了税源,增加了政府的财政收入,也相对减少了农民的负担。实行两税法,是我国封建社会赋税制度的一次重大改革和进步。

两税法是一项有着重要意义的改革。首先,在均田制下,国家对租调徭役的征敛,主要依据是丁身;两税法则主要依据土地多少征税。两税中的地税是履亩征粟,户税虽说依据资产,但土地是资产中的重要内容,所以也主要是依据土地征税。这种变化,主要是因为均田制破坏后,土地占有情况愈来愈不均,于是舍人税地就成为发展的必然趋势。舍人税地也意味着封建官府对农民的人身控制有所松弛。

其次,在"以丁身为本"的租庸调制下,不管是地主、贫民,他们向国家纳税的数量却完全一样,这当然极不合理。两税法推行后,没有土地而租种地主土地的人,就只交户税,不交地税。这样,就多少改变了贫富负担不均的现象。

最后,租庸调是以均田制为基础,流亡客户因为不在当地受田,所以既不编入户籍,也不纳税。两税法"唯以资产为宗",不管土户、客户,只要略有资产,就一律得纳税。又因为贵族官僚原来就得负担户税和地税,所以也得缴纳两税。这样,两税法的推行就极大地扩大了纳税面,即使国家不增税,也会大大增加收入。

在推行两税法时,由于租庸调及各项杂税都已并入了户税和地税,所以唐政府规定取消各种杂税。但这种局面只维持了极短的时期。不久,腐朽的统治者又想尽办法搜刮,增添了许多苛捐杂税,人民的负担成倍增加,生活比以前更加困苦。

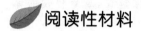

阅读性材料

杨炎和"两税法"改革

杨炎是唐代著名的财政专家,生于开元十五年(公元727年),凤翔天兴(今陕西凤翔)人。父亲杨播,唐玄宗时任谏议大夫,唐肃宗时任散骑常侍。唐代宗时,宰相元载擢杨炎为中书舍人、吏部侍郎,元载获罪,杨炎遭连坐,被贬道州司马,因而与刘晏有隙。建中元年(公元780年),唐德宗即位,议用宰相,经崔祐甫推荐,起用杨炎为银青光禄大夫门下侍郎同平章事,莅事数月后,因乔琳遭罢免,杨炎遂独专国政,乘机诬杀刘晏。由于为人尖刻,树敌太多,建中二年(公元781年),卢杞为相,杨炎遭谗害,被贬为左仆射,不久又被贬为崖州司马,未至百里即被赐死,终年55岁。

杨炎出生于开元盛世,亲历过安史之乱。安史之乱是唐代由盛而衰的历史转折点,给黄河中下游人民带来了一场空前的浩劫,江淮地区虽未直接遭受战祸的蹂躏,但唐朝中央为了筹措军饷,却愈益加重了江淮人民的税负。"不问负之有无,资之高下,察民有粟帛者,发徒围之,籍其所有而中分之,甚者什取八九,谓之白著。有不服者,严刑以威之。民有蓄谷十斛者,则重足以毙命。"因此,北方人民虽然饱尝战祸之苦,但是,大规模的农民起义却频频发生在南方,如袁晁起义、方清起义等,足见江淮人民的赋税之苦要甚于北方人民的战祸之苦。安史之乱平息后,唐朝的封建统治也趋于危殆,安史降将,尽领大镇,掌握方镇财赋,不向唐朝中央纳贡,形成了财政上的独立状态。在方镇割据的情况下,唐朝中央直接管辖的地盘缩小了,不得不将沉重的赋税强行摊派给江南地区人民,造成民不聊生。面对安史之乱以来严重的财政匮乏和尖锐的阶级矛盾,杨炎能够顺应当时的政治经济形势,对国家财税制度进行大幅度调整和改革,在中国历史上产生了深刻的影响。

1. 创行两税法

唐朝初期的中央集权制度以均田制的确立为基础。均田制旨在使百姓尽其劳动力和地力,发挥农业的最大生产力,因而土地分配给丁男(18岁至60岁的男性)较多;唐朝初期的租庸调赋税制度以均田制为前提,不是按亩课税,而只对分配到桑田(永业)、谷田(口分)合计有百亩的丁男征收。换句话说,只有丁男才纳税。唐朝初期的租庸调实际都是由丁男负担的税。租庸调制,"有田则有租,有身则有庸,有户则有调"。这是以"人丁为本"的赋税制度。到玄宗末年,户籍制度废弛,居民转移死亡、土地买卖、财产变化等情况官府久未调查,也未重新登记造册,均田制已经遭到破坏。征税时,官府不管实际情况,只凭旧户籍向乡里按丁男收税。安史之乱后,户口削减,按丁男收税已无法实行。至此,租庸调制积弊甚久,"天下之人苦而无告",至德年间,由于战祸,官府到处向百姓征收赋税,逼迫催促索求,没有固定标准;官吏巧立名目,随意增加赋税,新旧税接连不断,没有限度。"民富者,率为官、为僧以免课役,而贫者丁多,无所伏匿,故上户优而下户劳。"征收赋税的官吏借机对百姓进行侵存,百姓无旬无月不在纳税,因不堪忍受而大多逃亡成为浮户。为了增加国家的财政收入和解决藩镇的军事费用,建中元年,杨炎向德宗建议,革除税收的弊病,实行"两税法",即以户税和地税代替难以运转的租庸调。

(1) 确立"量出为入"的财政原则。杨炎提出,"凡百役之费,一钱之敛,先度其数而赋于人,量出以制入。"即先预算国家一年所需的经费,据此规定相应的课征收入。这一原则与传统的"量入为出"的财政原则相对立,开创了中国财政管理思想史上关于国家财政预算思想的先河,具有重大意义。应该说明的是,杨炎的"量出为入"与近代国民经济预算体制还有很大距离,不是以预算来年国家财政支出计划为"量出"的根据,而是以大历十四年(公元779年,两税法实行的前一年)的财政收支状况为基础,确定田税征收标准,"其田亩之税,率以大历十四年垦田之数为准而均征之"。

(2) 确定租税主体和课税标准。杨炎主张:"户无主客,以见居为簿……不居处而行商者,在所郡县税三十之一,度所与居者均,使无侥利。"两税乃以住居人为纳税人。不专居一地行商的人,在所居州县,税三十之一,其所负之税大致与定居者相仿。改变了过去只向农民征税的弊病,使封建王朝增多了大批税户。农商并课使农民不致轻易离开乡土,使封建王朝税收不致减少。这也合乎现代财政学租税普及的原则。杨炎还主张"人无丁中,以贫富为差"的课税标准,在征收税额时,"唯以资产为宗,不以丁身为本,资产少者则其税少,资产多者则其税多"。以贫富为差别,更合乎租税公平的原则。由于确定了租税主体和课税标准,两税法先问现居之户,后问所有之产,扩大了纳税面,确保了封建王朝的税权,国库收入有了明显增加。

(3) 简化税制并统一缴税时间。两税法实行以前,唐朝征赋名目繁多,租赋除了租庸调、户税和地税以外,还有安史之乱起创设的青苗钱等,其他杂税不包括在内。各种税目征收时间和征收次数不同,从6月至10月,始终不停。官府经常催收,百姓经常缴纳,不胜其烦。两税法实行后,把租庸与杂役合并为一,纳税期限定为夏、秋两期,符合便民的财政原则。

(4) 改实物赋税为货币赋税。过去的租庸调制是征收实物,"租出谷,庸出绢,调杂出缯纩布麻";而两税法"以钱谷定税,临时折征杂物","定税计钱,折钱纳物",亦即"定税之初,皆计缗钱,纳税之时,多配绫绢"。两税法是以钱为赋税计算单位的,但实际缴纳时,是兼征货币或折征粟米、绫绢的。这是从实物赋税向货币税过渡的一种特殊现象。杨炎建议实行的两税法,不仅在当时取得了巨大的财政经济效果,而且在财政管理思想史上产生了深远的影响。

2. 分开管理皇室财政与国家财政

中国自西汉以来,建立了国家经费与皇帝私人费用分开的制度。唐朝初年也是如此,国家财赋归入国库(即左藏库保管),掌管国库的太府寺每季上报账目,由刑部下设的比部司进行核对。安史之乱中,第五琦担任度支使、盐铁使时,京师很多豪门将帅向国家索取没有制节。第五琦上奏朝廷,请将左藏所贮全部贮藏归大盈内库,由宦官掌管,皇帝认为如此取用方便。由此"以天下公赋,为人君私藏,有司不得窥其多少,国用不能计其赢缩,殆二十年矣"。宦官中掌管内库者有三百多人,他们互相攀结,牢牢地把持着内库。

杨炎拜相后,向德宗恳请:"夫赋税,邦国之大本,生人之喉命,天下理乱轻重皆由焉。是以前代历选重臣主之,犹惧不集,往往覆败。大计一失,则天下动摇。先朝权制,中人领其职以五尺宦竖操邦之本,丰俭盈虚,虽大臣不得知,则无以计天下利害。臣愚待罪宰辅,陛下至德,惟人是恤,参校蠹弊,无斯之甚!请出之以归有司,度宫中经费,一岁几何,量数奉人,不敢亏用。如此然后可以议政,惟陛下察焉。"意思是,赋税财收是国家的根本大事,就像人的喉咙,天下的治与乱和国家的强与弱都由其决定。以前各朝挑选得力的大臣掌管,即使这样还常常失败。先朝让宦官执掌这一职务,国家财用的丰俭盈虚,大臣无法知道,没有办法设计规划有关天下利害的大事。请您把原属左藏库的月税收入还回,根据宫中每年所需花费,将照数全部奉上,不敢有丝毫亏少。只有这样,才可以议论政事,敬望陛下明察。德宗准杨炎所请,皇室经费与国家政费遂重新分开。

第五节 宋代的"方田均税法"

两税法作为封建国家基本赋役制度创立后,其以地税和户税之名于夏秋两季征课的形式,在继后的各代没有变化,但其内容却因时嬗变,自公元907年宣武节度使朱温篡唐即皇帝位建立后梁开始,中国历史进入了五代十国、宋、辽、夏、金等多个政权分裂对峙时期,五代十国时期,国家的收入仍然主要是田赋,在赋役制度上多沿袭唐代的两税法制,分为夏秋两季缴纳。但总的来看,史书记载不甚全面,缺少章法。辽、夏、金是北方少数民族建立的政权,多以畜牧业为主,经济发展相对落后,因此在财政制度上少有建树。而在中原和江南地区建立的赵宋政权,在沿袭两税法制的基础上,则根据社会形势的变化,为适应财政的需要,对农业租税制度进行了一些改革,其中以王安石的"方田均税法"成为两税法向一条鞭法过渡的重要环节,代表了这一时期农业租税制度发展进步的轨迹。

一、田制与田赋

北宋成立后,有意识地依靠豪强地主为其统治基础,实行"不抑兼并"和"田制不立"的土地政策,对豪强地主兼并采取前所未有的纵容态度,而且赋予他们免税免役特权,以致耕地虽有所增加，但出现的却是"富有者有弥望之天，贫弱者无立锥之地"的景象，纵容地主兼并土地的结果是使土地集中更为严重。

宋代耕地，按其所有制性质的不同，划分为官田和私田两大类。官田包括官庄、屯田、营田、职田、学田和仓田等。国家对官田收租，其租金都有特定用途。私田即农民占有的土地，其中又多集中在大地主手中，私田按规定向国家缴纳田赋。

宋代田赋包括：①公田之赋：对官庄、屯田、营田等官田的收获物而收的租粟。②民田之赋：对私有土地而课之税。③城郭之赋：对城市店宅和园田所课之税。④丁口之赋：即人头税。对人丁征丁钱和丁米税。⑤杂变之赋：即对各地土特产征税。宋代赋税征收实行两税法，缴纳物品有谷、布帛、金铁、物产等四类。纳税期限为夏秋两季：夏税勿过六月，秋税勿过十一月。并分三限，税户须于三限前半月毕输。宋代按土地质地、地势划分土地等级，确定税额，因此，全国各地土地每亩税率并不统一，税赋差距较大。

在宋代的户籍上，全国居民分"主户"和"客户"两大类。主户是指有产业、有土地的官僚豪绅和地主等，客户是指没有土地产业而耕种地主土地的佃户、佃客或寄庄户。客户没有田产，没有租税负担能力。因而，租税负担的主要对象是在主户这个阶层身上，所以，占有土地向官府缴纳赋税的主户，在当时的户籍制度上又称"税户"。但是，并不是所有的主户都是税户，负担租税者，只是一部分，这又与主户的政治身份有关。主户有官户、形势户、寺观户、平户和民户的区别。官户是地主阶级中的特权阶层，他们除了从国家领取优厚的俸禄外，还可以通过恩荫制度为自己的亲属、子孙谋取免除赋税的特权。北宋统治者奉行的国策是："恩逮于百官而唯恐其不足，财取于民不留其有余"，特制定"官户法"，来保障官户的各种特权。形势户还可以通过纳粟补官转变为官户。占有大量土地的僧侣、道士等寺观户也享受免赋役特权。这些都致使政府控制的税源急剧流失。到英宗（公元1064—1067年）以后，全国垦田"赋租不及者，十居其七"，即赋税负担都落在30%左右的土地上，绝大部分耕地都被官僚、豪绅、胥吏、寺观地主所占有，赋役重担都落在了占有少量土地的中小地主及一般的平户、民户身上，负担十分苛重。

面对税收总额逐年增加的趋势，两宋时期，大力发展工商业，给工商业诸多税收优惠，工商税收大大增加，到宋中期，在全国财政收入中，来自工商业的收入已和来源于农业方面的收入持平，这在中国是史无前例的。随着商品流通速度的加快，交换区域的扩大，为财政开辟了税源，导致国家财政收入逐年增加。据记载，至道（公元995—997年）末，全国收入缗钱2 224.58万，经20多年后，到天禧（公元1017—1021年）末，全国财政计15 085.01万[①]，其中主要是赋税收入。但宋代的财税收入主要用于军费和统治者耗费。两宋时期，官多、兵多，造成财政的沉重负担。据《食货志》记载：真宗（公元998—1021年）时，内外兵员为91.2万，宗室吏员受禄者9 785；宝元（公元1038—1039年）后，兵力达

---

① 《宋史·食货志下》。

125.9万,宗室吏员受禄者达15 443人。再加上对外、对内的战争经费,国家财政开支已难以承受。

二、王安石的"方田均税法"

财政支出不断增长,而赋税征课面不断缩小,财政矛盾不可避免地越来越尖锐,到11世纪,财政收入已逐年下降,财政赤字愈来愈严重。在王安石执政时,财政罗掘俱穷,濒于破产,而社会各方面的矛盾又日深一日,要解决财政困难,唯一的办法就是抑制土地兼并,扩大赋税征课面,减轻中小地主及小生产者的租税负担。王安石从这一角度出发,从公元1068年(熙宁元年)开始,进行了一系列财政经济改革,其中"方田均税法"是其主要内容。

"方田均税法"包括方田与均税两个部分:方田,是一种清丈土地,整理田赋地籍的制度。具体做法是:以东西南北各千步为一方,面积相当于41顷66亩160步。每年9月县令派人分地丈量,按照地势和土质的肥瘠分为五等,依地之等级和各县原来租税数额分派定税。至次年3月丈量完毕,公布于民。均税,是对清丈完毕的土地重新定税,做到:①纠正无租之地,使良田税重,瘠田税轻;②对无生产的田地,包括陂塘、道路、沟河、坟墓、荒地等都不征税;③一县税收总额不能超过配赋的总额,以求税赋的均衡。方田均税实际上是一种整理、核实计税依据的地籍制度,它为我国后代进行土地清丈开创了先例。

方田均税法的推行,受到豪强阻挠,官吏徇私舞弊,障碍横生,到元丰八年(1085年)被迫停止,共推行了14年。先后所方之田,仅及五路,所清丈的田达2 484 349顷,占当时全国垦田总数的一半以上,可算是中国古代历史上丈量田亩的一次壮举。方田均税法自宋神宗熙宁五年(公元1072年)实施以后,在防止豪强地主漏税、增加国家收入方面取得了成效。但是,由于损害了官僚地主的利益,所以引起了以司马光为首的保守派大官僚的反对。元丰八年,皇帝下令停止方田。后来又屡行屡辍,时断时续,最终于宣和二年(公元1120年)完全废除。

虽然王安石的方田均税法没有被全面贯彻实施,但其维护税、地一致的做法却是值得肯定的。后来人们逐渐认识到,土地作为生产资料虽是税收的基础和来源,但人是生产力的第一要素,只有人地结合才能创造财富,从而使中国农业租税制度向更高级的摊丁入地的阶段演进。

第六节 明代的一条鞭法

明朝建于1368年,至1644年灭亡,共276年。明初的田赋沿袭唐以来的"两税法",有夏税、秋税之分,征收的税率是固定的,缴纳物有米、麦,也有丝、麻、棉、银等。明中期时对赋役制度进行改革,推行一条鞭法。明末各种田赋加派开始出现,以至公开掠夺,反映了明王朝的腐朽。

一、田制和田赋

明朝土田之制,分为官田和民田两种,官田皆宋、元时入官田地,还包括一些借官势而侵占的土地,如皇帝、诸王、公主、勋戚、大臣、内监、寺观、赐乞的庄田,这些特权阶级,大多不负担赋役的义务。这些庄田日渐扩大,一方面造成社会财富分配不均,国家财政收入减少;另一方面农民失地后,负担并未减轻,迫使农民四处逃亡。民田是百姓自己占有并允许买卖的土地。明初,因为中原土地多荒芜废耕,于是实行计民授田之制,明中期后,土地兼并加剧,田制大坏。

明朝官田输租、民田输税。元末战争后,户籍及田土册籍多丧失或混乱,不能作为征收租税和徭役的依据。为此,明初首先进行了田籍与户籍的整理。首先核实天下户口,并设置户帖(户口簿)、户籍,户帖交给本户自存,户籍由官府保存。户帖与户籍均记载姓名、年龄及居住之地,每年登记一次,将增添或减少之数,上报中央。洪武十四年(公元1381年),实行里甲之制,在里甲制度基础上编制赋役黄册。赋役黄册以里为单位,按丁粮多寡为序,十年为一周期,称"排年"。并于册籍的首页绘制户口、税粮的总数图表。赋役黄册由有关部门十年更换一次,根据丁粮增减变化情况而重新排列顺序。赋役黄册一式四份,一份交户部,一份交布政司,一份交府、一份交县。赋役黄册本来是征收赋税的依据,以后失去原有作用。明太祖时,还曾派周铸等人核实浙西田亩、赋税;又命户部核实天下土田,测量田亩的面积,画出田地形状,依次编号,注明田主的姓名、数量,编类成册。由于册中田地图形状如鱼鳞,故称鱼鳞图册。明代的赋役黄册,以户为主,按四柱式记账法,详细写明旧管、新收、开除、实在之数。鱼鳞册以土田为主,详细载有土地类别,通过鱼鳞册以解决土地纠纷,通过黄册,确定赋役之数,两册互为印证,成为官府控制百姓和土田的有力工具。

明初田赋仍沿袭两税法,按亩征税,分夏、秋两次缴纳。田赋征收的品种,夏税为米、大小麦,秋税为米、丝、麻、棉,为两税的附加。明朝田赋在征收时,往往将米、麦、丝、麻、棉、绢、麻绵布为本色,所折之物为折色。明代田赋的税率,各地不一。土田的归属不同,来源不同,税率亦不相同,因而不免发生畸轻畸重的现象。田赋征收实行粮长收解制度,即里甲催征,税户缴纳,粮长收解,州县监收。但粮长充任既久,亦不免贪污不法,妄意征求。因此,粮长征收制度也废置不常。

二、明中期的一条鞭法

(一)实行一条鞭法的原因

(1)土地兼并日渐剧烈,人口大量逃亡,田亩与丁口失实,从根本上破坏了明初赋役制度依存的条件,这是赋役制度改革的主要原因。

明自英宗后,皇帝多深居皇宫,不理朝政,生活日益侈靡,宦官乘机柄政。明朝前期一百多年里，皇帝、王公、勋戚、官绅、豪强竞相掠夺土地，皇室国戚享有免税特权，地主富豪之家大多勾结官府，偷逃税收，应税田亩骤减。据记载，从洪武二十六年（公元 1393 年）到弘治十五年（公元 1502 年）前后的 109 年时间，税田总额由八百三十五万顷减少为四百二十八万顷，赋税流失严重。与此同时，土地兼并之风，日甚一日，致使国家课田面积急剧减少，弘治十五年（公元 1502 年），课田面积不及洪武二十六年的一半，而且还在继续减少，加以连年灾荒，人民难以存活，许多人辗转流亡，形成庞大的流民队伍，造成"田地抛荒，租税无征"，政府失去了征课赋役的根据。

（2）财政危机加剧，赋役负担沉重。明中期国家赋税收入日趋减少，而支出却逐年增加。从武宗正德（公元 1506—1521 年）后，财政开始入不敷出，到嘉靖年间（公元 1522—1566 年）每年田赋收入二百万两左右，而财政支出"多者过五百万两，少者亦三百余万两，岁入不能充岁出之半"。天下岁供京师粮四百万石，而各王府的禄米就达八百三十五万石，岁供京师的田赋税粮不足支付其半数，更不用说百官俸禄与军需粮草，财政亏空严重。

（3）商品经济的发展，"本色""折色"征收无常，给纳税人造成极大负担。到了明中期，商品货币经济有了一定发展，以白银为主体的货币流通，延伸到了社会经济生活的各个领域，国家赋税也随之由实物形态向货币形态转化。这样，以征课实物和力役为主要内容的旧赋役制度就不适应社会要求了。随着国家需要的增加，明代田赋的折征范围不断扩大，最初仅折征钱钞和绢，后扩大为折纳银、麻布、丝绸等物品。这种交纳赋税时的折纳比率都是由官方规定的，依照各地的具体情况有所不同。英宗正统元年（公元 1436 年）规定，田赋可折银缴纳，称"折色"，米、麦一石折银两钱五分，每两折米四石，江南浙江、江西、湖广、福建、广东等省米、麦共四百余万石，折银百余万两，缴纳到内乘库，叫作"金银花制度"。但自宪宗成化五年（公元 1469 年）以后，米、麦折银率大变，银一两折米一石，纳税人的田赋银剧增三倍。①

（二）一条鞭法的基本内容

万历十九年（公元 1581 年），张居正时任内阁首辅，他将一条鞭法在全国推行。其基本内容如下：

"一条鞭法者，总括一州之赋役，量地计丁，丁粮毕输于官，一岁之役，官为佥募，力差则计其工食之货，量为增减，银差则计其缴纳之费，加以增耗。凡额办、派办、京库岁需与存留供亿诸费，以及土贡方物，悉并一条。皆计亩征银折办于官，故谓之一条鞭法。"②

（1）"赋税合一，按亩征银"。实行一条鞭法以前是赋役分开。赋以田亩纳课，役以户丁征集，赋役之外还有名目繁多的方物、土贡之类的额外加派。实行一条鞭法以后，把田赋、力役和其他杂税合编为一条，统一按田亩核算征收。原来按丁户征役的办法一并改为

---

① 《续文献通考》卷二，《田赋考》。
② 《明史·食货志》。

摊入田亩。

（2）在实施一条鞭法之前，钱粮征收由粮长和里甲长负责。一条鞭法实施后一概由官府征银雇役，以丁银取代力役。由于赋役统一，各级官吏难以巧立名目。因此，丛弊为之一清，使税赋趋向稳定，农民得以稍安。

（3）除苏、松、杭、嘉、湖地区征收本色漕粮供皇室食用外，其他地区田赋一概改收折色银。从此，不按实物征课，省却了输送储存之费。

（4）简化征收手续，取消里甲征收，直接由官府折办收解。不由保甲人员代办征解，免除了侵蚀分款之弊，使征收方法更臻完善。

一条鞭法执行过程中，各地区具体做法有很大差异。有的固定丁粮编征的比例，如南直隶江宁、庐州、安庆等府，河南邓州（今河南邓州市县）和新野等县役银按"丁一粮三"比例编征，陕西白水县役银按"丁六粮四"比例编征；有的固定民每丁、粮每石或地每亩摊征的银额，如江苏嘉定县每丁摊征役银一分、每亩摊征役银七厘七毫，浙江余姚县每丁摊征役银五分、每亩摊征役银四厘，山东曹县每丁摊征役银七分二厘、每大亩摊征役银七分一厘；也有将役银全部摊派于地亩的，如广东始兴县每粮一石带征丁银二钱六分，山东鱼台县将役银均派于税粮。就役银由户丁摊入地亩的比例而言，除明代晚期少数地区将役银全部摊入地亩，户丁不再负担役银者外，可以归纳为以下三类：①以丁为主，以田为辅，以州县为单位，将役银中的小部分摊入地亩，户丁仍承担大部分役银。②按丁田平均分摊役银，即将州县役银的一半摊入地亩，另一半由户丁承担。③以田为主，以丁为辅，即将州县役银中的大部分摊入地亩，其余小部分由户丁承担。

（三）一条鞭法的历史意义及局限性

张居正的赋役改革，是中国封建社会赋税史上的一次重大变革。明朝中期的财政危机，经张居正的整顿和改革，局势有了显著的改观。万年十年至十五年（公元1582—1587年），明朝已是"公府庾廪，委粟红贯朽，足支九年，其赢余数十百巨万，……可谓至饶给矣"；明之太仓积粟达"一千三百余万石，可支五六年"，这比之于"嘉靖之季，太仓所储，无一年之蓄"，诚不可同日而语。同时，张居正一条鞭法的改革，不仅在赋役制度本身的改革上对后世的影响甚巨，而且对社会经济的发展客观上也起到了积极的促进作用。

第一，赋役合一，标志着我国长期沿用的赋役并行的税课体系正在向以物（田）为课税对象的租税制转化，是唐代两税法改革以来的我国田赋"因地而税"发展进程中的重要里程碑，这在一定程度上解放了生产力，促进了社会经济的发展。同时，赋役合一还有助于国家财政的统一管理，并在一定程度上堵塞了各级官吏的舞弊，有利于均平赋役、减轻农民负担。

第二，扩大了负担面，在一定程度上起到了均赋均役的作用。一条鞭法是在清查土地和丁产的基础上进行的。清丈土地使"豪猾不得欺隐，吏甲免赔累，而小民无虚粮"。根据量地计丁、计亩征银的原则，原先有田不纳税、不服役的豪强地主也必须纳税服徭役，这样在一定程度上减轻了无地、少地农民身上的负担,缓和了矛盾,同时也保证了国家的财政收入。

第三,以银代役,取消了力差,实行"一岁之役,官为金募",这使政府通过徭役制度强加于农民的人身依附关系进一步松弛,农民获得了更多的选择自由;官府以银雇役,则标志着劳动力商品化的趋势日益增强,这对农业和城市工商业的发展都具有重要意义。

第四,简化了税制,收入更稳定可靠。将土地税和人丁税、正税和杂税合并在一起进行征收,不仅使繁杂的赋役名目和征收手续趋于简化,而且征收项目、数字都很清楚明确,使人易于知晓,这在一定程度上也限制了贪官污吏营私舞弊,收入更稳定可靠。

第五,有利于商品经济的发展和社会稳定。一条鞭法计亩征银、以银纳税,大大地拓展了货币税的课征范围,促进了农产品商品化的发展,它既是商品经济发展的产物,又对明代后期商品货币经济的发展起了重要的促进作用。同时,土地多的人多纳税,税赋与负担能力挂钩,促进了社会公平,缓和了社会矛盾。

但是,张居正的赋役改革也存在很大的局限性,这种局限性主要来自两个方面,一是封建社会的痼疾;二是一条鞭法制度本身的弊病。

从社会方面看,改革虽然取消了大地主、大官僚的免税免役特权,但它没有触动明代的封建秩序和生产关系,大土地所有者仍然可以凭借政治上和经济上的特权,想方设法将自己的负担转嫁给农民,甚至阻挠和限制一条鞭法的推行,从而限制了一条鞭法积极作用的发挥。

而从一条鞭法制度本身来看,则存在以下不足:

(1)一条鞭法将田赋和徭役合并征收,化繁为简,但纳税人无法确切知道所纳何税,该纳多少,易被税吏欺蒙,致使官府吏员狼狈为奸,增减洒派,弊端百出。另外,一条鞭法没有彻底废除丁银。《明史》卷七中记载:"如有丁无粮者,编为下户,仍纳丁银。"可见,一条鞭法的赋役合一是不彻底的。

(2)一条鞭法的实行是以整顿财政、增加税收为目的的,它不是一种减税政策,因此从制度上并没有保证封建国家不继续加重人民的负担。正、杂统筹,本身就使此前可能是非法的各种苛杂取得了合法的地位,百姓负担并没有因此减轻。而且事实上,赋役合并后,杂役仍有征调,名为一条鞭,实际上条外有条,编外有编,农民的负担又加重了。

(3)一条鞭法计亩征银,虽然在纳税形态上是一种进步,但在当时商品货币经济虽有发展但并不发达的条件下,纳税人必须先将米、麦换成铜钱,再折成白银,如此转折,无论是钱贵粮贱还是粮贵钱贱,加上中间商人的盘剥,纳税人的赋税负担往往不断加重。此外,又有"火耗"加征,更增加了官吏的贪婪和中饱私囊。

一条鞭法虽然推行于全国,但由于这项改革本身的不彻底和制度本身的局限性,其在各地执行的差异较大且极不彻底,所以,一条鞭法行之不久,即出现偏差,十余年后,田赋制度又趋于紊乱,农民的负担也日益加重。

总之,一条鞭法在中国赋役制度史上是一件划时代的大事,它上承唐宋的两税法,下启清代的摊丁入亩。改变了历代赋与役平行的征收形式,统一了役法,简化了赋役制度,标志着赋税由实物为主向货币为主、征收种类由繁杂向简单的转变。但在另一方面,中国民间极度缺乏白银,流通的是铜钱,而官方两税收的是白银。民间只有在交税的时候才会将铜钱折算成银子,所以要在缴纳两税的时候集中向商人兑换,而商人借此将银价抬高,这是明清延续的一大弊政,又被称为残民一条鞭。

三、明后期的赋税

明代后期,各种社会矛盾不断深化,财政危机日益严重,统治集团计无所出,不得不竭泽而渔,于是常于正赋加重之外,附加加派不断,田赋负担由此成倍增加。

明代田赋的加派,最早发生在武宗正德九年(公元1514年),当时乾清宫发生火灾,为复建乾清宫,全国加派田赋一百万两。正德二十九年,为增兵设戍,乃议于南畿浙江等州县,加赋一百二十万两;嘉靖末的额外提编,仅江南即达四十万两。实行一条鞭法之时,加派稍有收敛,至万历中期,又有"万历三大征"加派。但当时这种加派尚属临时性的,基本上是在局部地区实行,数额不大,而且事毕即止。及至明代后期,辽东战事兴起,农民起义军兴,"三饷"(即辽饷、剿饷、练饷)加派出台,遂成为经常性"岁额",其加派的数额之巨、扰民之深、影响之大,足以厉民亡国,成为我国封建田赋史上典型的恶政之一。

(一)辽饷加派

辽饷是以辽东战事紧急、军饷不足的名义而加派于民的赋税。万历四十四年(公元1616年),努尔哈赤在赫图阿拉(今辽宁新宾)称汗建国,建立后金政权。万历四十六年(公元1618年),努尔哈赤向抚顺发起进攻,为加强辽东防御,于是令全国田赋每亩加银三厘五毫;万历四十七年,又加三厘五毫;万历四十八年,再加银二厘。三年三次加派累计,每亩共计加银九厘,共增田赋五百二十万两,遂成定制,故称辽饷加派。崇祯三年(公元1630年),清兵劫掠永平、顺天等府,于是每亩加九厘之外,又加三厘,称为"新饷"。前后四次辽饷加派,总计年额已达六百六十九万余两。又有从天启六年(公元1626年)开始,实行的辽饷预征制,每年10月开始预征第二年辽饷的3/10,农民的辽饷负担又因此加重。

辽饷主要以地亩为征收对象,但又不限于地亩的征收。从天启元年(公元1621年)开始,还在全国加派杂项辽饷,范围非常广泛。此外还有盐课、关税、芦课的辽饷加派。天启三年,除地亩银外,其他各项加派辽饷数累计达二百六十五万五百一十六两;到崇祯年间,在增派地亩的同时,杂项、盐课、钞关、芦课的加派也续有增加。

(二)剿饷加派

剿饷是用于对内镇压农民起义所耗之饷。崇祯时,农民起义风起云涌,为增加兵饷,镇压农民起义,遂于崇祯十年(公元1637年)加派剿饷。剿饷分均输、溢地、寄学监生事例和驿地四项征收。其中的"均输"是因地而征,每田一亩,派米六合,每米一石,折银八钱,其后又每亩加银一分四厘九丝;"溢地"是对万历九年以来各地方多清丈出的尚未加派辽饷的土地加征剿饷,两者都属于田赋加派的性质。剿饷的具体征收情况,崇祯十二年,杨嗣昌奏报:十一年实收剿饷银二百七十一万两,其中省直溢地银四十五万六百七十余两,裁站银二十万,督饷、再开事例十万,扬州新增盐课银一十六万以上,另外均粮征银一百八十万有奇。

(三)练饷加派

剿饷原定以一年为期,但农民起义势不可当,辽东战事又日趋急迫,明廷不得不练兵增饷。于是,在崇祯十二年,又下令征收"练饷",即为增练额兵及在郡县专练民兵而加的饷银。练饷的主要来源也是田赋,每亩加一分,合计共派银四百八十一万一千八百余两;除田赋以外,还有赋役核实、裁减站粮、关税、盐课、契税、典税、官吏赃罚和"公费节省"等项目。各项合计共七百零九万一千八百两。

除辽、剿、练三饷之外,崇祯八年又有助饷加派,即按税银加派,加官户田赋1/10,民户十两以上者亦加1/10。此外,还有所谓"黔饷""芜饷",等等,名目较多。地方性的加派更层出不穷。如天启五年,御史吴裕中说广东除正饷外,有"鸭饷、牛饷、禾虫等饷"。以上三项加派合计,已近二千万两。"一年而括二千万以输京师,又括京师二千万以输边",实为自古所未有。加派得来的巨款,理应用于军饷与练兵,但事实上却不尽然:军饷常为宦官、大臣和将领所吞没,以致欠饷累累,兵不聊生;至于练兵,"所练何兵,兵在何处?""兵实未尝练,徒增饷七百万为民累耳!"明代后期的田赋加派,实为明后期的突出弊政,这种掠夺性的财政带给民生的是极大的痛苦,它在加速农民破产的同时也加速了社会经济的崩溃。这种竭泽而渔的赋税政策,不但没有解救明王朝,反而加速了其灭亡。

第七节 清代的摊丁入亩

清代是中国历史上最后一个封建王朝,清朝统治者为满族爱新觉罗氏。1616年(明万历四十四年),努尔哈赤建国称汗,国号金,史称后金,定都赫图阿拉(在今中国辽宁省新宾县境内),后迁辽阳、沈阳。1636年(明崇祯九年),皇太极改国号为清,称帝。1644年,清军打败李自成农民军,随后多尔衮迎顺治帝入关,迁都北京。1911年(宣统三年)辛亥革命爆发后,各省纷纷宣布独立。清帝溥仪于1912年被迫退位,清朝灭亡。清代自入关后,共历十帝,268年。1840年中英鸦片战争以前称为清前期,是中国封建社会的晚期。鸦片战争以后称为清后期,沦为半殖民地半封建社会。本节记述清前期的赋税。

清军入关初,曾宣布免除明末的"三饷加派",康熙亲政后,从长治久安出发,革除了一些暴政:禁止圈地,放宽逃人法,严禁诬告,清理刑狱,禁止虐待奴仆,采取了一些有利于社会稳定和经济发展的措施,比如整顿吏治、实行更名田,使大批佃农变成有产业的自耕农、奖励垦荒、招抚流亡、兴修水利,发展经济等。促进了人口的增长和经济的繁荣,出现了"康乾盛世"。

一、清代的田制与田赋

清前期有民田、官田、官庄、屯田等不同类型的土地。民田是民户私有的土地,除原有的民赋田外,还增加了"更名田"、归并卫所地、民众新开的土地等;官庄是皇室宗亲、八旗驻防的庄田;官田是清政府占有的土地,有收地、学田、祭田等;屯田,康熙时卫所屯田除漕运地方外,其余改为民屯,边疆内地陆续有新设屯田。

清代田赋的征收以明万历时的赋役册籍为依据。地赋和丁赋分别课征。地赋分三等九则,各地税率不一。丁赋有一条鞭征者,有丁随丁派者。清廷在沿用旧制的同时加强了对田赋制度的整顿。重修赋役册籍;清除欺隐积弊;改进征收办法,以防官吏贪污中饱。这些措施收到了一定成效,但也存在一些问题:

第一,征收的赋税主要是地税和丁银,地丁经常变动,将两者查清难度很大。

第二,人口的增长快于耕地面积的增加,而地权日益集中在官僚豪绅手中,佃农人数日益扩大,所负担的丁银沉重,迫使无负担能力的人逃隐。

第三,官吏、豪绅等营私作弊。或巧立名目多征、重征;或包揽代纳民户之税,借以索取厚利;或诡寄飞洒,隐占蒙混。

第四,朝廷对编审溢额采取奖励办法,而豪绅的隐匿和人民的逃亡难免发生,地方官担心难以完成征税任务,往往多留少报,使朝廷感到丁银难征,税额不稳。

鉴于上述情况,清廷对赋税制度实行进一步的改革,即固定丁银,摊丁入地。

二、摊丁入亩的推行

摊丁入亩是清政府将历代相沿的丁银并入田赋征收的一种赋税制度。是中国封建社会后期赋役制度的一次重要改革。源于康熙,雍正、乾隆年间普遍实行。

康熙五十五年(1716年),清廷首先批准"广东所属丁银,就各州县地亩摊征,每地银一两摊丁银一钱六厘四毫不等"。这虽是"丁随地起见于明文"之始,但实际上尚属试行性质。

正式的摊丁入亩,始自雍正初年。雍正元年(1723年),直隶巡抚李维钧鉴于本省"无地穷丁"甚多,而"北五府(顺天、保定、河间、永平和宣化)丁浮于地,尤为苦累,故条奏摊丁(入亩)"。后经户部及九卿各方议准:直隶省"于雍正二年为始,将丁银摊入地银之内,造册征收"。李维钧又根据"北五府地少丁多,难就本州县之丁银摊入本州县地银之内"的实际情况,"为苏民困","计之再三",最后决定通省计摊,"统为核算",即将全省"四十二万零八百两之丁银,均摊于(全省)二百零三万四千七百余两地银之内,仍照上、中、下三则之田,各计其纳粮轻重之数,而分摊其丁银,永无偏累"。大体上每田赋银一两均摊丁银钱许。接着,福建、山东、河南、浙江、陕西、甘肃、四川、云南、江苏、安徽、江西、湖南、广西、湖北等省相继推行。至雍正七年(公元1729年)便基本上普及到全国的绝大部分省区。尽管奉天、台湾和贵州等地,直至乾隆年间才开始实行,山西更"以富人田少,贫民种地代纳丁银不服"迟迟拖到光绪五六年间(公元1879—1880年);但是,此时"摊丁入亩"制度已基本上成为全国划一的赋役征收制度了。另外,几乎与此同时,清政府又陆续将匠班银、盐钞银、渔课钞等其他赋役也合并到田赋银中征收,地丁银便成为其主要的财政收入了。

摊丁入亩推行过程中,出现的特点有:

首先,在各省单位平均摊入的丁役银中,除湖南因系"以粮石计摊",其数额显得最多外,其实际最多的还是直隶,其次是山西、陕西和甘肃等省,而江苏、安徽和浙江诸省则最少。凡摊入丁银多者,则必其原来丁役负担重者,反之,凡摊入丁银少者,则必其原来丁役负担轻者。这一方面说明,清前期"东南诸省,赋重而役轻;西北赋轻而役重"的大致趋势;另一方面,也就不难预料,北方的田亩负担因摊丁银而加重的程度必定会比南方大,故大地主阶级及其知识分子反对摊丁入亩制度的情绪,也就势必会比南方更为强烈。

其次,各省在摊丁入亩时的具体做法很不一致。有按田亩计摊者,有按粮石计摊者,但大多数则还是按每田赋银一两为单位计摊;主要是通省统一核算计摊,但个别省份也有以州县计摊者。这些又说明了摊丁入亩制度本身的多样化和复杂性。

最后,从各省摊丁入亩开始的时间看,大都集中在雍正二年至七年(公元1724—1729年)之间。这更反映出,摊丁入亩制度的产生,绝非是一次偶然的事件,而是经过长期酝酿,至此瓜熟蒂落,水到渠成而已。

三、摊丁入亩效果及评价

摊丁入亩改革最大的获利者是清廷。在经济上,不仅使原额丁银连同田赋银一起得到切实保证,而且将原属根本无法征收的"户绝人亡"者的丁税,也一起摊入地亩,起死回生有了可靠的着落。因此,清政府的地丁收入逐年增加,顺治时,每年仅二千万两左右,康熙、雍正时则增长到二千五六百万两。从乾隆至清末,则每年都一直保持在三千三百万两以上,约占全国财政总收入的3/4,成为清皇朝赖以存在的重要的物质基础。所以清代历朝统治者都十分重视它,曾三令五申,无论哪级政府,无论何种情况,都"一概不准借用地丁银两"。

摊丁入亩是明代一条鞭法的继承和发展,它将人丁税并入土地税,实行地丁合一,丁随地起。作为我国赋税史上一次重大改革,它的进步意义在于:

第一,人丁税摊入田亩征收,使税负同负担能力挂钩,田多者纳税多,田少者纳税少,税负较以前公平。

第二,地丁合一后,不再按丁派役,取消了丁口编审。"官有兴作,悉出雇募。"封建国家对劳动人民的人身束缚相对削弱了,雇佣关系有所发展,这有利于农民和工商业者安排自身的生产,也有利于资本主义的萌芽与发展。

第三,宣布"滋生人丁,永不加赋",有利于人民的安居乐业,发展生产,地丁合一,丁随地起,简化了征税手续,也有利于封建国家的财政收入稳定可靠。

摊丁入亩毕竟是封建国家的政策,其局限性表现在:

第一,改革出自统治者利益的需要。以人丁课税,由于人丁是流动的,收入并不稳定。而田亩是固定的,作为课税对象是确定的。与其在课税中逼逃贫民,影响税收和封建秩序,不如摊丁入地,让无地的人丁安居乐业,为封建国家增加财源,一举而数利。

第二,永不加赋是欺骗,不少地区摊入地亩的丁银超过原额,其后,地丁银不仅随耕地的扩大而增加,随银价上涨而无形增赋,还有各种名目的加征。

第三,封建剥削关系没有改变。摊丁入亩没有解决土地所有制问题,无地贫民租种地主的土地,要交占产量一半左右的地租,还要承担地主转嫁的各种加派和劳役,贫民的负担依然很重。

总的来看,应肯定摊丁入地的进步性。清代的地丁收入,顺治时为二千万两左右,康、雍时,增至二千五百万至二千六百万两,乾隆至清末一直在三千三百万两以上。

【专栏】

中国历史上的"黄宗羲定律"

黄宗羲定律是现代学者秦晖在他的论文《并税式改革与"黄宗羲定律"》中总结出的定律。其主要内容是历史上的税费改革不止一次,但每次税费改革后,由于当时社会政治环境的局限性,农民负担在下降一段时间后又涨到一个比改革前更高的水平,明清思想家黄宗羲称之为"积累莫返之害"。该定律是描述农业社会农民税费负担的论述。

黄宗羲(公元 1610—1695 年),字太冲,号南雷,称梨州先生,浙江余姚人。1644 年,清兵入关后,黄宗羲积极参加抗清义军,失败后隐居,屡拒清朝廷征召。主要著作有《宋元学案》《明儒学案》《明夷待访录》《南雷文定》等。黄宗羲是明末清初的重要思想家,是我国古代研究赋税制度最深入、最系统的学者之一。他在《明夷待访录·田制三》中指出历史上的赋税制度之害:

或问井田可复,既得闻命矣。若夫定税则如何而后可?曰:斯民之苦暴税久矣,有积累莫返之害,有所税非所出之害,有田土无等第之害。

何谓积累莫返之害?三代之贡、助、彻,止税田土而已。魏晋有户、调之名,有田者出租赋,有户者出布帛,田之外复有户矣。

唐初立租、庸、调之法,有田则有租,有户则有调,有身则有庸,租出谷,庸出绢,调出缯纩布麻,户之外复有丁矣。杨炎变为两税,人无丁中,以贫富为差,虽租、庸、调之名浑然不见,其实并庸、调而入于租也。相沿至宋,未尝减庸、调于租内,而复敛丁身钱米。

后世安之,谓两税,租也,丁身,庸、调也,岂知其为重出之赋乎?使庸、调之名不去,何至是耶! 故杨炎之利于一时者少,而害于后世者大矣。有明两税,丁口而外,有力差,有银差,盖十年而一值。

嘉靖末行一条鞭法,通府州县十岁中夏税、秋粮、存留、起运之额,均徭、里甲、土贡、顾募、加银之例,一条总徵之,使一年而出者分为十年,及至所值之年一如余年,是银、力二差又并入于两税也;未几而里甲之值年者,杂役仍复纷然。其后又安之,谓条鞭,两税也;杂役,值年之差也,岂知其为重出之差乎?使银差、力差之名不去,何至是耶!故条鞭之利于一时者少,而害于后世者大矣。

万历间,旧饷五百万,其末年加新饷九百万,崇祯间又增练饷七百三十万,倪元璐为户部,合三饷为一,是新饷、练饷又并入于两税也。至今日以为两税固然,岂知其所以亡天下者之在斯乎?使练饷、新饷之名不改,或者顾名而思义,未可知也。此又元璐不学无术之过也。嗟乎!税额之积累至此,民之得有其生也亦无几矣。

今欲定税,须反积累以前而为之制。授田于民,以什一为则;未授之田,以二十一为则。其户口则以为出兵养兵之赋,国用自无不足,又何事于暴税乎!

何谓所税非所出之害?古者任土作贡,虽诸侯而不忍强之以其地之所无,况于小民乎!故赋谷米,田之所自出也;赋布帛,丁之所自为也。其有纳钱者,后世随民所便,布一匹,直钱一千,输官听为九百。布直六百,输官听为五百,比之民间,反从降落。是钱之在赋,但与布帛通融而已。其田土之赋谷米,汉、唐以前未之有改也。及杨炎以户口之赋并归田土,于是布帛之折于钱者与谷米相乱,亦遂不知钱之非田赋矣。

宋隆兴二年,诏温、台、徽不通水路,其二税物帛,许依折法以银折输。盖当时银价低下,其许以折物帛者,亦随民所便也。然按熙宁税额,两税之赋银者六万一百三十七两而已,而又谷贱之时常平就籴,故虽赋银,亦不至于甚困。

有明自漕粮而外,尽数折银。不特折钱之布帛为银,而历代相仍不折之谷米,亦无不为银矣;不特谷米不听上纳,即欲以钱准银,亦有所不能矣。夫以钱为赋,陆贽尚曰"所供非所业,所业非所供",以为不可,而况以银为赋乎!天下之银既竭,凶年田之所出不足以上供;丰年田之所出足以上供,折而为银,则仍不足以上供也,无乃使民岁岁皆凶年乎?天与民以丰年而上复夺之,是有天下者之以斯民为雠也。

然则圣王者而有天下,其必任土所宜,出百谷者赋百谷,出桑麻者赋布帛,以至杂物皆赋其所出,斯民庶不至困瘁尔!

何谓田土无等第之害?《周礼》大司徒,不易之地家百亩,一易之地家二百亩,再易之地家三百亩,是九则定赋之外,先王又细为之等第也。今民间田土之价,悬殊不啻二十倍,而有司之征收,画以一则,至使不毛之地岁抱空租,亦有岁岁耕种,而所出之息不偿牛种。小民但知其为瘠土,向若如古法休一岁、二岁,未始非沃土矣。官府之催科不暇,虽欲易之,恶得而易之?何怪夫土力之日竭乎!吾见有百亩之田而不足当数十亩之用者,是不易之为害也。今丈量天下田土,其上者依方田之法,二百四十步为一亩,中者以四百八十步为一亩,下者以七百二十步为一亩,再酌之于三百六十步、六百步为亩,分之五等。鱼鳞册字号,一号以一亩准之,不得赘以奇零,如数亩而同一区者不妨数号,一亩而分数区者不妨一号。使田土之等第,不在税额之重轻而在丈量之广狭,则不齐者从而齐矣。是故田之中、下者,得更番而作,以收上田之利。加其力有余也而悉耕之,彼二亩三亩之入,与上田一亩较量多寡,亦无不可也。

意思是说,历代税赋改革,每改革一次,税就加重一次,而且一次比一次重;农民种粮食却要等生产的产品卖了之后用货币交税,中间受商人的一层剥削;不分土地好坏都统一征税。黄宗羲的观点以及所反映的历史现象,被现代学者秦晖总结为"黄宗羲定律",语出他的论文《并税式改革与"黄宗羲定律"》。

【本 章 小 结】

中国古代赋税制度呈现这样几个特征:一、赋税种类普遍都包含有田赋、户税、杂税三种。二、按征收标准分类,以人丁为主要征收标准的赋税制:编户制度、租调制、租庸调制。以土地和财产为主要征收标准的赋税制:初税亩、两税法、方田均税法、一条鞭法、地丁银。三、按征收物分类,征收实物的赋税制度:初税亩、编户制度、租调制、租庸调制、两税法。征收货币的赋税制度:募役法、一条鞭法、摊丁入亩。四、中国古代赋税制度演变的主要趋势:随着封建统治者对农民人身控制的逐渐松弛,收税标准从以人丁为主逐步向以土地为主转变,这一转变以唐朝两税法为主要标志。随着封建经济发展主要是商品经济的发展,赋税由实物为主逐步向货币为主转变,这一转变以明朝的一条鞭法为标志。赋税征收种类由繁杂向简单转变,如两税法、一条鞭法、地丁银制都是把各种杂税合并起来统一征收。上述三个转变表明:赋税制度取决于生产关系和生产力发展状况。赋税征收必须适应生产力发展水平,保证劳动者最低限度的生存条件。如果统治者破坏了这个原则进行超经济的掠夺剥削,只能适得其反,导致阶级矛盾激化和自身灭亡。

【关　键　词】

均田制　租庸调制　两税法　方田均税法　一条鞭法

【复习思考题】

(一)名词解释

1. 占田课田制
2. 均田制
3. 方田均税法
4. 一条鞭法

5. 摊丁入亩

(二) 简答题

1. 北魏均田制的社会意义何在？
2. 简述租庸调制向两税法的转变。
3. 分析秦至清代赋税制度的演变规律。

CHAPTER 3 第三章　秦至清代的徭役制度

学习目标
(1) 掌握秦汉的徭役和更赋。
(2) 理解徭役与赋税的关系，掌握中国徭役制度的演变规律。
(3) 了解三国两晋南北朝、隋唐、宋辽、元、明、清时期的徭役。

徭役，是封建政权强迫劳动人民所从事的一种无偿的劳务活动。按中国古代徭役制度的分类，徭役大致可分为三类：夫役、职役、官户役。夫役也称力役，主要针对重大工程而征发的民工，如开运河、修城池、修宫殿、修道路堤堰、运输军需物资等。职役又称差役，封建国家按照户等高低，轮流征调乡村主户担任州县公吏和乡村基层组织某些职务，称差役。这些职务如由封建国家出钱雇人担任则称"雇役"。差役、雇役都是实行职役的方法。差役是唐中叶以来封建徭役的新形式，是封建国家对下户无偿劳动的直接掠夺。官户役，是由专门的民户负担官府特殊需要的徭役，常被称为官课户等，而其他服夫役、职役的民户则被称为"散户"。古代，凡国家无偿征调各阶层人民所从事的劳务活动，皆称为徭役，它是国家强加在人民身上的又一沉重负担，起源很早，《礼记·王制》中有关于周代征发徭役的规定。《孟子》则有"力役之征"的记载。秦、汉有更卒、正卒、戍卒等役。以后历代徭役名目繁多，办法严苛，残酷压榨人民。

第一节　秦汉的徭役和更赋

一、徭役

古代，凡国家无偿征调各阶层人民所从事的劳务活动，皆称为徭役，包括力役和兵役两部分。它是国家强加在人民身上的又一沉重负担。

秦始皇统一全国后，对外征战，对内大兴土木，都要征用大批劳动力，人民的徭赋负担十分沉重。据记载，秦代营建阿房宫用70万人，在骊山修始皇陵动用70万劳力，北筑长城约50万人，屯戍岭南50万人，北防匈奴30万人。仅这几项征调，就已动用劳力近300万人，占全国人口总数2 000万人的15%以上。至于为保证官府和军队所需官物粮草的转输，又有大批劳力被调发。当时为供应河北（黄河以北，潼关以东）戍守军士的粮草物资，男劳力基本上全部当兵服役，冻饿而死者不计其数。可见，秦代徭役对社会生产力是一种破坏。

汉代徭役,包括在地方、郡县、京城和边境所服的各种兵役,还包括为皇室和郡县所服的各种劳役。服役年龄:汉代规定,民年23～56岁,均有义务服役,凡民达到服役年龄,就要进行登记,叫"傅"。凡成丁登记到名册上后,就意味着准备应征服役了。汉景帝二年,曾令天下男子年"二十始傅",服役年龄提前了三年。汉昭帝时才恢复汉初旧制,从23岁起役。

平民被征发服劳役,一般包括建筑宫室、陵墓、城池、边境和冲要的障塞,修筑驰道,治理江河,修筑大规模的农田水利灌溉工程,堵塞黄河决口,往边境运送粮草物资,军队出征时军需用品的运输,以及皇帝出巡时所经过道路桥梁的修筑和维护,运输工具的供应、随行人员的招待等。这些项目,虽然工程规模大小不一样,但沉重的劳役,给贫苦人民带来了诸多不便。

汉代的兵役,包括正卒、更卒和戍卒等三种。

正卒:正卒即正式的兵役。秦汉时期规定:在规定的年龄里成年男子必须在本郡充当步兵(或骑兵、水军)一年;如遇军事紧急需要,还要延长服役时间。

更卒:汉代规定,年龄在23～56岁的成年男子,每年要在郡县服一个月的劳役,称为更卒。农民亲自服役的叫"践更"。出钱由政府雇人代役的叫"过更"。之所以23岁才开始服役,据孟康所述,古代二十而傅,种三年地,积存一年粮食后,才能在离家服役时不影响家中生活。至于"更"是轮番更替之意,即指男子到一定年龄后,每年要轮流到指定地点服一定时期的兵役。

戍卒、卫士:在汉代,规定每个男子一生中要到边境上去屯戍一年,或到京师去服役一年。到边境屯戍的叫"戍卒",到京师服役的叫"卫士"。

此外,还规定,每个成年男子,每年要到边境去戍边三日。实际上,真正到边境去从事防守或参加作战的,只能是有限的一部分人,其余不去戍边的,要缴纳一定的代役金。

二、更赋

更赋是对按规定应该服役而未能服役的人所征课的代役钱。汉代规定,每个成年男子都有服正卒、更卒和戍卒的义务;但不是一到服役年龄就要去服役,服役的人数也不需要那么多,当不需要服役或有钱不愿去服役时,可以按规定出钱代役,这种代役金叫更赋。

汉代的更赋,其征收标准是:①正卒:如不亲自服役,可纳钱二千,由政府雇人代役。②戍卒,如不服役,每人每年纳钱三百。由于戍卒的人数因国家劳务的多少和用兵情况不同而有增减,特别是东汉时,戍卒多征发犯罪之人充当,更赋的交纳和使用,不同时期有多少差别,这就使充作徭役的基金(更赋)有一部分余额,这个余额即归国家财政收入。

汉代的徭役,还有一项重要的措施:买复,即出卖免役权。买复始于西汉文帝,当时向国家缴纳一定数量的粮食,买到五大夫以上的爵位,就可取得免役的权利。汉武帝时多次许民买复,如元朔(公元前124—前123年)年间,因军费开支过多,府库空虚,于是允许人民缴纳一定数量的帑币后,免除终身服劳役的义务。元封(公元前109—前108年)年间,允许交粮食买得免役权。武帝元朔六年(公元前123年)还卖武功爵,分17级,这次是收钱或黄金,凡买到规定的爵位后,可终身不服徭役,不纳更赋。

买复措施的实行,虽然国家可暂时获得一笔收入,但从长远看,对国家是不合算的。几十年后,元帝永光三年(公元前41年),因服役的人少了,给国家带来了困难。当然买复这一措施对富豪、权贵之家是有利的,但富豪之家免除了徭役,封建统治者就会把它加在劳动人民身上,使劳动者不胜其苦。

第二节　三国两晋南北朝的徭役

一、三国徭役制度

曹魏的徭役分为两种,一种是对郡县编户;一种是对典农部民与士家。较之汉赋,有很大的差别。郡县编户的徭役负担:首先在年龄上,汉时民年二十开始服役,至五十六免役①。曹魏时期未见改变。及龄的丁夫或大男,是都要服役的。到建安二十三年,才有"老耄须侍养者,年九十以上,复不事,家一人"的规定②。其次在役使的方式上,曹魏有一种错役制。即服役的(人役)与室家(居户)分离,各在天一方。因为户户如此,所以说"分离天下"。编户中公卿以下的官吏或士族,在曹魏时期,可以不服徭役,但曹魏无士族免役的规定。士族免赋免役,在三国,只见于孙吴。曹魏吏、士之家皆给官役。但从魏文帝接受王朗的建议,令"吏、士小大并勤稼穑"开始,士家除了营田纳赋以外,士只服兵役。吏有吏役,如农吏、鼓吏等。

吴国孙权时,陆逊曾陈时宜,以为当"施德缓刑,宽赋息调"。然而由于"兵久不辍",民总是困于役调。太元元年(公元251年),孙权曾下令"省徭役,减征赋,除民所患苦"③。孙吴士族、将领及其所荫佃客,均可免税免役。西晋士族及其亲属享受免税免役特权,是承袭孙吴而来。

蜀国诸葛亮采取了"务农殖谷,闭关息民""闭境劝农,育养民物,并治甲兵"的政策。这里所谓"民",指的是负担赋税的自由农户。诸葛亮说过:"唯劝农业,无夺其时,唯薄赋敛,无尽民财。如此,富国安家,不亦宜乎?"④这与息民、养育民物的政策一致。无夺民时也就是轻徭,让农民有时间生产。加上薄赋,蜀国的农业逐渐发展起来。

---

① 从汉简中所见汉代戍卒年龄,小者十五,老者六十五。十五岁以上服役在汉代是正常现象。
② 《三国志·魏书·武帝纪》注引《魏书》。
③ 《三国志·吴书·吴主权传》太元元年十二月。
④ 《诸葛亮集》卷三,《便宜十六策·治人》。

二、西晋徭役制度

在役法上,西晋规定"十二以下六十六以上为老小,不事"。十三至十五、六十一至六十五,为次丁,按赋税"次丁男为户者半输"而言,次丁徭役应有所减。惠帝太安二年(公元303年)一次征发徭役,"男子十三以上皆从役"①,是特殊情形。十六至六十的正丁全役②。

在西晋,全部赋役均由郡县编户中的庶民以及吏、士之家负担。西晋的官吏和他们的亲属是免税免役的特权阶级。这与曹魏不同,而与孙吴一致。

西晋允许官吏各以品级占田,最低的九品官亦可占田十顷。可是对他们不课田。既不课田,也就不课税役。西晋还制定了官吏可以官品的高卑,荫他们的亲属,并可荫人以为衣食客、佃客的制度。荫亲属,就是亲属可以不交税,不服役。品级高的官吏,可荫及九族,低的也可荫三世,加上宗室、国宾、先贤之后及士人的子孙,又可依官吏之例,荫其亲属,这就把各级官吏及其宗族变成了一个可以不纳税服役的阶级。比之曹魏,在税役制度上,是一个退步。宗族中的佃客,因为荫亲属制的实施,税役已经免除。西晋此制完全是在维护官僚地主的利益,维护士族的利益。

三、十六国徭役制度

十六国政权有一个共同的特点,即不是单纯的少数民族的政权,而是有汉人参加的政权;少数民族上层的统治者,大多数也已汉化;各个政权都具有汉化的色彩,只是深浅程度有所不同而已。总的趋势是后来出现的政权比先前的政权,汉化程度更深,色彩更浓。因而在徭役上,各个政权大都袭用魏晋旧法。

四、东晋徭役制度

东晋时期,徭役又变重,力役名目繁多,重役达60多项。并且规定13~15岁、61~65岁的次丁需服半役,且流弊很深,"古者使人,岁不过三日,今之劳扰,殆无三日休停,致有残形剪发,要求复除,生儿不复举养,鳏寡不敢妻娶"。③ 政府尽管规定每年力役二十天,而州郡县地方额外摊派给农民的力役甚至增加到几个月。可见当时徭役给人民的负担和苦难有多沉重。

东晋还创立了"蠲在役之身"的制度。役包括劳役与兵役,正在服役的人可以免除人口税,对于农村与军队的稳定,有一些作用。

五、南北朝的徭役

南朝刘宋,因战事频繁,甚至役及幼稚,以至造成"四野百县,路无男人,耕田载租,

---

① 《晋书·惠帝纪》。
② 《晋书·食货志》。
③ 《晋书·范汪传附子宁传》。

皆驱女弱"①的现象。南朝时徭役常常叫作"发人征役,号为三五"②,或者说是"三五属官"③,即三丁抽一、五丁抽二,去为官府服役。如有逃亡,则视为叛亡。甚至是男丁不足,役及女丁,出现不分男女老幼,全家"空户从役"的现象。只有当民产子时,夫妇才可调役一年。

北朝时,连年征战,兵役频繁,还有筑城、挖壕、修堰、传输等劳役以及官府各种名目的杂役,各代都很繁重。如道武帝天兴元年(公元398年)正月,车驾将北还,发卒万人治直道,天赐三年(公元406年)六月,发八部五百里内男丁筑垒南宫。④太武帝始光二年(公元425年)五月,诏天下十家发大牛一头,运粟塞上。⑤其他如筑苑、筑长城、造船、筑长安内小城、通莎泉道、治灵丘道、宫邺城等,动辄数千人乃至几十万人。北齐时"北兴长城之役,南有金陵之战。其后南征诸将,频岁陷没,士马死者,以数十万计。重以修创台殿,所役甚广"。⑥其中尤以修长城为惨,即"发山东寡妇二千六百人配军士,有夫而滥夺者十二三"⑦,从而生产断绝,成为北齐均田农户破产的重要因素。北周的徭役,较北魏、北齐有不同:①在役法上较轻而合理。《隋书·食货志》载:"司役掌力役之政令。凡人自十八以至五十有九,皆任于役。丰年不过三旬,中年则二旬,下年则一旬。凡起徒役,无过家一人。其人有年八十者,一子不从役;百年者家不从役;废疾非人不养者,一人不从役。若凶札,又无力征"。②在功役上征用比较少。大象元年(公元579年)二月的诏书要求一切因循守旧,不宜过度更张,即使以前命令建筑的,现在也要停建,所以只"发山东诸州兵,增一月功为四十五日役,起洛阳宫。常役四万人,以讫宴驾"。⑧③放免奴婢。关于放免奴婢的事,南朝与西魏都有过,而北周曾多次放免官奴婢,这有利于增加普通劳动者从而增加财政收入和与豪强争夺劳动人手。④"庸"的出现。北齐已有"始立九等之户,使富者税其钱,贫者税其力"的输庸代役的办法⑨,称为隋唐租庸调的萌芽。

第三节　隋唐时期的徭役

隋初,文帝接受苏威的奏请,轻简课役,男女18岁以上为丁。丁受田纳课服役。60为老,免课役。开皇三年(公元5年),改成丁年龄为21岁,受田仍是18岁,负担兵役却减少三年。又改每岁30日役为20日。开皇十年(公元590年),令百姓年至50岁,可纳庸

---

① 《宋书·沈攸之传》。
② 《南史·循吏传》。
③ 《资治通鉴》宋文帝元嘉二十七年胡三省注。
④ 《魏书·太祖纪》。
⑤ 《魏书·太祖纪》。
⑥ 《隋书·食货志》。
⑦ 《北史·齐本纪》。
⑧ 《北史·周本纪》。
⑨ 《隋书·食货志》。

免兵役。庸就是免役人每日纳绢数尺（唐制每日三尺，当时沿隋制），20日不过数丈，对衰年人也是一种宽政。课役的减轻，有助于生产的发展。隋炀帝即位（公元604年）之后，虽然废除妇人及奴婢、部曲的课役，男子成丁的时间21岁改为22岁，比隋文帝时又宽了些，但是由于隋炀帝广征徭役，大兴土木，如营建东都洛阳、修浚运河、修筑长城等，使得劳役过度。特别是公元610年至公元614年三次征伐高丽，男丁不足，役及妇女，出现了"扫地为兵""举国就役"的情况。① 过度征调民力，造成了严重的后果，导致"天下死于役而伤于财"，从而使社会矛盾急剧尖锐，最终隋王朝被全国大规模的农民大起义所推翻。

　　唐代在赋役制度上的突出变化表现在丁庸制度，这是一种灵活管理徭役的财政形式。唐以前，徭役是皇差，无论有事无事，成年男丁都得按规定的时间和地点服徭役。这种徭役制度，致使官府不能高效率地使用劳动力，也影响劳动人民的农业生产，浪费劳动力的现象严重。唐朝将隋朝免兵役收庸的办法推广到力役，并且把年龄范围扩充，只要应役人不去服役，或国家无事不需要力役时，都向应役人收取庸布、庸绢，而对在服役中超过规定天数的则给予优待处理，超役15日者免户调，超役30日者租调全免。以庸代役的普遍化、制度化以及加役免税，不仅体现了赋役制度的灵活性，增加了对不同民户的适应性，在一定程度上可以使农民从劳役中解脱出来，减轻了政府对民丁的人身束缚，从而有较多时间从事生产，促进了唐代前期经济的恢复和发展。同时，丁庸制度，也有利于统治阶级节约和合理征调使用力役，是统治阶级加强实物剥削，增加财政收入的又一手段。而且应服役天数的明确规定，使农民的徭役负担比前代有所减轻，可以说是赋役制度的一个进步。因此，实行折征代役的丁庸制度有利于促进农业生产的发展，也向现代财政迈进了一步。

　　当然，唐朝的徭役也是很频繁的。按理，正役折为庸后，在全国范围内，20日役制应该不复存在，但自唐朝前期起，征发现役的事例很多，后来发展为名目繁多的杂徭，即所谓"丁谓正役，夫为杂徭"，规定服役杂徭每年不得超过39天，逾期折免相应的赋役，杂徭之外仍有丁役，农民的徭役负担往往很重。贞观十一年（公元637年），宰相马周上疏说："今百姓承丧乱之后，比于隋时才十分之一。而供官徭役，道路相继，兄去弟还，首尾不绝，远者往来五六千里，春秋冬夏，略无休时"②，希望唐太宗简徭役。但是，太宗于贞观十四年（公元640年），在汝州（今河南临汝）西山建襄城宫时，役工190万，用去大量杂费。公元701—709年，武则天统治期间，"西幸东巡，人未休息，土木之役，岁月不空"③。直到唐玄宗年间，土木之功，亦未间断。

---

① 《隋书·食货志》。
② 《旧唐书·马周传》。
③ 《旧唐书·卢藏用传》。

第四节 宋辽金时期的徭役

一、宋代的徭役

宋代的徭役,主要有职役和杂役。实行分等定役制度。宋代职役是征调地主或自耕农担任州县和乡村基层的职位,执行或办理地方公务。宋服役民户分为九等,上四等量轻重给役,余五等免役,如有等级升降,诏加裁定,命官、形势户不服役。此种役法称为差役制。其中的衙前役最重最苦,主典府库或辇运官物之事。衙前役服役时,官府事先到其家登记各种财产物什,造册留存,任期满进行复核,往往因赔偿损失而破产。为了逃避衙前之役,应役之户或假售田于形势户,诡报佃户;或假作僧尼,或亲族分居,或弃田与人。熙宁元年(公元1068年)知谏院吴充上书:"今乡役之中,衙前为重,民间规避重役,土地不敢多耕,而避户等;骨肉不敢义聚,而惮人丁。"①于是差役最终落到三四等户身上,甚至后五等民户,造成大量的贫户逃亡。除了职役外,还有大量的临时性杂役,如修路、兴修水利工程、修建官府私邸、搬运公私财物等,都召民承担。这种杂役时无定数,随时征派,造成废耕嫁,兼之豪强富户设法诡避,负担基本落到贫户身上,民不堪其苦。

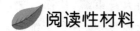阅读性材料

宋代的徭役

宋代徭役扰民,早已为有识之士所重视,曾多次谋求解决之法,景祐中(公元1034—1037年)曾实行募役法,行之不久即告失败;庆历中(公元1041—1048年)以科役不均而行均差法,其弊如故,仅行十年。至神宗熙宁时,又议改役法,熙宁二年(公元1069年)王安石改差役制为雇役法,也叫募役法或免役法,对后世影响很大。

雇役法由以身充役改为以钱代役,于是役变成了以货币形式缴纳的税。而且扩大了征收范围,原来不出役之家,如官户、僧道也与平民一样出钱助役,在免税钱、助役钱之外,另取二分为免役宽剩钱,由此使国家赋税收入大增。可以说,此法适应了两宋商品社会经济发展的历史趋势,并在一定程度上均平了负担,具有明显的均税意义。但因雇役法征及官豪士大夫之流,在一定程度上触动了大地主豪强的利益,从而遭到这些人的抵制和反对。哲宗元祐元年(公元1086年)司马光当政,遂改行差役法,直至南宋灭亡。但衙前之役仍行雇役,形成差役与雇役并行的状况。

杂徭自熙宁十年(公元1077年)也实行雇役制,应役者出钱可免役,此钱称"纳夫钱",或称"免夫钱"。但制度较灵活,愿充役者充役,愿纳钱者纳钱免役。

---

① 《宋史·食货志·役法上》。

南宋初,仍袭北宋役法旧制。当时雇役法不能全复,差役法也不能尽行,异议屡起,莫衷一是,弊病百出。乾道间,范成大首创义役法,以一乡或一都为单位,由应役民户各出田若干,或出钱合买规定田数作为助役田,以所收田租供应役费。出田多少,按贫富定等差。义役法虽有便民之意,但弊病也不少。

宋代役法变革,大致经历了从差役到雇役再到义役的转变。马端临曾说:"差役,古法也;其弊也,差役不公,渔取无艺,故转而为雇。雇役,熙宁之法也;其弊也,庸钱白输,苦役如故,故转而为义。义役,中兴以来,江、浙诸郡民户自相与诸究之法也;其弊也,豪强专制,寡弱受凌,故复反而为差"。然而宋代役法之转变,不管是"差"、是"雇"、还是"义",都不是全国清一色的实行,多是诸法并行,且无论实行哪一种役法,负担总是大部分落在贫苦农民身上。而比较宋之役法,马端临认为,"以事体之便民者观之,雇便于差,义便于雇,至于义而复有弊,则末如之何也",①不可谓不精辟、深刻。当然,两宋役法的转变,不是为了便民,也不是为了体恤民情、减轻农户负担,而更多地是以民户不得逃役、增加财政收入为目的,这使得役法变革的意义大打折扣。

二、辽国的徭役

辽朝境内的牧民、农民以及诸属国、属部都承担着向国家提供劳役和军役的义务。由于身份、地位不同,所承担的徭役名目也多种多样。而官僚、贵族、诸节度使等却享有免役特权。随着辽朝政治、经济形势的发展,制度逐渐完善,赋役制度也经历了形成和完善的过程,大抵在圣宗时期逐渐确定下来。

(一)部落民赋役

契丹和奚人诸部牧民需出力役,承担修桥、筑路、治河、搬运官物及其他工程。部民负担最重者,莫过于兵役。国有军情,皇帝视所需,征调诸宫卫、诸王府和诸部族军。诸部民则需自备武器、鞍马随从节度使出征。平时,诸部也各有戍边兵役。诸部戍军由节度使管领,屯驻戍守地区。老弱贫病者留居部落,由司徒管领从事耕牧。长期的兵役,虽有轮换补充之制,仍给牧业生产带来影响和损失。圣宗时拓土开疆,镇州可敦城为西北军事重镇,驻兵屯戍。东北重点防御鸭绿江和黄龙府。西北、东北边境属部时降时叛,屯戍役户负担日益加重。部落富民被征调戍边,多致破产。有的则雇人应役,被雇者或中途逃亡,更有死于戍所者。至兴宗时,已成为影响政局稳定和国家兴衰的严重问题。

(二)农户徭役

徭役农户向国家提供的力役,有驿递、马牛、旗鼓、乡正、厅隶、仓司等多种名目。主要用于运输、保管官物,维持地方秩序,供官府驱使以及修河、筑路等工程。徭役的征调,也

---

① 《文献通考》卷十三,《职役考二》。

依户产的多少为等第,但诸州县因所在不同,有轻重不均之弊。如涿州新城县(今高碑店市),驿路所经,辽、宋使节过境频繁,送往迎来,多役民户。中京松山县,岁运泽州官炭,傍近州县却无此负担。县令马人望力争于中京留守,才得以均役他邑。同时,由于法度不明,执行不严,也常因时因地因人而有轻重不同等情。①

(三) 属国和属部徭役

遇有战事,诸部须按辽廷的要求出兵从征。

三、金朝徭役

金代役法包括职役、兵役、力役三项。

(一) 职役

金代职役基本承宋旧制而来。金制:在京府州县郭下置坊正,村社则随户之多少为乡置里正,以按比户口,催督赋役,劝课农桑。村社 300 户以上设主首 4 人,200 户以上 3 人,50 户以上 2 人,以下 1 人,以佐里正禁察非违。置壮丁,以佐主首,巡警盗贼。猛安谋克部的村寨,50 户以上设寨使 1 人,所掌与主首相同。寺观设纲首。凡坊正、里正,以其户十分内取三分,富民均出顾钱,募强干有抵保者充当,人不得过百贯,役不得过一年。

(二) 兵役

金代女真族的军事组织是猛安谋克,平时生产,战时签壮者为兵,同时也以猛安谋克组织契丹、奚等族人。金代签兵制度,是按人户物力和人户丁力两种方法进行。《建炎以来系年要录》记载:"金人民兵之法有二:一曰家户军,以家产高下定之;一曰人丁军,以丁数多寡定之。"这种签军的办法,实际上把有物力负担的课役户与无物力负担的不课役户,统统作为签发的对象。而且既被签发之后,还要自备衣粮,所以汉人当兵至有远戍十年不归,生死未卜,但家中还要照例每岁送衣服。女真人虽然负担比汉人轻得多的田税,但他们往往终身不能摆脱兵役之苦。因长期的战争,他们感于兵役之苦而厌烦战争。金代每签兵都派天使。天使往山东签兵,人不肯从,便执天使杀之。这是当时人民为反抗签兵和避免兵役之苦而做出的一种正义行动。

(三) 力役

在兵役之外,人民还要负担各种繁杂的力役。金时力役也是出钱代役,在世宗大定二十三年(1183 年)以前,被役雇钱,是向未受役之家征钱给之。后来由于被役者不能得到雇钱,此制遂坏,不得不改为被役者按其所应得雇钱酌免租税及铺马钱来偿还。

---

① 《全辽文》卷十,《三河县重修文宣王庙记》。

四、西夏徭役

西夏的徭役,包括兵役和力役。据《宋史·夏国传》所载兵制规定:"其民一家号一帐。男年登十五为丁,率二丁取正军一人。每负赡一人为一抄,负赡者,随军杂役也。四丁为两抄,余号空丁。愿隶正军者,得射他丁为负赡,无则许正军之疲弱者为之。"又据曾巩《隆平集·西夏传》记载:"凡年六十以下,十五以上,皆自备弓矢甲胄而行。"西夏实行全民皆兵制度,凡成丁者都要承担兵役:其中分直接担负战斗的"正军"和军中劳役"负赡"。"正军"除国家给予很少的军事装备外,还要自备弓箭、盔甲,承担补充"长生马"、驼。繁重的兵役负担是造成西夏日趋贫困,国势衰颓的原因之一。

西夏时期的劳役是极其繁重的。从党项建国前的李继迁时期到李元昊建国后,西夏都大规模征调民夫修筑黄河水利。历朝皇帝都不惜民力,役民兴修都城、宫室、陵寝、寺庙。史书不乏记载,如李德明时,"役民夫数万于鏊子山大起宫室,绵亘二十余里,颇极壮丽"。景宗李元昊"于兴庆府东一十五里役民夫建高台寺及诸浮图,俱高数十丈"。"大役丁夫数万,于(贺兰)山之东营离宫数十里,台阁高十余丈,日与诸妃游宴其中"。西夏穷兵黩武,兵役和劳役是压在西夏人民身上的两座大山。

第五节 元代的徭役

元代的徭役,包括兵役、职役、杂泛差役三大类。

一、元代的兵役

元代的兵役制度主要实行军户制。所谓军户制,即签发有丁之家,立为军籍,世代为兵,称为军户,以军户之丁出兵役,即为军户制。只有当军卒不足,而又急需用兵时,才实行募兵制。募兵是一种权宜之计。

元朝的军户制实行于公元1210年。成吉思汗建立蒙古国后,急于进取中原,根据降将郭宝玉的献策,规定:凡蒙古、色目部落"家有男子,十五以上,七十以下,无众寡尽签为兵。"蒙古族人,编为蒙古军;色目人,编为探马赤军。以后平金得中原,又征汉人为兵,其制:或按贫富,富户户出一人为兵,名为独户军;贫户三二户出一人为兵,出兵之户为正军户,未出兵而协济出兵户之家,为贴军户。有的地区曾行中产之户为军,上下户为民的制度。或以男丁论,有时有的地区以二十丁出一卒,至元七年则以十丁出一卒;或以户论,二十户出一座,限年二十以上者充役。在征讨用兵之际,如兵员不足,又在已出兵役的商贾之家,另征一人为军,为余丁军,匠户亦取为军,为匠军。

元代规定,军卒充役期间所需一切费用,均由军户自理,所以军户虽有四顷地的免税权,但由于兵役繁重,有的军户家出三四丁,农田尽废,仍要出杂役、科差;有的军户贫乏,得不到放免,不得不典卖田产,甚至鬻妻子儿女以充役;有的军户之丁远戍边镇,十几年不得放还,而老死行伍;有的军户之丁戍者未还,代者当发,前后相仍,困苦日甚。诸如此类,都使军户往往不能自存,纷纷破产逃亡。为缓和这种局势,元统治者曾实行士兵轮番休息的更番制度,以济贫乏,备行装;减免军户的税粮、科差杂役,减轻军户负担;对久戍边镇的士兵赐以钞、粮等物资,周济贫困军户;放免贫困军户,易之以富实之户为军户,等等。这些措施,都不过是权宜之计,不能根本改变军户的困苦境遇。

二、元代的职役

职役是保证国家需要而向民户征发的徭役。元朝的职役是对宋代职役的承继,又与宋代有很大不同。其种类较宋代为繁,制度也有很大差异。

(一)站役

站役是专用国家邮传驿递服务的特种徭役。充当站役的民户称站户。发送国家紧急公文者,称急递铺役,这种站户又称铺驿。站户负责供应邮传、驿递、过往使臣,过往西方僧、道和进献宝物之人的饮食和其马匹、牛只、船、轿、车等交通工具的诸项费用,负责供养各地进献的珍禽异兽,并提供运送工具。元规定站役由中上户承担,但中上户往往买通官府,设法诡避,最后仍由贫下户充役。

元代,站役十分沉重,尤其是大道通衢,供役更为浩繁。如至大二年(公元1309年)四月,"江浙杭州驿,半岁之间,使臣过往者达一千二百余人,有桑兀、宝合丁等进献狮、豹、鸦、鹘,留二十有七日,人、畜食肉一千三百余斤。"加之使臣、西僧及进宝之人百般刁难,往往使站户穷于应付,尽管有四顷地的免税权,仍不免民饿马毙,或鬻妻卖子以应役,或破产逃亡。为了维持驿站的存在,国家规定站户不负担和买杂泛差役,至元二十二年(公元1285年)又规定使臣饮食之费同国家负担。由于负担太重,自元中期以后,国家驿站规模逐渐缩小。

(二)匠役

匠役是专为国家制造军器,各种手工业制品的徭役。这种徭役,一般由各种工匠充当,充当匠役之户叫匠户。匠户又分为系官匠户、军匠户和民匠户。系官匠户类似官奴隶,在官营手工业中,从事各种工役造作。军匠户是为官府制造各种武器的匠户,隶军籍。民匠户可自由造作,有人身自由,但常被官府签发入工局营造。匠户为官役使时,官府按月发给口粮和工费,但标准很低,又受官吏的多方苛索,生活也很困苦。但因生活有最低的保证,又可免丝钞、四顷地的税粮和杂泛差役,故其境遇优于一般站户和民户。

(三)马步弓手

马步弓手是维持地方治安的武装巡警。所属军械器杖均由自己备办。马步弓手由包银户差充,每百户中有一户充役,充役之户免纳自身税银,所免部分由其余九十九户均摊。

（四）主首、里正、社长和库子

元代乡村一般有乡、都二级。乡设里正，都设主首，社有社长，坊有坊正。主首的职责是催办钱粮，科派杂役，如催办钱粮不及原额，差役不能足数，则须主首补赔；库子的职责是管理仓库，如仓库短缺，或因盗失陷，须由库子赔补；里正、坊正和社长则负责管理本里、坊、社的居民，督课农桑。按规定这些职役应由税粮在一石以上的富户，依富裕程度为序低次轮流承担。但富实有力之家，往往买通官府，诡避赋役，赋役负担又落在贫难下户身上。贫难下户既无应付官吏勒索之资，又无赔垫短亏之本，也无督收富豪拖欠赋税之力，不少人不堪赔累而破产逃亡。

（五）祗候、曳剌、牢子

祗候、曳剌、牢子均属路、府、州、县等官衙中的杂职公差，祗候侍候公堂，牢子看管牢狱。腹里各级官衙的祗候、曳剌、牢子由包银户差充，江南则由税粮三石或二石之下一石以上之户差充。充役户于腹里者免包银，在江南者免税粮，所免之数，由未役者均摊。

三、元代的杂泛差役

杂泛差役是临时征调的夫役或银、钞、车、马等钱、物。凡筑城、修路、修治水利、营造官衙、私第、运送粮草，无不随时派役，甚至搬运官吏私物，也向百姓派差派役。这种杂役没有固定时日，也不付报酬，即使付给报酬，也为数甚微，不敷旅途之资。加以不时征发，占用大量民力，给人民生产、生活带来严重痛苦。为此，百姓往往采取各种办法逃避差役：富户权势之家，买通官府以诡避，或冒充儒户、站户而得免；贫民或投充诸王贵戚的家人，或充当豪富、寺观的佃户以逃避差役之累，造成大量户口的散失。

四、和籴、和买、和雇

和籴是指国家强制向百姓征购粮食。元朝的和籴，包括市籴粮、盐折草两类。市籴粮即国家出钞购买百姓的粮食。国家规定以高于市价 1/10 的价格征购粮食，或以盐易粟，称为募民粮。盐折草，是指国家在五月付给百姓盐，草熟时，以草抵盐价，规定以二斤盐抵一束草，草每束重十斤。这些办法都具强制性，不论愿意与否，都要卖给，而官储往往少付钞或不给钞。

和买是指国家出资，强制向百姓购买所需之物，如马匹、布帛之类。和买名义上国家付款，实际上"分文价钞并不支给"，有的则"不随其所有而强取其所无"，百姓不得不"多方寻买，以供官司"。和籴和买，均属不等价交换，实质是非赋之赋。

和雇是指国家出钱，强制下雇民力，用于运送官粮物赴边塞。由于雇资微薄，"官支价钱，十不及二三"。不敷之数，令民自行赔补，元代的和雇实质上是非役之役。

五、雇役、代役、助役和免役

雇役是指本人出资雇人代役。元朝兵役的雇役只限于军户丁单而财力充实的人户。丁多人家不得佣雇。军官亦不得雇。职役的雇役,元至正年间行于浙右一带。

代役是指军人身死而无亲丁者,可以少壮驱丁替代服役,或兄弟代役。

助役始于世祖之时。英宗至治三年(公元1323年)四月推行助役法。派使臣考察应税田亩,按一定比率从应税田亩中拿出田亩若干,由应役人掌管,以田亩的收入充役费。泰定帝初年规定,江南民户有田一顷以上者,于所输税外,每顷量出助役之田,由里正掌握,以这部分田地的收入作为助役之用。寺观田土,除去在宋时旧有土田,凡新增之田亩,验其多寡,出田助役。这种办法,又称助役粮。

元朝的免役一般是指杂泛差役及和雇、和买之役,而且免役范围极广,如鹰坊扑猎户、控鹤系军户、儒人户、僧、道、也里可温(基督教徒和教士)、答失蛮(伊斯兰教士)等户均免杂泛差役和和雇和买之役,有时军户、站户、匠户也免杂泛差役和雇和买。至于诸王、贵戚及官豪势要之家,要在豁免之例。此外,也有灾免之便,但百姓受惠不大。

第六节　明代的徭役

一、"配户当差"

明初的赋役制度正是以鱼鳞册为经,黄册为纬建立并发展起来的。"民有田则有租,有身则有役"①,黄册以户为主,详载各户的人丁与产业结合状况,凡属同一业户的坐落不同的土地皆登载在黄册中,官以此定户等,以户等征派徭役。鱼鳞册以土地为主,详载土地的形状、性质、等级及种类,凡属该地区内的所有土地状况皆可按图索骥。二者互补,相得益彰。在此基础上,朱元璋建立起配户当差的户役法制度,驱民之力以供役。户役法就是皇帝以户为编制单位,依封建国家的不同需要将全国的人户分编为若干不同的役种,为每一役种设立一役籍,驱使他们去承担各种差役。配户当差就是定户当差。其内容包括:

(1)役皆永充。皇家朝廷佥拨一定数量的人户去承当一定的差役,拨就的人户被编在同一册籍(版籍)里,那册籍里规定的差役就是那同一册籍人户共同的籍。籍就是役籍,通称户籍。男子16岁成丁即须附籍供役,60岁免役。役籍是世籍,父死子继,世代相承。《大明律》明确规定:"人户以籍为定",严禁"脱免及变乱版籍""诈冒脱免避重就轻"②。

(2)役因籍役。编户民必须纳粮当差,配户当差的"配"即抑配,就是强制。不同役籍的役户所配给的徭役各不相同。如民户种田输租,军户守御供役,匠户只应造作,灶户煮海制盐,马户牧养军马,牛户畜牧官牛,等等,专户专役。明代的正役(办纳粮草)和杂泛差

---

① 《明太祖实录》卷一六三。
② 《大明律·户律》。

役(均徭、丁田之役、上命非时的杂役)佥拨征派时,不同役籍的人户其应承情况各异,如民户正役和杂役全都要承当;而马户、牛户、陵户、坟户、坛户、站户等却正杂二役全免,俾其全力以供本职遣差;其他役户则一律应承当正役,杂泛差役量予优免。

(3) 役有役田。役户的职责是备驱使,供力役。役使者欲役民之力就必须先制民之产,赋予其"生生之具",以维持劳动力的生产和再生产,于是便出现户役田。户役田就是当差地,入什么籍当什么差,种什么田。民户种民田、民地,当民差;军户种军田、军地,当军差;匠户种匠田、匠地,当匠差;灶户种灶田、灶地,当灶差。因为户役田的赋予或授给以役户执行其本等差役为前提,某一役户的户役田便与该役户的本分(役籍)有着不可分割的关系,从而也就具有了该役户本等差役的负担。役皆永充,籍不得改,各色役户的田土也不许脱役而买卖。民田虽然可以买卖,但民田上的民差于买卖之际必须明白推收过割,务以不损失该项田土向朝廷办纳的赋役原额为前提。重役户的重役田,如军田、灶田、匠田等不许买卖,以防止当差役户丧失应役的条件。而且为使维持该差役的田土不失原额,重役户还不许分家析产、将户下子弟过房别人、入赘做轻役户的女婿。

(4) 以户供丁。配户当差的户役法是以家族为供丁单位、供役单位、责任单位,这对朝廷有如下效益:以户出丁,丁不离户;以户供丁,丁赖其户;以户养丁,子孙相承。以军户供军差为例:军丁按户征发,应役军户必须户出一丁赴指定卫所当兵应役,该役丁即为正军。正军的军装、盘费、马匹皆自备。除正军外,每一军户还得出余丁一名,随同正军到卫,在营生理,佐助正军,供给军装。军户户下还得保留一丁以供给在营正军。军户户下还必须预备一丁为继丁,倘若遇正军事故逃亡,则由清军御史到役户户丁的原贯户下勾解继丁应当。所以帝王役使的不仅仅是应役正军一名丁身,而是役使着其户下的全部家人的劳动和事产。故有"一军出则一家敝"之谚。而且一旦帝王佥配某些户应当某一差,他便可永享该役户役丁的无偿劳动及其户下的无偿劳动。

二、里甲役制度

据《明史·食货志》记载:"役法定于洪武元年。田一顷出丁夫一人,不及顷者以他田足之,名曰均工夫。"但均工夫不是明初役法的全部,明初行之于全国且贯穿始终的役法只有两种:正役和杂役。正役亦叫里役、里甲正役,它是以里甲为承役单位,以办纳税粮为目的的维正之供。明初的里甲役制度是伴随着黄册制度和里甲制的确立而确立起来的。黄册制已如上所述,里甲之制远溯宋代以五等编制乡户制度,近仿湖州等地的"小黄册之法",它在明初最早由开济创设以清查户口,至洪武十三年经户部尚书范敏的奏请始得伴随黄册制在全国推广开来。里甲制的主要职能就是用超经济的政治强制手段将人民管束起来并使之附之于土以供应赋役。明初的里甲是在自然村落的基础上编制而成,依就近就地原则,每甲由居住最近的十户组成;里甲的编制划分不能不考虑经济因素在内,因为明代各里所承担的徭役大体相等或相近,且规定"钱粮不过都",而佥拨徭役的根据则是人丁事产(即户等),如果编制里甲时只考虑由相邻居处的人户构成而不理会户等的均搭,就可能会导致徭役负担的畸重畸轻。所以一里之内的人户不一定由居处相邻近的人户构成,而居处在同一地区的人户亦不一定编制在同一里之内。里甲正役包括里长之役,编户之役,里甲三办等,分次述之。"里长者,里之长也。天下之执,自上而下,甲首上有里长,里长上有县令,县令上有郡守,郡守上有藩司,藩司上有六卿,而天子加焉。"里长作为地方行政机构的重要组成部分,其为王所当之差包括三部分:①管摄十甲,"主十甲人户十年事产之推收,丁口消乏之大事"[1]。②催征钱粮。"该办税粮,粮长督并里长,里长督并首甲,首甲催督人户。"[2]里长催征钱粮之役与粮长之役很相似,但二者实有区别,"粮长,盖金民之丁力相应者充之,非轮年也,惟粮多处有之"[3]。首先,粮长户等比里长户等高,而且粮长差也比里长役重。其次,里长役为岁役,一里之内推丁粮最多者十户担任里长,里长役十排轮转,每年由一户担任现年里长,其余九户为排年里长,十年一轮,循环应役。而粮长不轮年,父死子继。再次,里甲制行之全国,故里长役无地不有。而粮长之设仅限于税粮较多的南方地区如浙江、南直隶、湖广、江西、福建等。③勾摄公事之役。它包括:清勾军匠,根究逃亡,拘捕罪犯;到各级衙门承符呼唤等。里甲三办是夏税秋粮以外里甲正役中的繁重差役,主要是出办上供物料和官府公费。三办之名各地不一,三办之实各地亦不尽同,岁进亦曰岁贡、上供,傅维鳞《明书》称之"天子玉食",朱元璋所谓"凡内府饮食常用之物,官府上下行移,不免取办于民"者即指岁进。岁办是供国用的"任土作贡"的科差,亦曰岁派、料派、料办等,按类征收,有额办、坐办之分。除了岁进、岁办外,还有地方官的征需曰杂办。洪武时期里甲三办简省,但永乐以后,三办之役逐渐成为民间沉重负担,尤其是正统以后,官府诛求日增,其项目之繁,数量之多,超过历史上任何一个朝代。

三、杂泛差役

正役之外的所有差役都叫杂役,又称杂泛差役,它是民间出办(也就是里甲出办)供地方官府使用的银两和供地方官府差遣的役夫。役夫分为两类:一类是有定额有定期的,由里甲人户其户等轮充,如库子、斗级、坝夫、馆夫、皂隶、斋夫、弓兵、巡拦、铺兵、防夫、甲首、轿夫、伞夫、解户、狱卒、隶兵、应捕、坟夫、义冢土工等。有供本府本县衙门的,有供京朝官驻在本府本县各衙门的,名色并不太多,但役夫名额不小。这一类杂役正统以后称之为均徭。另一类是不定时、无定额、非经常性的临时差遣,称之为上命非时的杂泛差役。杂泛差役的审编基准是丁,丁分两类,一类是有田地的丁;一类是没有田地的丁,即寡丁。有田地的丁依据其人丁多寡产业厚薄分为上中下三等人户,去承当正杂二役。只有丁没有田地的寡丁编入户等为下下则,承当杂泛差役。其下下则中之极贫困者,或充轻役,或免役。

---

[1] 嘉靖《东乡县志》卷上,《户口》。
[2] 《明会典》卷二九,《户部十六》。
[3] 丘濬:《大学衍义补》卷三一,《傅算之籍》。

第七节 清代的徭役

一、摊丁入亩前的丁役

清代初年,其田赋和丁役尚是分开征收的,其丁役,时称"丁徭",凡男子"年六十以上开除,十六岁以上添注,丁增而赋随之。有市民、乡民、富民、佃民、客民之分"。均称"民丁"。民丁之外,尚"有军丁、屯丁、匠丁、灶丁、站丁工土丁、渔户、寄庄丁、寄粮丁"等诸种名色。这些虽则实际早已同民丁混合无异,然却仍不免增加了清初丁役的复杂性和多样化。其征收办法更是五花八门。据康熙《大清会典》称"直省丁徭,有分三等九则者卜有二条鞭征者卜有丁随田派者,有丁从丁随者。即丫县之内,亦则例各殊"。比如直隶省,"其产力投之征,有按牛驴派者,有按村庄派者,有按牌甲户口科者,河亦有按地亩派者",实属"杂乱无章"。唯其一点相同,即俱都征收银两,然后由政府以之雇役,总称为"丁役银"或"徭里银",简称"丁银"。

二、摊丁入亩后的徭役征派

清代,徭役本应编入"一条鞭"内征派,康熙、雍正之交摊丁入地,徭役已摊入地亩征收,不应再调发徭役,但近京直隶,各科差役,无时不有,名为雇役,实则无偿调发。差发最多的是二月祭东、西陵,七月赴木兰狩猎,以及到辽宁谒祖陵,到山东登泰山祭天,到山西五台进香,到江南巡幸等,修桥、铺路、设行宫、供应一切饮食诸事,无不动用民力。

雍正二年(公元1724年)谕:直隶地方,每值巡幸、谒陵诸差,凡在人民,无不乐效输将,惟州县行之不公,以致力役之征,竟成虐民之政。有按门户者,不论贫富,按户出夫;有按牌甲者,有按村庄者,有按牛驴者,均不顾贫富,种种弊端,不可枚举。所尤甚者,则莫若绅民两歧,绅三民七,或令民全办,致贫者负重倍于富绅。

乾隆六年(公元1741年),顺天府所属州县坛庙,各级金派夫役送太常寺应役,一年一换,共206名;每名每日工食银3.6钱,不敷食用;本年改减56名,留用人员150名,每日工食银5.3钱。

乾隆二十八年(公元1763年),派差车32辆应役。乾隆五十一年(公元1786年),直隶有驿州县,派杠夫150名至160名,所需工食,在地粮项下支付。

嘉庆二十五年(公元1820年)11月,御史蒋云宽奏:直隶差使费用,名目不一,有难以报销而必须使用者;如遇皇差,一切桥道工程,车马应支,等等,虽有经费,不敷支销;则责令民间供应。

光绪七年(公元1881年)谕:直隶差徭之弊,在于不实不公,差派数,倍于用数。另外驿站夫役,律为民负徭役之一。

清代驿站夫役,种类不一,有杠轿夫、驿书、驿皂、兽医、马夫、驴夫、骡夫、驿递夫等,顺天府向民户募充,其数额以道路的优劣衡量,日给工食,皆于正赋内编征;如差役稍繁,额夫不足,准临时派雇,以百里为一站,每名每站给银1钱,以10里为差而增差。对随时雇募的短夫(短途运送,定站更换)、长夫(长途运送,中途不更换)及小工,每名每日给银3分,口粮米1升。

【专栏】

摊 丁 入 亩

摊丁入亩是清代实行的一种赋税制度。亦称"摊丁入地"或"地丁合一"。即将丁银摊入田赋中一并征收,是清雍正年间赋役制度的一次重要改革措施。历代封建王朝地、户、丁分别征税,手续繁杂,赋役苛重。唐行两税法,将丁役银并入地、户两税中。明后期实行一条鞭法,将代役丁银逐渐摊入田亩征收,使当时复杂的赋役合并征银。但当时并未普遍施行。因官僚地主的阻挠,不久差役复起,至清初相继沿用,地方各种差役杂派有增无减,各级官吏贪污勒索,人民又遭受沉重的赋役之苦,人民被迫抗税、逃亡、隐匿地丁,以致丁额无定,丁银难征,中央财政收入日益减少。康熙五十一年(公元1712年)规定依照上年各地的报丁数,固定税额,为以后征丁银的标准,以"谓之盛世滋生人丁,永不加赋。"人口减少时,以新增人丁抵补,税额不变。康熙五十五年(公元1716年),开始在广东、四川等地实行摊丁入地的税制。到乾隆时通行全国,但各省实施程度不一。山西省到道光时还有未并县份。摊丁入地的主要内容,以府或县为单位,把康熙五十年征收丁银的总额,按亩全部分摊到田赋中。由于各府县丁银和田赋的比数不同,每两银的田赋所摊加的丁银也不同,多数地区所摊数额,大致是每两银的田赋摊入丁银一二钱。这种税收制度,称为地丁制度。缴纳的这种田赋,一般称为地丁钱粮。这种税制因将丁银摊入田亩,较彻底地废除了官僚豪绅的免税特权,无田的人民不再纳丁银,纳地丁银的人也不再服徭役,虽在以后的年份仍允许地方官令民服役,但受到了限制,结束了长期以来对地、户、丁赋役制度的混乱现象,简化了税制,完成了对人、户、丁征税归入财产税的过程,是中国封建税收制度的一个进步。它从根本上削弱了封建国家对农民人身的束缚。其结果使人口不断增长,垦地逐渐增多,生产得到了发展。

【本 章 小 结】

徭役始于先秦,《周礼》规定各级地方官有征民服役的职责。战国时期战争频繁,兵役和徭役常常混杂在一起。秦朝徭役沉重,修长城、建阿房宫和骊山墓等,各项兵役和徭役征调的人数不下二三百万。汉承秦制,有更役、正卒、戍卒等,并可纳钱代役称更赋,徭役集中于平民身上。魏晋以降,徭役无一定制度,为避赋役,民户逃亡现象严重。隋朝时力役初为丁男,每年服徭役一个月,后来又规定每年服役期减为20天,调绢由一匹减为二丈。公元590年又规定丁男50岁免役收庸，用布帛代替力役。唐初，徭役有所减轻，但中期以后，服役增加，民户复大量逃亡。宋代，徭役负担仍十分繁重，并出现了募役（雇人服役）、助役（津贴应役者）、义役（买田以供役者）等形式。元代行"科差"，并有各项杂役。明代行"一条鞭法"，将赋役合并为征银两，但各地实行情况不一。清代摊丁入地，继承了一条鞭法的原则，由传统的以家资列户派役向财产税转化。

赋税和徭役是国家对农民两种不同性质的剥削，但它们之间又存在着密不可分的联系。从战国历经秦汉直到租庸调制前，赋税和徭役两者直接关联相对较疏。至租庸调制，国家赋役之法曰租曰庸曰调，有田则有租，有家则有调，有身则有庸。以均田制为依据，丁应该纳田租、户调和役庸，赋税和徭役两者已直接关联在一起。公元780年唐颁行两税法规定：租庸调及其他杂徭折钱并入户税征收，出现赋役合并的趋势。公元1581年张居正改革在全国推行一条鞭法，在役银编征方面打破了过去的里甲界限，改为以州县为基本单位，将一州县役银均派于该州县之丁粮。编征时并考虑民户的土地财产及劳动力状况即所谓量地计丁。在未实行一条鞭法以前，差徭之中虽然有一部分摊派于田亩，但所占比重很小。实行一条鞭法后，役银由户丁负担的部分缩小，摊派于田亩的部分增大，国家增派的差徭主要落在土地所有者身上，已初步具有摊丁入地的性质。一条鞭法主要是役法改革，徭役完全取消，里甲体系不管在形式上还是实质含义上都不再存在。

【关　键　词】

更赋　和籴　配户当差　里甲役制

【复习思考题】

（一）名词解释

1. 更赋
2. 买复
3. 配户当差
4. 丁庸制度
5. 里甲役制度

（二）简单题

1. 简述元代的徭役。
2. 分析徭役与赋税的关系，并简述中国徭役制度的演变规律。

第四章 秦至清代的专卖和工商税

学习目标
(1) 掌握中国的盐专卖制度在不同时代下的背景及内容。
(2) 了解中国封建社会工商税收的演变过程。

工商税收是封建国家仅次于农业租税的重要财政收入。但是，在中国长达两千多年的封建社会历史中，历朝历代的统治者都程度不同地实施重农抑商政策，统治者反复强调农业是本业、商业为末业，并强化户籍管理、限制人口流动；从政治、经济、日常生活等多方面对商人进行限制，以稳固农业生产的基础。重农抑商政策成为封建社会最基本的经济政策，使社会上贱商之风盛行，商人的地位因此而十分卑微，一直处于四民之末。但这并不是说在中国漫长的历史中，工商业就停滞不前了，事实上，工商业作为社会经济发展不可缺少的部分，也随着社会的不断发展向前发展。但就总体而言，这种发展远不足以使工商税收成为国家财政收入的主流形式。因此，中国封建社会的工商税收带有一定的随意性，这使历朝历代的工商税收具有不连续性和不规范性的特点。除工商税外，官府还利用特权，以官营专卖的主要形式，经营商业以牟利，也成为搜刮百姓、补充赋税收入的重要手段。

第一节 秦汉的专卖和工商税

秦汉时期，国家的财政收入主要依赖于税收，其中田赋收入又占很大比重。但是，随着社会生产的发展，手工业和商业有了很大的发展，造成了汉代经济的繁荣，为国家财政提供了丰厚的财源。国家赋税收入品类项目，由汉初的田租、口赋、更赋、关市税、山泽税等几大项，扩大到汉武帝时期人头税、财产税（收益税）、消费税、专卖收入等很多类，税源之多，税目之广，财政的充实，是秦代以前各代所不能比的。

一、两汉的专卖

两汉的专卖事业，包括盐、铁和酒三类。

盐、铁产品，为山川、井、池所出，汉初，采取放任政策，任民采铸，官府只向他们征收少量的税，作为皇室收入的来源；如系在皇族、王侯封地之内，盐铁税为封君征收，作为封君、公主的私奉养。

盐、铁是人们生活必需品,在自由放任政策之下,利之所在,豪富权贵争相竞取,致使公私受困。汉武帝时,改为专卖,由国家控制经营。

(一) 实行专卖的原因

西汉对盐、铁实行专卖,原因很多,主要有如下两个:

第一,边防经费开支过大,国家财政困难,需要筹集财政资金。汉武帝时代,由于对外多年用兵,人力、物力消耗很大,一年费用动辄是数十万、数百万,国家蓄积不几年即被用完,财政发生困难。实行盐、铁专卖,收取专卖利益,是为了巩固国防的一项长远之计。这项收入不需要向百姓别外征税,是"有益于国,无害于人"的办法。

第二,将商人之利收归国家,限制商人的兼并活动。汉初实行"休养生息"的政策,对盐、铁也采取放任政策。一些贵族、豪商趁机垄断盐铁经营,只向官府缴纳很少的税,甚至不交税,因而积累了巨额财富。例如汉高祖的侄子吴王濞,通过冶铜铸钱,煮海为盐,成为巨富,并蓄谋夺取中央政权。对于这个问题,在"盐铁会议"上,桑弘羊等作为一条教训进行总结,他说盐铁放任的结果,"成奸伪之业,遂朋党之权,其轻为非亦大矣"。所以,实行盐铁专卖,也是为了重本抑末、离朋党、禁淫侈、绝兼并,是削弱地方割据势力的重要措施。

(二) 盐、铁、酒专卖

1. 食盐专卖

战国末期,秦国统治区域里的巴蜀地区及河东一带煮盐业发达,这时,不仅有专门机构管理盐的生产,还要负责销售;盐的专卖收入,成了秦国经济收入的一项重要来源。汉初,对食盐实行征税制,属山泽税范围,是帝室收入来源之一。武帝元狩四年(公元前119年),因财政困难,才采纳孔仅、东郭咸阳的建议,实行专卖,归入国家收入。

汉代的盐专卖,采用民制、官收、官运、官销的办法。即由官府招募人民煮盐,官府除供给煮盐工具之外,其他费用由人民自理。盐生产出来后,由官府收购,组织销售,获取盐利收入。

为了保证专卖事业的实行,汉王朝起用商贾为官吏,以管理食盐专卖事业。据记载,汉代在全国所有主要产盐地区,包括28个郡的36个县,都设置了盐官,以管理食盐的运销,控制食盐销价和了解销盐方向。

2. 铁专卖

战国末年,冶铁业得到了普遍的发展,秦国拥有丰富的铁矿资源,产铁之山有3 690个。取得巴蜀地区之后,又获得了丰富的铁矿资源,促进了秦国冶铁业的发展。

秦代对铁的开采和冶铸都加以控制,并设置专门机构负责铁的生产和使用。在秦律中就有"左采铁""右采铁"等官吏名称。

汉代的铁专卖,也是开始于汉武帝时期,当时在产铁地区设置铁官,不产铁地区设置小铁官。据统计,汉代设有铁官的地方,共计有39个郡国的48个县,当时铁的开采和冶铸具有相当规模,从业人数达10万以上。

汉代从铁的生产到铁器的制造,制品的销售,都由官府负责。对私铸铁器者,不仅没收其生产器具,还要处以刑罚。

西汉盐铁专卖一个显著的特点,就是任用原制盐业者为盐官,任用大冶铁商为铁官。这样做的好处是能减少盐铁官营的阻力,有利于盐铁经营,但不可避免的是使官吏庞杂,治理水准不高,加速官吏的腐败。

西汉的盐官和铁官,都属大司农,即由中央主管;只有小铁官由郡县主管。东汉则不设小铁官,所有铁官、盐官,都属郡县。

汉代的盐、铁专卖,也有反复,昭帝始元六年(公元前81年)盐、铁会议之后,罢关内铁官。元帝初元五年(公元前44年)时,尝罢盐、铁官,后因财政困难,三年后又恢复专卖。王莽统治时期,对盐、铁也实行专卖。至于东汉,盐、铁专卖为时不长,汉和帝章和二年(公元88年)废止专卖,以后仅由中央对盐、铁课税,汉末刘备在四川对盐铁、实行专卖外,盐、铁专卖之事很少记载。

3. 酒专卖

汉代对酒实行专卖,始于汉武帝天汉三年(公元前98年)御史大夫桑弘羊建议"榷酒酤"。但只实行了17年,因在盐铁会上遭到贤良文学的坚决反对,不得不作出让步,改专卖为征税,每升税四钱。东汉时,因所属统治区缩小,又常遭水旱之灾,所以一再禁止私人卖酒,可见一般情况下实行的是私人经营国家征税制。

西汉的专卖政策,是同汉代的国策相适应的,特别是汉武帝时,为了满足其安边扩土的需要,广开财源,所以,对盐、铁、酒实行专卖,以获取更多的财政收入。汉代的专卖政策确实为国家财政带来了好处,解决了战争带来的财政困难,有助于增强国力,有助于国防建设和边境人民生命和财产的安全,对汉代经济的稳定和发展是有积极意义的。但是,盐、铁在专卖过程中,出现了不少弊病,主要是价格太高,民多不便;铁器质量粗劣,又无选择的余地;有时还征调人民去服徭役。

4. 王莽的"五均六筦"

王莽代汉前后,面对当时土地兼并加剧,封建剥削加重,农民极度贫困,阶级矛盾十分尖锐的状况,为了缓和阶级矛盾,稳固自己的统治,不得不在"齐众庶,抑并兼"上下点功夫,他采取的措施是实行"五均六筦"。六筦就是对国计民生至关重要的盐、铁、酒、山泽、五均赊贷、钱布铜冶等六项事业实行国家统制管理,实行课征,避免落入豪民富贾手中,于国于民不利。王莽始建国二年(公元10年),下令推行"六筦","命县官酤酒,卖盐铁器,铸钱,诸采取名山大泽众物者税之。"征课的方法:凡采自山林水泽的鸟、兽、鱼、鳖、百虫,畜牧收入,缤妇桑蚕、织纴、纺绩、补缝,工、匠、医、巫、卜祝及其他方技,商贩贾人开的店铺,小摊及饭馆客店等,都必须把他们的经营业务及营业收入,向所在官府如实呈报,官府在扣除成本后,按其盈利征税,税率为1/10;如果不如实呈报或隐瞒不报,偷、漏税收的,轻者没收其财产,罚作徭役一年;重者罪至死。征课范围之广,处罚之严,是王莽朝的一大特点。

王莽行"六筦"之法,名为"齐众庶,抑并兼",而真正目的在于增加财政收入。不过,执行结果在限制商人哄抬物价,囤积居奇,兼并农民等方面,确实收到了一定的效果,"六筦"所涉项目均系人民日用生活必需品,或送往迎来、喜丧必备之物,即使物价昂贵,也不得不买,所以财政收入是有保证的。但是,有的物品如鸟、兽、鱼、鳖之类,有的收入如织、补、缝等,收入有限,也都在管制范围之内,政府统统课税,等于剥夺了经营者的生计,这样,平衡负担不过是一句空话,反而给人们生活带来了诸多不便,弄不好还有被罚的危险。加以王莽任用的官员多系官商结合的豪族,如洛阳薛子仲、张长叔、临淄姓伟等,都是"乘传求利,交错天下"的大商人,他们勾结官府,朋比为奸,多方苛剥百姓。财政收入完不成,府库充实不了,又重罚于民,导致阶级矛盾日益尖锐,加速了新莽王朝的败亡。

二、秦汉时期的工商税

根据史籍记载,秦、汉时期的工商税有缗钱税、车船税、赀税、赀贷税(上属收益税性质),关市税、牲畜税、盐税、铁税、酒税(上属消费税性质)以及山泽税和其他杂税等内容。

(一)缗钱税、车船税

缗钱税和车船税,是汉武帝时期开征的一种新税。当时武帝对外用兵,军费开支很大,国家财政陷入入不敷出的困境,而商人积货逐利,不佐公家之急,汉王朝乃根据"重本抑末"政策,在工商经济发展的基础之上,对商人的缗钱和车船临时征税。这种税的特点,一是为了满足国家某一暂时的需要,属于临时性征收;二是专对搬运商货的车船及商人手中的现钱(缗钱)课阁,虽有税率规定,但带有捐的性质;三是征收的对象是商人(后来发展到所有车船主),是重农抑商政策的一部分。

缗钱税是对商人手中积存的缗钱及货物所征的税。缗为丝绳,用以贯钱,一千钱一贯,缗钱税就是按贯征税。武帝元狩四年(公元前119年)冬,"初算缗钱"。凡商人、手工业作坊主、高利贷者、放债取利者及囤积居奇、谋取盈利的人,都是纳税人。缗钱税的征收方法,首先由财产所有者根据自己的财物积存数额据实上报,官府经过查验,按率征税。对交易额(折钱)或贷款额,税率按缗钱计算,每二千钱一算(一百二十钱),税率为6%;手工业生产者和金属冶炼者,其用来买卖或储积待卖的物品,都要折算成钱,每四千钱一算,税率为3%;凡隐匿物品不估价陈报,或陈报数与实有数不相符的,除没收其缗钱财物外,还要罚犯税令者到边境服一年徭役。

车船税是对车、船所有者征收的税。此税始于西汉武帝年间,汉武帝元光六年(公元前129年)冬,"初算商车"。纳税人为商人和除官吏、三老、北边骑士以外的其他车、船所有者。凡商贾的轺车（由一匹马驾驶的轻便车）每辆二算；其他人有轺车者，每车一算；如属官吏、三老、北边骑士，其占有的车不征税。五丈以上的船征一算。

汉武帝的缗钱令，首先针对当时的商人和手工业主，对他们所有的钱、物征税，其后随着形势的发展，又扩大了征收范围，凡豪家及中产之家的财产，包括缗钱商货、车、船、田宅、牲畜、及至奴婢等，均在征税范围，需要一一评定，汇总征税。这种做法，必然遭到豪富巨商的抵制；或以多报少，或匿而不报，不愿分财以应国家之需。其实，汉武帝早已估计到这个问题，颁布税法时，即有罚则规定。所以，当豪富巨商争相匿财时，汉武帝于元狩六年（公元前117年）颁布告缗令，并任命杨可主持告缗工作，鼓励大家揭发检举偷、漏税之人；元鼎三年（公元前114年）还出赏格，对告缗者赏给查出财物之半。其结果，"杨可靠缗遍天下"，中层以上之前大抵皆被告，国家因此而得到大批财物。抄没来的财物上亿，罚没的奴婢千多万，没收充作公田的土地，大县数百顷，小县百余顷，房宅亦相应没收。不过，算缗、告缗也有它消极的一面，因为商贾中产以上大多数都被告受罚，以至于破产，造成商民讲究吃喝的多了，从事蓄积的少了；同时，从事车船运输贸易者也少了，导致商品供应紧张，物价上涨。总之，它对国民经济的发展带来了不良的影响，从长远看，势必影响国家收入的增长。

（二）贳贷税

指对出贷金钱或粮食所得利息所课的税，相当后代的利息税。

在汉代，商人势力很大，他们凭借冶铁煮盐，或巧取豪夺，积累了大量金钱，然后把这些钱出借，以获取很高的利息。为典型的高利贷者。

汉代的高利贷利息很高。高利贷者有时乘天灾税苛之际，收取加倍的利息，借一百还二百。由于利息率高，剥削残酷，所以，不少受高利贷剥削的人，陷入卖田宅、鬻子孙以偿债的困境。

汉代的工商业兼高利贷者，通过苛刻的债息，获得了大量的财富，不少列侯封君，有时也不得不向他们借债。由于借债者多，利息很高，很多高利贷者转瞬之间成了亿万富翁，如《史记》上记载的无盐氏、宁成等都属于这种人。

汉代统治者对高利贷也作过一些限制，目的是维护自己的统治。据记载，旁光侯刘殷、陵乡侯刘䜣，都因"取息过律（率）"受到法律制裁。至于官储规定放债利息的最高限额是多少，史无记载。

除了限制放债利率外，官府还对高利贷的利息收入课税，这就是贳贷税。贳贷税的税率，在缗钱令以前，不得而知。但在缗钱令发布后，则要对其本金课以6%的税（二千钱一算），据此推算，缗线令前的税率不会超过6%。

由于高利贷能致巨富，在汉代，一些王公贵族也参与放债取息活动，他们利用自己的特权，不向公家纳税。汉王朝对偷、漏税款的行为大力打击，偷、漏税款的即使是王侯之家，也要论罪。元鼎六年（公元前111年），旁光侯就因放高利贷不交税，利息又超过国家规定的标准,受到法律制裁,只是后来遇赦才免除刑罚。

(三) 牲畜税

这是对牲畜所课的税。汉初,对牲畜并不征税。汉武帝时,因对外用兵,师旅之费不可胜计,国家财政开支不足,所以,在实行盐、铁、酒专卖,铸造货币的同时,也对牲畜征税。

牲畜税征课的对象,《西域传》上说包括六畜,即马、牛、羊、鸡、犬、豕。对马的征课,主要是因为武帝多次同匈奴作战,战马损失很大,有时一次战役要死伤十余万匹,为了补充战马的不足,曾鼓励或强制官、民养马,大量繁殖牲畜,后为发展到对官、民马匹的强制征收。

牲畜税的税率,汉成帝时为2%。即不分牛、马、羊,一律按头数折价,每千钱交税二十。至于猪、鸡、狗是否征税,史书上没有记载,《汉书·翟方进传》上也只列举了马、牛、羊三种,据此推测,汉代可能只对马、牛、羊征税。

(四) 关市税

关市税包括关税和市租三部分。

1. 关税

在汉代,关税属于通过税性质。包括内地关税和国境关税两种。内地关税是指对通过主要关卡的货物的征收;国境关税则是指同匈奴等民族通商贸易所征的税。

秦汉以前,设关的主要目的是检查行旅货物,以纠察违法行为。但是关卡之多,为各国商旅所不便。秦统一全国,为商业交往开通了道路。汉初,为了促进经济的恢复,"开关梁,弛山泽之禁",使"富商大贾周流天下",以沟通各地财货,活跃城乡经济。文帝时,把关也撤掉了。景帝四年春,因吴、楚、赵、胶西、济南、淄川等七国联合发动叛乱,又复置诸关,但没有说明收税之责。武帝太初四年(公元前101年),才有明文记载,在武关设官收税,不过税率不高,所收的钱,也不列入国家财政,仅供"关吏卒食",所以财政意义不大。发展到东汉,关税日显重要,征收也较繁苛。延康元年(公元220年),曹丕上台时下了一个诏文,指出关津加重征税,于商民不便,今后要减轻关津之税,恢复什一税率。可见,东汉末年,关税税率已超过10%。至于同匈奴设关贸易,主要是为维护民族关系,是否课税,如何课税,税率高低,有无优免,等等,史籍没有记载。

2. 市租

市租是对市肆商品营业额所征的税,具有营业税性质。

汉代,随着农业和手工业的发展,商业走向繁荣。当时重要的城市,除长安是全国的政治经济中心(东汉为洛阳)之外,还有成都、宛、寿春、临淄、邯郸、吴、江陵、合肥等大商业城市;至于中小商业城市,更是遍于全国。西汉有郡国103个,县邑1 114,道32,侯国241;东汉郡国、县、邑、侯国计1 285,这些地方都有市肆或集市,所以,对市肆征税,便成了汉代财政收入的一个主要来源。

市税很早就有征收。汉初,在临淄即征市税,据说"齐临淄十万户,市租千金"。这里面可能有夸大之处,不过,也说明当时市税收入是不少的。

市税的纳税人,包括市肆上的有市籍者和流动商贩。由城市中主管市政和部政的市吏或市啬夫定期收纳,或到集市上随时收纳。对那些不遵法纳市租的商人依法律制裁。

汉代的市税收入,属于地方收入,专用于侯国封君的私奉养,归王室收入,不直接列入国家财政范围。

(五)山海园林池泽税

是对山、海、江河、湖泊、草原、池塘、园圃等的出产所征收的税。属于皇室财政收入或是封君列侯的私收入。它包括以下三部分。

1. 山泽税

山泽的出产,一般包括金、银、铜、铁、锡等矿产,珍禽异兽等特产,以及食盐、竹木等类。因为山林土地属于皇帝所有。因此,山林土地的出产物,也应归属于皇室收入。当人民进山采取山林出产后,国家按规定征收山泽税,用以解决封君的奉养之需。

在汉代财政收入中,山泽收入占有一定地位。据记载:吴地有豫章郡铜山,吴王濞则利用汉初放松对山海之禁的机会,招致天下亡命者盗铸钱,煮海水为盐,获利很大,因而国用富饶。

2. 得自江河湖海的收入

得自江河湖海的收入,一般包括鱼、贝、菱、莲、藕、芦苇、花草、果木、菜蔬等产品的收入。此项收入,亦属皇室和封君收入。在西汉,少府置果丞、海丞各一人,主持收税工作。只是到了东汉,才把山泽税改属大农。

对江海池陂的征税,遇上凶荒年成,也有减、免照顾。如元帝即位初,关东大水,百姓饥荒,疫病流行,元帝乃下诏:"江海陂湖园池属少府者以假贫民,勿租税。"即允许人民在皇室管辖下的江海池陂里捕捞以救灾,对其收入不征税。

(六)其他收入

汉代,除了向人民征收财产税、消费税,并通过专卖取得收入外,还让地方贡献和纳酎金。贡献,是指各诸侯王、郡国把他们本地生产的特产,定期或不定期地贡纳给帝王。贡献数量,由各诸侯、封君自定。但除了重灾之年经特许免贡外,每年都要贡献。

酎金,指皇帝在每年八月祭祀宗庙时,各诸侯在参加助祭时所献的金钱。从原则上说,酎金不具有税的性质。史载汉武帝制定《酎金律》,规定以正月旦作酒,八月始成,叫酎酒。此时,皇帝亲率群臣祠祭宗庙。诸侯必须献金助祭,交纳数额,诸侯、列侯各以其辖区的人口数计算,每千人献金四两,人口不足千口的也交四两。在参加助祭时,将金交少府。

至于九真、交、日南则用长九寸以上的犀角及瑇甲一,郁林用三尺以上象牙及翡翠各二十,代替金四两之数。汉代黄金一两为625钱(黄金一斤值万钱),四两为2 500钱。当然,这笔钱真正的负担者不是诸侯,而是人民。按规定,千口人分担四两,则每人为两个半钱,就这点来说,负担不算重。如果同别的负担在一起,那么人民的负担就重了。

汉代,对违反《酎金律》规定的,要给予程度不同的处罚,包括经济制裁和刑罚。汉武帝元鼎五年(公元前112年),因诸侯所献酎金成色不好,重量也不足,结果,汉武帝命令"王削县,侯免国",被夺爵者达106人。

第二节 魏晋南北朝的专卖和工商税

一、魏晋南北朝的专卖

(一) 盐税和食盐专卖

总的来说,三国两晋实行专卖,东晋、南朝征收盐税,而北朝时而专卖,时而征税,没有一定之规。三国时期,因割据混战,关中人口大量流入荆州,曹操派官吏监卖食盐,以其收益购置犁牛,招募流民回乡生产。西晋时,设司盐都尉等职主持食盐专卖,禁止私盐,违犯者处四岁刑。东晋及南朝各代允许民间私煮,政府征收盐税。当时,江南吴郡海盐是重要盐产区,江北南兖州的盐城县也有很多盐场,制盐业相当发达,盐税收入颇丰。北朝北魏初期,对河东郡盐池实行专卖。北魏皇兴四年(公元470年)废除专卖,听民自采。但因豪强专擅,人民反受其害,于是,延兴末年,复立监司,恢复专卖制度,以后又多次发生变化,未有定制。北齐北周时,食盐主要由官府掌管,实行专卖制度,禁止百姓私自煮盐。北齐于武平时,废置盐专卖,实行征税。

(二) 酒税和酒专卖

三国时期,曹魏和吴国实行酒专卖,蜀国实行酒禁,不实行专卖。两晋时期,基本上是实行对酒征税的办法。西晋,对豪强贵族妥协,不实行榷酒。东晋时,允许私人酿酒,官府征税。南北朝时期,在南朝,除宋文帝和陈文帝曾实行过酒专卖外,其他时期准许民间私酿营销,官府征税,但个别时期酒税很重,百姓不能忍受。北朝时,除北齐文宣帝和北周末年实行酒专卖外,其他时期,官府允许民酿民销,对酒征税。

(三) 矿冶税和铁的专卖

三国两晋南北朝时期,对于铁矿、铜矿的开采和冶炼,一般都由官府专营,禁止私人开采。三国时期,魏蜀设司金中郎将,负责冶铁和铁器的营销事务;吴国在武昌、梅根等产铁的地方设立冶令或冶丞,实行铁专营,使"境内富饶";西晋时,设卫尉负责冶铁和铁器管理事务,控制铁的冶炼、制器、销售,专营而获厚利;东晋以后,由于豪强地主霸占了公有山林川泽,独占其利,不让其他小民谋生糊口,影响官府收入和百姓生活。到安帝义熙九年(公元413年)稍有所改变,准许小民樵采渔钓;南朝时宋代,许小民私营冶铁业,开采金银矿藏,政府实行征税。在北魏前期,通过官府直接控制的"官商"销售铁器,到中期,铁器销售主要靠私商,但官府控制其零售,厚利归官府。

二、魏晋南北朝的工商税

魏晋南北朝时期的商税,其名目繁多。主要有关市税、估税、通行税、赀税、口钱、其他杂税等。

(一) 关市税

关税,又称关津税。汉末关税混乱,无定制,税率高,税额重。三国时期,曹丕称帝以后,以为"关津所以通商旅,池苑所以御灾荒,设禁重税,非所以便民",下令减轻关津的税收,改为依据物品的价格计征,十分取一。东吴建立之初,曾设关税,后废除,西晋关税时征时废。东晋时,由于南方都市日渐发达,不少远方货物来市场,遂立关征税以充足国用。东晋关税税率仍是10%。南朝宋代关税,不但课征薪、鱼、炭,而且税及米谷,随地设立关卡,重复课征。齐代,在境内设立关卡,对各种商品课征关税,且税吏专横,税率加重。直到梁、陈时,关税税率才有所降低,实行轻税优商政策。北方关津税比较轻,甚至有的时期未开征。北魏时期较开明,孝文帝时期不征关税,北齐后主,"以军国资用不足"开始征收关税,北齐并入北周以后,关税随即取消。当时,关税时征时停,各国不统一,征收办法各异,并非赋税收入的主要来源。

市税,包括对行商所征收的入市税和对商贾所征收的店铺税。三国时,凡行商贩卖货物进入市区或坐商在市区内开设店铺皆征市税。西晋建立初期,曾免市税一年,东晋后,市税加重,南朝宋代沿用东晋办法,市税较重。南齐武帝和梁武帝时,都对市税作过调整,但南朝总的来说,市税重滥。在北方与关税相同,因商业不发达,市税长期未开征。北朝北魏孝昌二年(公元526年),因平定六镇动乱,需资巨大,始征市税。当时规定,不论商人还是买者,每人征收六钱,称入市税。对坐商根据店铺情况,划分五个等级征收市税。北魏节闵帝即位后,废除市税。东魏北齐时,亦长期未征市税。北齐初年,废市税。北周大象二年(公元580年),恢复征收入市税每人一钱,但同年5月,又废除。

(二) 估税

估税是课于市场上买卖物品的交易行为税。始于东晋,南朝广泛推行。东晋时期,封建经济已发展到一定阶段,农业和手工业比较发达,商业和交通运输业也随着发展起来,这时,封建地主阶级不断追求奢侈消费品,一般农民又需要卖出剩余产品,所以商品交换日趋活跃。东晋政府开征了估税,规定一般对商品数额较大的交易,立有契券者所课的税叫估税;而对较小数额商品交易,又不立契券的课税则为散估。东晋时规定,对奴婢、马牛、田宅等的买卖,立有契券的,每一万钱抽税 400 文,卖方出 300 文,买方出 100 文,名"输估";不立契券的,从价值百抽四,名"散估"。税额全部由卖方缴纳。自东晋历宋、齐、梁、陈各代都相继征收此税。

(三) 通行税

魏晋南北朝时课于航路交通要道方面的税,包括桁税和牛埭税。

桁税,亦称四桁税。桁通"航",指浮桥。东晋成帝咸康年间(公元 335—342 年)在建康(今南京)秦淮河上设有 24 座浮桥,以利行人往来,只有在来雀桁、丹阳航、竹格诸航和骠航等 4 桁桥设官员征收通过的使用费。孝武帝宁康元年(公元 373 年)"诏除丹阳竹格等四桁税"。

牛埭税,是指对过往船只所征收的税。埭即防水的坝堰。由于风涛迅险,人力不捷,屡致船翻物弃,故会稽郡在各坝上备有许多牛力牵船过坝,故名曰牛埭。初意并非"苛逼就(租赁)以纳税",但"后之监领者,不达其本,各务己功,互生理外。或禁遏别道,或空税江行,或扑船倍价,或力周而犹责",使本为"公私是乐"的便民事,反变成大家怨恨的不便事。这种开征于东晋哀帝时的牛埭税,到南朝进而形成常制。它本属于使用费性质,即对过坝的船只收取费用,但发展到后来,出现了过埭不用牛也要纳税的情况,行之日久,流弊很多。

(四) 赀税

赀是按财产征收的一种财产税。汉献帝建安年间,曹操任司空时,曾实行过按评定资产征税的办法。晋朝以后,官府对各家各户的财产,进行核定、登记,编制赀簿,并以此来征税。南朝宋文帝时,因国用军需,下令上自王公,下至小民,均须献纳金帛私财。以扬州、南徐州、兖州、江州四州的富有之民,家赀满 50 万,僧尼满 20 万者,缴纳资财的 1/4,齐武帝永明年间,对民不满 3 000 者不征税。北朝北齐时,民户分为九等,对六等以上的富户调令出钱,即征收财产税。

(五) 口钱

口钱是具有人头税性质的一种税。三国两晋时期,史无记载,无法断定有无。十六国时期,蜀国曾征收过口钱,当时规定"口出钱四十文"[①]。南朝时,齐高帝建元二年(公元 480 年),规定将米价提高,一斛换算为 100 文,充当口钱。梁武帝天监元年(公元 502 年)四月下诏,"逋布、口钱、宿债勿复收"[②]。可见,至少在天监以前,梁代是收口钱的,有的时期,口钱征收苛重,致使逃税者众多,百姓苦不堪言。

---

① 《文献通考》。
② 《梁书》。

(六) 塘丁税

塘丁税是一种以修筑塘坝为目的,按人头征收的税。南齐立国之初,会稽郡沿海、湖一带人民自行摊派工料兴修塘埭,以防水患。永明二年(公元484年),官府将这项摊派按丁折钱征收,每丁税一千,民间公益费用变成税收。但官府并不兴修水利,造成塘路崩塌,湖水泄漏。塘丁税成为人民的额外负担。

(七) 矿税

魏晋时期,矿冶税是对民间开矿者与冶炼者所课征的税,金、银、铜、铁等矿的开采与冶炼,由官府垄断,民间不得染指。东晋时,情况渐有变化,豪强地主开始与政府争夺铸山之利。南朝时,为解决豪强独占山川问题,规定允许私民开矿,政府征收矿税。北朝北魏时,银矿的开采与冶铸、沙金的淘拣,均由民间从事生产经营,并向政府缴纳税收。

南朝时期,许民开采金、银矿藏,政府实行征税。南北朝,矿冶杂税,无固定,随需要而变更。铜山银矿及川泽之利,不为政府垄断禁锢,即为豪强所占。东晋时山湖川泽皆为豪强所专,小民薪采渔钓,皆责税值。到刘宋时,"禁断之",利归朝廷(《宋书·武帝纪中》)。据《宋书·徐豁传》,刘宋时置有银矿民户,责其开采,而坐收其税利。根据《魏书·食货志》记载,北魏时银矿为政府垄断,置银官采铸。

此外,三国两晋南北朝时期还有为数众多的杂税。三国时,曹魏征收关津税、牛肉税,吴国征收缗钱税、税再熟稻(对再生之稻的课征)、渔税和关税等。西晋时还有春税等。东晋及宋、齐、梁、陈南朝时,除口钱、估税等外,还有鱼税、杂调等。北魏时有向境内各部落征课的贡纳,向牧民征课税牲畜,以及临时性征课的杂调、横调和增调。各种杂税多用于军事和官府耗费。在战乱不止的动荡时期,更增加了人民的负担。

第三节 隋唐时期的专卖和工商税

一、隋唐时期的专卖

(一) 盐税和食盐专卖

隋唐开皇三年(公元583年)"通盐池、盐井,与百姓共之",唐承隋制,也开放盐禁,允许私人自由经营,既不征税亦不实行专卖,基本上做到了自由采制,自由流通,这种状况持续了一个多世纪。从开元十年起唐政府开始下令征收盐课(在生产环节征纳),不再免税,征税之权分隶于对方。唐代的食盐专卖,始于肃宗时期安史之乱以后。当时两京陷没,支出浩繁,财政被分割,国家赋税收入仅仰赖于四川和江南地区,而这两个地区均以产盐著称。此时,盐利成为唐政府的一项重要收入来源。

(二)酒税与榷酤

唐代酒税的课征始于唐中期代宗时期。唐代征收酒税最早见《通典》卷十一记载:广德二年(公元764年)十二月,敕天下州各量定酤酒户,随月纳税,除此外,不问官私,一切禁断。全国各地的酿酒户按月缴纳一定税额,便可合法酿酒。《通典》又载:"大历六年(公元771年)二月,量定三等,逐月税钱,并充布绢进奉。"这就将酒户分成了三等,按月缴纳多少不等的税钱,并可折成布绢进奉朝廷,酒税由此进一步完善。

酒专卖始于唐德宗时期。榷酒法规定京都长安以外,只许官酿,不许私人酿酒。官酿因各地粮食价格的差异,每斛分别收钱2 000文或3 000文。以酒费收入,补助军费开支。四年后(贞元二年),京师也开始禁止私酿。允许各地设置商品卖酒,每斗150文。

(三)茶税与茶专卖

唐代前期,茶无税,也不实行官府专卖。税茶或榷茶始于唐中叶时期。唐德宗实施两税法后不久,下令征收茶税,税率什一。兴元元年(公元784年),改元大赦,停止征收茶税。贞元九年(公元793年)"复税茶"。唐穆宗时曾一年内三次变革茶税的征收办法。首先,对茶盐征税,"每贯除旧垫陌外,量抽五十文"。按季收纳,直送入京,实际已是额外加税。几个月后,下令税茶钱"亦与纳时估匹段及斛斗"。① 是时物轻钱重,这种折纳大大加重了人民负担。没多久,盐铁使王播奏请税茶,每100文增加50文,茶税税率大幅提升,一方面说明统治者为满足财政需要而不断加强征敛;另一方面也说明当时茶的生产和流通有了长足发展。唐文宗太和初年,郑注向文宗建议榷茶,具体办法为"以江湖百姓茶园,官自造作,量给直分,命使者主之"。② 唐武宗时,进一步加重了茶税征收。"茶商所过州县有重税,或掠夺舟车,露积雨中,诸道置邸以收税,谓之'搨地钱'。"唐宣宗时裴休为盐铁转运使,曾对茶税作了一些改革,立税茶案12条。当时国务息微,不可能减轻茶税征课,全国茶税收入反而进一步上升,尤其对来自江淮的茶商"皆加半税",由此"天下茶税,增倍贞元"。宣宗时开始制定禁止私自贩卖茶叶的严酷法律。如私贩茶叶3次,数量达到300斤,即处死刑。茶园园户私卖百斤以上者,处以杖背之刑。还特别规定:"长行群旅,茶虽少,皆死。"

二、隋唐时期的工商税

隋代除租调及力役外,其他杂税不多。到了唐代中期,各种杂税、杂征较前增多。主要有矿税、关市税、酒税、盐税、茶税、率贷和借商、和籴、间架税、除陌钱等。

---

① 《全唐文》卷66,《南郊改元德音》。
② 《旧唐书·郑注传》。

(一) 矿税

隋至唐初不对矿冶业征税,开元十五年(公元727年),"初税伊阳(今河南汝阳县)五重山银、锡"。德宗时,户部侍郎韩洄建议:"山泽之利宜归王者",于是由盐铁使掌管矿冶业。宪宗元和(公元806—820年)初,"天下银冶废(设置、放置)者四十,岁采银万二千两,铜二十六万六千斤,铁二百七万斤,锡五万斤,铅无常数",文宗开成元年(公元836年),复以山泽之利归州县,刺史选吏主持其事。但全国矿税收入,不过七万余缗,还不及一县所收的茶税。到宣宗时(公元847—859年),因收复河湟,须增戎兵衣绢五十二万余匹,于是盐铁转运使裴休将山泽之利复归盐铁使,以供国用,并要求"增银冶二、铁山七十一、废铜冶二十七、铅山一"。当时"天下岁率银二万五千两、铜六十五万五千斤、铅十一万四千斤、锡万七千斤、铁五十三万二千斤"①。总之,唐代矿税不大,在财政收入中所占比例较少。

(二) 关市税

唐前期无关税。到肃宗至德三年(公元758年),东京留守李区于城市桥梁税出入车牛等钱,以供国用,因有吞没,遭人反感。德宗时,户部侍郎赵赞请诸道要津置吏税商贾钱,每贯税二十文,税率为2%。唐后期,内地关卡林立,官府肆意征税,情况极为严重。如文宗开成二年(公元837年),武宁军节度使薛元赏奏:"泗口税场(今江苏盱眙县境),应是经过衣冠商客金银、羊马、斛斗、见钱、茶盐、绫绢等,一物已上并税"②,对于这种情况,唐王朝也曾诏令禁止,如天复元年(公元901年),昭宗发布《改元天复敕》,称:"途路所先,通商是切。开畿之地,横赋非宜。致物价之益高,自商徒之难济,令盐铁司及两神策军,先有两市杂税,并令停罢。自今以后,畿内军镇,不得擅於要路及市井津渡,妄置率税杂物,及牛马猪羊之类,其有违犯者,有人纠告,以枉法赃论。"③尽管如此,实际上不过是一纸空文罢了。唐代的市税,即对市内商贾直接征收的商税,在安史之乱时期,由各道节度使、观察使自行征收,以充军资杂用。肃宗即位时,两京陷没,民物耗弊。诸道亦税商贾以赡军,钱一千者有税。代宗大历四年(公元769年),唐王朝派御史负责向商贾征税。德宗建中元年(公元780年),经赵赞奏请,始正式规定商税的税率。二年,增商税为什一。三年,初税商钱,对茶、漆、竹、木等征税。

(三) 酒税

唐初无酒税。肃宗乾元元年(公元758年),"京师酒贵,肃宗以禀食方屈,乃禁京城酤

---

① 《新唐书·食货志四》。
② 《旧唐书·食货志下》。
③ 《全唐文》卷九十二。

酒,期以麦熟如初",但第二年又遇饥荒,于是"复禁酤",并规定:"非光禄祭祀、燕蕃客,不御酒。"至代宗广德二年(公元764年),"定天下酤户以月收税"①,开始实行税酒政策。大历六年(公元771年),又将酤户分为三等,分等纳税。同时允许地方用酒税钱抵充应进奉的布绢之数。德宗建中元年(公元780年),罢酒税。三年,"初榷酒,天下悉令官酿"。②"寻以京师四方所凑,罢榷"。贞元二年(公元786年),"复禁京城、畿县酒,天下置肆以酤者,斗钱百五十,免其徭役"。元和六年(公元811年),宪宗从京兆府的建议,"罢京师酤肆,以榷酒钱随两税青苗敛之"。从此,榷酒钱成为两税的附加税。而有的地方既将榷酒钱分配于两税上征收,又别置酒店酤酒,使人民遭受双重剥削。文宗大和八年(公元834年),根据宰相王涯的建议,又"罢京师榷酤"。此后各地仍有榷酒钱。唐王朝的榷酒收入很高,大和八年,"凡天下榷酒为钱百五十六十万余缗,而酿费居三之一"③,其纯利超过百万缗,较茶税之初多一倍半,仅次于榷盐收入。

(四) 盐税

唐代盐税之征始于开元十年(公元722年)。肃宗时开始实行榷盐制度,从此食盐价格猛涨。后经第五琦和刘晏的改革,稳定住了盐价,并增加了政府的赋税收入。刘晏死后,盐法逐渐败坏,盐价急遽上涨,人民买不起盐,怨声载道。宪宗元和二年(公元807年),李巽为盐铁转运使,用刘晏旧法,革除积弊,把盐利皆归度支。天下榷盐税茶,共赢665万缗。初岁收入已达到刘晏的最高水平,以后增加额竟三倍于刘晏时,因而国用充足。但不过两年时间,元和四年(公元809年),李巽死,此后盐法又乱,直至唐亡。

(五) 茶税

茶税之征始于德宗建中四年(公元783年),当时户部侍郎赵赞建议:"税天下茶、漆、竹、木,十取一,以为常平本钱"④,"茶之有税,肇于此矣"⑤。贞元九年(公元793年),张滂奏立税茶法,于产茶州县及茶山外商人要路,委所在地税吏将茶叶定三等估价,每值十钱的货收一钱的税,税率也是1/10,"是岁得缗四十一万"⑥。穆宗时,盐铁使王播又将茶税提高了50%,并规定"量斤计税",即按重量计算应税数额。同时,为了减少政府的损失,王播还规定一斤茶要先加至二十两,其中四两作"加耗"。从此,唐政府大获其利,举天下山泽之利不过七万余缗,不能当一县的茶税,可见茶税收入在财政上所占的重要地位。文宗大和九年(公元835年),茶税先付州县,而后入于户部,复又定茶法,茶税渐入税收的正

---

① 《新唐书·食货志四》。
② 《旧唐书·食货志下》。
③ 《新唐书·食货志四》。
④ 《新唐书·食货志四》。
⑤ 《旧唐书·食货志下》。
⑥ 《唐会要·转运盐铁总叙》。

轨。武宗会昌元年(公元841年),盐铁转运使崔珙又增天下茶税。是时茶商所过州县均征重税。宣宗大中年间(公元847—859年),盐铁使于悰在每斤茶叶上增税钱五钱,谓之"剩茶钱"。自此以后,斤两又复旧,即一斤加至二十两。由于茶税越来越重,茶价上涨,因此私贩也越来越多。为保护政府的财政收入,唐王朝尽力搜捕私贩的茶商,对私贩的处罚规定极严。如宣宗时规定,私鬻三犯皆三百斤者,运茶三犯至五百斤者,茶店主人四犯至四千斤者,皆处死刑。但仍不能禁绝。大中六年(公元852年),盐铁转运使裴休为整顿茶税,抑制私贩,曾上奏道:"诸道节度、观察使,置店停上茶商,每斤收揭地钱,并税经过商人,颇乖法理。今请厘革横税,以通舟船,商旅既安,课利自厚。今又正税茶商,多被私贩茶人侵夺其利。今请强干官吏,先于出茶山口,及庐、寿、淮南界内,布置把捉,晓谕招收,量加半税,给陈首帖子,令其所在公行,从此通流,更无苛夺。所冀招恤穷困,下绝奸欺,使私贩者免犯法之忧,正税者无失利之叹。欲寻究根本,须举纲条。"①宣宗准奏,依照实行。此后,"天下税茶增倍贞元"②,每年获利近百万贯。

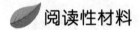

阅读性材料

刘晏改革

刘晏,是唐代著名的经济改革家和理财家。字士安,曹州南华(今东明县)人。幼年才华横溢,号称神童,名噪京师,明朝时列名《三字经》。历任吏部尚书同平章事、领度支、铸钱、盐铁等使。实施了一系列的财政改革措施,为安史之乱后的唐朝经济发展做出了重要的贡献。因谗臣当道,被敕自尽。

由于长达8年的安史之乱,唐王朝千疮百孔,当时唐朝经济十分萧条,财政极为困难,刘晏采取一系列有效措施,发展生产,开源节流,使唐代财政逐步好转。刘晏在任期间,办成了几件大事:

改革漕运

唐代宗广德二年(公元764年)任命刘晏接办漕运,漕运是通过水路交通,将江淮的粮食运至长安,当时漕运废弛阻塞,造成关中粮食困难,缺粮上百万石,饥荒四伏,粮价暴涨。刘晏曾做过一个时期的地方官,对人民的疾苦比较了解和同情。为此日夜焦虑,最后果断提出疏浚河道,南粮北调的宏伟计划,给宰相写了一份报告,报告说:"见一水不通,愿荷锸而先往;见一粒不运,愿负米而先趋,焦心苦形,期报明主,丹诚未克,漕引多虞,屏营中流,掩泣献状。"表示要竭心尽力完成这一使命,同时也充分表现了他忧国忧民和勇于承担重任的献身精神。他上任后,首先组织人力逐段疏浚由江淮到高师的河道,打造了两千艘坚固的大漕船,训练军士运粮,每十船为一队,军官负责押运。船工由经调为雇募。他不

---

① 《旧唐书·食货志下》。
② 《新唐书·食货志四》。

再征发沿河壮丁服役,而是用政府的盐利雇用船夫。他沿用过去裴耀卿的办法,改直法为段运法,将全程分成四个运输段,建转运站。使江船不入汴水,汴船不入黄河,河船不入渭水,提高了运粮效率,杜绝了翻船事故。为此又在扬州、汴口、河阴、渭口等河道的交界处设仓贮粮,以备转运。漕运改革后,比过去用江南民工直运的方法提高了效率,减少了损耗,降低了运费,免除了南方人民一项旷日持久而又十分艰辛的劳役。江淮的粮食因此源源不断地输送到长安,每年运量达四十万石至一十万石,解决了粮荒还有所储备。当第一船粮到达长安时,皇帝欣喜万分,专门组织乐队到渭桥迎接,盛赞刘晏"你真是我的萧何啊!"

改革盐政

唐初,实行自由贩卖,不收盐税。后实行国家专卖,官府大幅提高盐价,甚至贪官污吏还抓夫抓差无偿运盐,人民怨声载道,恨透食盐专卖。同时政府盐务机构庞大,开支惊人。他首先大力削减了盐监、盐场等盐务机构,又调整了食盐专卖制度,改官收、官运、官销为官收、商运、商销,统一征收盐税,改变了肃宗时第五琦规定的官运官卖的盐法。规定盐官统一收购亭户(专门生产盐的民户)所产的盐,然后加价卖给盐商,由他们贩运到各地销售。国家只通过掌握统购,批发两个环节来控制盐政。为防盐商哄抬盐价,在各地设立常平盐仓,以平盐价,这样一来,大批盐吏被精简,盐价下跌,万民称颂,税收也激增。政府收取的盐利,原来每年只有六十万缗,到大厉末年增至六百多万缗,占全国财政收入的一半,被用以支付漕运费用和政府各项开支。

改革粮价

丰年收粮存入平仓,以免谷贱伤农,当荒年、青黄不接、粮价上涨时,开平仓以平粮价,百姓受益、国家获利。在商业中建立驿站信息,使"四方货殖低昂及它利害,虽甚远,不数日即知。"

推行常平法

推行财政体制改革,建立了经济情报网。诸道置设巡院官,选择勤廉干练的士人作知院官,管理诸巡院,诸巡院收集本道各州县雨雪多少、庄稼好坏的情况。每旬、每月都申报转运使司,刘晏所在处又召募善走的人,将各地物价迅速申报。由于刘晏从中及时准确地掌握了全国经济和市场动态,并根据这些情报,调剂有无,平抑物价,扶持生产,积极救灾。他用"丰则贵取,饥则贱与"的办法,防止了谷贱伤农、水旱民散。同时又多购谷物菽粟运往歉收地区,贱价出售,换取农民的土产杂物转卖丰处,这样既救了灾,又不损国用,还刺激了生产。他在实践中总结了这样一条经验:"王者爱人,不在赐与,当使之耕耘纺织,常岁平敛之,荒年蠲救之。"他认为"善治病者,不使之危急,善救灾者,勿使至给。"刘晏救灾为了做到"应民之急",还在其所辖各州县储粮三百万石,以作备荒之用。刘晏大胆改革了过去只管收取金钱,不管人民死活的税收政策,实行了安定社会,发展生产,"以养民为先"的财政方针,这一方针,对后世也产生了深远影响。

（六）率贷和借商

率贷是唐朝向富豪商贾征收一定比率的钱财,具有临时财产税性质。唐肃宗即位后,要收拾安禄山之乱造成的局面,连年用兵,国用不足。此时,御史郑叔清献策,"借取"豪族富商囊中之财。当时,天下的财源,推江淮与蜀汉为首。于是肃宗派遣郑叔清等一班御史赶赴两地。御史到了地方,先清理户口,将当地大商巨贾之家列为名册,查明资产,然后按照20%的比例责令各家交官。虽然这种摊派具有强制性,但名义上却不是征税,而名为"率贷"。也就是说,这是朝廷向商人贷款、借钱。

借商是指唐朝向豪族富户借钱,以供军需,名为借,实为课。德宗建中元年,河南、河北用兵,一月所费达百余万贯,京师帑藏不支数月。当时户部侍郎赵赞负责度支事,无计可施,方与太常博士韦都宾、陈京商议,实行借贷,建议向富商借钱,希望得到五百万贯,德宗采纳这一建议,并答应在罢兵后,用公款偿还。敕令一下,官吏对民强力搜索财货,以致逼死人命,才得到八十八万贯。赵赞由是建议德宗改"借商"为税商,先是在诸道津汇处立关设禁,征收行商的竹、木、茶、漆税;随后又推行间架（一种房产税）、除陌法（一种贸易税）。最终,"借商"改税商的一系列政策,政苛过猛,以至于建中四年长安城中泾原兵哗变,为争取商人支持,在长安市场中大呼:"不夺尔商户僦质,不税尔间架、除陌矣。"安史之乱之后,朝廷才废除间架、除陌、竹、木、茶、铁等税。

（七）和籴

唐初,为了平抑物价,保持物价的稳定,以及供应边疆的军需,政府以相当于时价或略高于时价收购农民的剩余农产品,主要是粮食,称为和籴。和籴本为出于农民自愿,不带强制性。但是安史之乱后,和籴发生了质的变化,成为一种带有强制性的、变相的赋税,往往根据各户土地面积分派和籴数额,而且它甚于一般赋税。如《新唐书·食货志三》载:"宪宗即位之初,有司以岁丰熟,请畿内和籴。当时府、县配户督限,有稽违则迫蹙鞭挞,甚于税赋,号为和籴,其实害民。"白居易在《论和籴状》书中也说:"比来和籴,事则不然,但令府县散配户人,促立程限,严加征催。苟有稽迟,则被追捉,迫蹙鞭挞,甚于税赋。号为和籴,其实害人。"和籴加重了百姓的负担。

（八）间架税和除陌钱

德宗时,因对诸道用所谓间架税,就是以房屋为征课对象的一种财产税,"凡屋两架为一间,分为三等:上等每间二千,中等一千,下等五百"。并规定"所由吏秉笔执筹,入人第舍而计之,凡没一间,杖六十,告者赏钱五十贯"[①]。除陌钱为对交易所得及公私给付钱物所课的税。原为每一贯的交易额,抽税二十文,现增加为五十文。如果以物易物,要将物

---

① 《旧唐书·卢杞传》。

折合成钱,再依税率抽取相当的货物作为税收。间架税和除陌钱不仅扰民极大,增大了百姓的负担,怨愤满天下,而且多为主持者侵吞,公家所得不及其半。后泾原军至京师,发生叛乱,于丹凤门下提出:"不夺汝商货僦质矣!不税汝间架除陌矣!"以鼓动百姓响应。可见恶税为害百姓之甚。兴元元年(公元784年),德宗不得已宣布停罢间架、除陌两税。

第四节 宋辽金时期的专卖和工商税

一、宋代的专卖和工商税

在宋代,我国的农业、手工业、矿冶业和商业都较唐代有了更大的发展,特别是经济作物和商品交换在某种程度上已经进入一个新阶段,它为宋代茶、盐、酒、矿、商税的迅速增加创造了物质条件,是这些税收大幅度增加的重要原因。宋朝工商税课的主要项目包括属于手工业税性质的盐、茶、酒、矿产税及专卖,属于商业税性质的关市税、市舶课、契税等,属于杂敛性质的经总制钱、月桩钱、板账钱、免行钱、竹木税等,以及各种无名杂税。

(一) 榷禁

宋代盐、茶、酒、矿等商品,无论是官营或通商都是实行榷禁。所谓官营,就是官府独占这些商品的买卖;所谓通商,就是商人向官府缴纳专卖税后,凭钞按量直接向产户购货到指定地区出售。这两种办法交替使用。专卖榷禁的课利是以最大限度剥削生产者和消费者来获得的。据《宋会要·食货》二九记载,官府买卖茶价相差一倍至数倍以上。如舒州罗源场散茶每斤:上号买价二十八文,卖价六十三文;中号买价二十五文,卖价五十六文;下号买价二十二文,卖价五十一文。崇宁四年蔡京大更茶法,罢官买官卖,置合同场令商人在京师或州县请长短引,自买于园户。政和二年又变革茶法,"凡请长引再行者,输钱百缗,即往陕西,加二十,茶以百二十斤;短引输缗钱二十,茶以二十五斤"①。可见,平均每斤茶税将近一百文,比官买官卖获利更多。酒的专卖税课则视政府财政的需要而随时增添。《文献通考·榷考》引陈止斋的话说:自咸平四年酒课立额之后,有庆历添酒钱、建炎添酒钱,绍兴以后州郡又有权征收添酒钱,不能增加酒课。

法令规定私买私卖盐茶酒曲等榷禁物货,轻则杖徒,重则处死。当人民无力或不愿购买榷禁物货时,官府就实行抑配,强制购买。早在北宋时期,官府为了多征盐课,"立多寡之额,逼胁州县分配民户。严比较之利,厚赏重罚,催科督责。急于星火。山州僻县,盐袋积压,动以千计。百姓以平安无事之时,有悲叹抑配之苦,至弃产流徙,遂传而为盗,莫能之禁"②。蔡京秉政时期,"以卖盐多寡为官吏殿最,一有循职养民不忍侵克,则指为沮法,必重奏劾谴黜。州县孰不望风畏威,竞为刻虐?由是东南诸州每县三等以上户,俱以物产

---

① 《宋史·食货志》。
② 《宋会要辑稿》食货二十五之二十四。

高下,勒认盐数之多寡。上户岁限有至千缗,第三等末户不下三五十贯,籍为定数,使依数贩易,以足岁额;稍或愆期,鞭挞随之"①。宋代官酒也是"课民婚葬,量户大小令酤,小民甚被其害"②,或者"卖曲引,一并不候人户有吉凶聚会,情愿请买,多系违法抑配,大收价钱,侵渔骚扰"③。至于官卖茶业,"科及保正,甚者不问贫富,以丁口一例科敷"④。

(二) 工商杂税

宋代工商业发展水平超过唐朝,官府对工商业的征收更加重视,且税收制度更加健全。宋初在全国设有商税征收机构1 830多个。太祖时公布了工商税法《商税则例》,标明应税物品,并张榜于征税机关门侧。税率为:行商在每经过一个商税征收机关时,按货物价值征2%的过税;对坐贾按买卖货价的3%征收住税。商税附加从徽宗政和年间(公元1111—1117年)开始征收,漕臣刘既济始"增收一分税钱",以后在正税之外有时增收高达七分。

市舶课:宋承唐制,将国内公海贸易的商舶及海外诸国来华贸易的商舶,统称之为市舶,并对其实行统制政策。凡海外诸国来华贸易或本国出海贸易的舶船,都必须经市舶司检查,同时对舶来商品实行征税,然后由国家从中收买一部分商品,其余商贷方可在民间进行贸易。市舶课税率,一般为1/10,南宋绍兴时规定:细色值钱物十分抽一,粗货十五抽一。至于抽买,实是强制收购。开始时,抽买货物全部运送京师,国家根据需要留充内府库藏,或交官营手工作坊,或卖给商人获利。抽买数额一般为30%~50%。市舶课收入,在南宋时已成为国家财政的重要来源之一。

契税:太祖开宝三年(公元969年)开始征收契钱。凡平民典卖田宅,必须纳印契钱,每贯收40~100文。后典卖牛畜亦纳契税。南宋契税更重,有按民户物力科配的现象,名为预借契钱,建炎二年(公元1128年)有按产业征1 000~3 000者,实为暴敛。

经总制钱:宋代杂税经制钱和总制钱的合称。经制钱始于宣和四年(公元1122年),系经制江淮荆浙福建七路诸司财计(简称经制使)陈遘所创,故名。靖康初(公元1126年)废,建炎三年(公元1129年)恢复,并固定其名色为权添酒钱、量添卖糟钱、人户典卖田宅增添牙税钱(每贯增收20文)、官员等请奉头子钱(每贯收23文,续有增加,后固定为56文)、楼店务添收三分房钱等。此所谓辗转取积于细微之间,以助军费。绍兴五年(公元1135年),孟庾提领措置财用,称总制司,又创总制钱。其名色更为细微,计有转运司移用钱、勘合朱墨钱、出卖系官田舍钱、人户典卖田宅牛畜等于赦限内陈首投税印契税钱、进献贴纳钱、人户典卖田业收纳得产人勘合钱、常平司七分钱、茶盐司袋息钱、装运司代发斛斗

---

① 《宋史·食货志》。
② 《宋会要辑稿》食货二十之四。
③ 《宋会要辑稿》食货二十之十二。
④ 《宋会要辑稿》食货三十一之十二。

钱、收纳系省钱物头子钱、官户不减半民户增三分役钱、二税畸零剩数折纳价钱、免役一分宽剩钱等。经总制钱一部分属增税，一部分则属移用某些财政专款，改充经总制"窠名"。经制钱和总制钱两者皆先桩管于各州，每季起发赴行在。成为南宋财政上重要收入。由于经总制钱岁无常入而有常额，额一不登，必然巧立名目横敛，使民间受害。

月桩钱：南宋为支应军饷而加征的税款名目，因系计月桩办钱物，故称。绍兴二年（公元1132年），韩世忠驻军建康，由江东漕司每月拨饷十万缗以供军需。规定动用经制钱，上供钱及移用其他税钱，漕司不肯动拨本身税款，指定科目又不够支应，就向地方摊派。州县巧立名目，横征于民。其名目有：曲引钱、纳醋钱、卖纸钱、户长甲帖钱、保正牌限钱、折纳牛皮筋角钱、两讼不胜则有罚钱、既胜则令纳欢喜钱等。其后又推行于江浙及湖南，以江南东、西路受害最重。

板帐钱：南宋时官府进行贪污勒索的一种名目。《宋史·食货志下一》："又有所谓板帐钱者，亦军兴后所创也。如输米则增收耗剩，交钱帛则多收糜费，幸富人之犯法而重其罚，恣胥吏之受赇而课其入……他如此类，不可偏举。"亦省称"板帐"。

和买与折帛钱：和买始于北宋，为保证国家所需和解决百姓春天青黄不接的困苦，三司判官马元方，建议贷钱给百姓，至秋冬以绢偿还。因预先给钱，又称"预买"。官吏在发放贷款时，不问百姓意愿，强行抑配，以便收息。又有秋冬改折征他物时，折率渐高，百姓负担过重。后发展到春天并未贷钱给百姓，秋冬仍要收帛绢或他物，称为强征的税收，至南宋时，名为和买，实不给钱，所买之物，随两税输纳，和买成了变相的田赋附加税。

身丁钱：宋代规定，男年20～60岁为丁，南方各地均计丁输钱或输米，称身丁钱，多随二税课纳，是一种人头税性质的税收。

宋代的商税繁多，且采取抑配勒索的办法征收。具体办法是扩大征税范围和抑配商税税额，规定各地征收商税的场务，每年都有应征的商税额，多者有赏，亏者有罚，抑配勒索势所必然。宋代商税征收的对象很多都是不属于商品性质的民间日用琐碎物品。据《宋会要·商税杂录》记载：捕鱼采苇有税，牛肉、羊毛有税，农器、耕牛有税，缗钱、粮解有税，竹木、柴炭有税，螺蚌、鹅鸭、蔬果有税，农民修建房屋、砍伐竹木有税，甚至山谷之民织罗为生也要籍及姓名，掠其所织罗帛投税于官；完纳两税的解帛钱物都得纳税；空船往返、空身行旅之人也得纳税。"以致士夫举子路费，搜囊倒箧，不问多寡，一切拘栏收税。"无异于收买路钱。时人就说当时的税场"号为大小法场，言其征取，酷如杀人"。至于各地商税场务，私置拦头，于城外乡村道路巡拦抑勒村民纳税，更是公开进行的掠夺。

📖 阅读性材料

宋代赋税结构的变化及其原因

在我国漫长的封建社会中，农业是主要的经济部门，宋以前的历代政府财政尽管有关市之征、盐铁之权，但是，一般来说，这些赋税在整个赋税收入中不占主要地位。到了宋代,农业虽然仍是社会最主要的经济部门,但其赋税结构却发生了变化,即在赋税收入中盐税、茶税及专卖收入、商税、矿税等逐渐升居主要地位。

根据《文献通考》记载,太宗至道末年(公元997年),赋税总收入为3 559万贯,其中农业两税为2 321万贯,约占65%;盐、茶、酒、商等税为1 238万贯,约占35%,两税收入占赋税收入的主要部分。真宗天禧末年(公元1021年)赋税总收入为5 723万贯,两税为2 762万贯,占48%;其他税入为2 936万贯,占52%,开始超过两税。在仁宗时期陕西用兵,财政开支增多。庆历时商税收入已达1 975万贯,酒税已达1 710万贯,盐税715万贯。① 这三项收入共计4 400万贯,已超过农业两税收入。神宗熙丰年间赋税总收入为7 070万贯,两税为2 162万贯,占30%,其他税入为4 911万贯,占70%。即财政2/3以上来自农业两税以外的赋税。

神宗以后宋代两税和其他税收的增长,总的趋势是按田亩征收的两税逐年下降,商税和专卖收入不断上升。以两税为例,神宗元丰时期四京十八路两税额共为4 840万贯、石、匹、两,比熙宁十年两税现额5 201万贯、石、匹、两少将近400万。② 两税以外的其他税收,南宋以来的增长更是惊人,直接形成以江南保全国的经济基础和赋税局面。

在宋代,我国的农业、手工业、矿冶业和商业都较唐代有了更大的发展,特别是经济作物和商品交换在某种程度上已经进入一个新阶段,它为宋代茶、盐、酒、矿、商税的迅速增加创造了物质条件,是这些税收大幅度增加的重要原因。

在以农业为最主要经济部门,在盐、茶、酒、矿和手工业生产总值大大低于农业产值,在商品经济、商品交换仍然很不发达的情况下,宋代茶、盐、酒税的增加并在财政收入中占主要地位,有生产和商品交换发展的因素,但更主要的是采取缓和与地主阶级的矛盾、转嫁财政负担的税收政策和征收办法的结果。

宋代商税税率表面上看是征2%的过税、3%的住税,比田赋轻。然而税场林立,有的地区"客旅往来一日之间三过场务",③"不满百里亦有三税务",④商品经济税收的税率远比农田两税为高。矿税一般为20%,甚至30%,本来就比两税重。而且许多产品如盐、茶等也必须作为"课额"按官价全部或部分出售给官府,这又增加了一层更为沉重的剥削。

宋代盐、茶、酒、矿等商品,无论是官营或通商都是实行榷禁。专卖榷禁的课利是以最大限度剥削生产者和消费者来获得的。据《宋会要·食货》记载,官府买卖茶价相差一倍至数倍以上。崇宁四年蔡京大更茶法,罢官买官卖,置合同场令商人在京师或州县请长短引,自买于园户。平均每斤茶税将近100文,比官买官卖获利更多。酒的专卖税课则视政府财政之需要而随时增添酒钱。

---

① 《建炎以来朝野杂记》甲集卷十四。
② 《通考》卷四,按熙宁十年和元丰时二年各项实物统计。
③ 《宋会要辑稿》食货十八之五。
④ 《宋会要辑稿》食货十七之四十二。

宋代的商税主要是采取抑配勒索的办法征收的。法令规定,私买私卖盐茶酒曲等榷禁物货,轻则杖徒,重则处死。当人民无力或不愿购买榷禁物货时,官府就实行抑配,强制购买。具体办法是扩大征税范围和抑配商税税额,规定各地征收商税的场务,每年都有应征的商税额,多者有赏,亏者有罚,抑配勒索势所必然。

二、辽金的工商税

辽国的工商税包括盐、钱、酒课和商税。

辽在五京及长春、辽西、平州置盐铁司负责盐铁专卖事务,太宗得燕云十六州后,置榷盐院于香河县,负责沧盐的产运销。而渤海、镇城、海阳、丰州、阳洛城、广济湖等产盐之地,则由当地官府负责。铁课早在阿保机时就出现了。阿保机以渤海俘户在上京道饶州置长乐县,以1 000户冶铁纳贡。在东平县,有冶铁者300户,按赋税制供应铁;在南京,曾令民纳盐铁钱折帛,大同府则令折粟,至于铜、金、银等矿,均由国家专营,至于酒或专卖或折税。因酒税为中央税,虽征于投下军州,但要上缴朝廷。

辽代商税主要对市肆和边境贸易征收,从太祖开始,设榷务管理市场和收税。圣宗时,曾税及高利贷者。边境贸易主要是指辽宋结盟后,于边境州县设榷场,设官收税。自天作之乱后,赋敛加重,税制遭破坏。

金国盐法仿北宋钞引法,官府置库造钞引,商人先向国家购买钞引,才能到盐场领盐,去指定的区域贩销。盐引的批发,由盐司主管。盐引的缴销由各州县负责。盐课以宝坻为例,炉户需纳正课每石150斤,加耗盐22.5斤。国家提前一年支付给灶户。盐课均由汉人负担,猛安户不仅不负担盐课,所辖贫民及富人奴婢皆给盐,离盐场远者,还可计口授盐。对原辽金地的盐池也常免课盐税。

金原故地不产茶,对原北宋之地沿用引法,凡茶商先买引,每斤600文,然后,方可运销。金曾实行官造茶,但味差,只得强配。泰和四年(公元1204年)茶引每斤改为300文。金统治者因饮茶耗资太大,于是限定品级饮茶,后茶利渐少。

酒在金仿辽、宋之制行榷酤,禁百姓私酿。由官府招酒户酿酒。世宗二十六年(公元1188年)始定酒课额,并罢原税务所设枃栏人。二十七年(公元1189年)改收曲课,允许百姓酤酒。除酒课外,从明昌五年(公元1194年)始征附加税,依正课3%,随课代输。

金国境内商税由商税司负责征收和管理。商税司设于中都,各地设商税务院1 616处。世宗大定二十年(公元1180年)定商税法。其制:金银征税1%,其他物品征税3%,此后,商税税率不断提高,金章宗年间,小商贩贸易,税率已提高至4%,金银3%。中都商税额,世宗时为16.4万多贯,章宗承安初增至20.4万余贯。此外,还有其他杂税,如物力钱、铺马钱、军需钱、免役钱、黄河夫钱,等等。

第五节　元代专卖和工商税

元代的专卖及工商税制度多沿袭南宋。

一、盐专卖及盐税

元代盐课是国家财政的主要支柱,财政支出的十之七八靠盐利。因而元朝统治者对盐课十分重视。太宗以前,对盐及酒醋、金银、铁冶、河泊等产品,实行定额税(或是包税制),以白银为缴纳手段。太宗时,改行盐引法,每引重四百斤,价银十两(世祖中统二年减为七两)。灭南宋后,承袭南宋的盐制,并予以更张改进,强化对盐课的稽征、管理。主要有如下几种制度:

引岸制:其法有二,一为各地官府置局卖引,每引付盐四百斤。世祖平江南之初,每引为中统钞九费,折银四两五钱,每引较中统二年减少二两五钱。嗣后每变一次盐法,就增加一次引价,元末每引盐价竟增至三锭。二为官制商运商销之法。此法行于大德四年(公元 1300 年),当时中书省淮两淮运司的奏请,在交通方便的地方设立仓库,官府设纲船攒运,贮之仓库,商贩就仓支盐贩卖。元延祐七年(公元 1320 年),两浙之盐亦效两淮之法,改就场支给为就仓支拨。盐商向官府买引,赴指定的盐场领盐,按规定的区域贩卖。

入粟中盐制:此制是官府召募商人将粮食运到指定地区(边疆或军队征战之所),然后政府给以盐引赴盐场领盐贩卖。

计口授盐制:此制系由官府按人口或按户强制配给食盐,亦称"食盐法"。这种制度多行于产盐区或私盐盛行之地,目的在于增加盐课,以补国用之不足。

设局官卖制:此制系官府设局,官为发售。这种制度主要行之于大都,目的在于稳定盐价,防止奸商从中谋利。

常平盐制:此制系国家将盐运于指定地点存储,待盐价上涨时,国家以平价售出,目的在于稳定盐价,打击官豪,避免奸商图利。

征税制:元代对自制土盐及四川井盐实行袄地征税制。如太原自制土盐(即小盐),世祖中统三年(公元 1262 年)九月规定岁输七千五百两。至于四川的非国家所属的盐井,所民煮造,收其课十之三。

元代盐制虽然多次整顿,但仍然弊端丛生,如引商专利,官盐质量低劣,强行派散盐引等,加上附加、折征、预借等名目,致使民负沉重,有时不得不淡食。

二、茶专卖与茶税

元代茶课多因袭南宋旧制,实行引茶之法。只在某些地区或某一时期,实行征税制,或专卖与征税并行。

世祖中统二年(公元 1261 年)官买蜀茶,然后增价售于羌地,此是专卖之制;后张庭瑞更变引法,使贩茶商人每引纳二缗入官,官付给文券,听其自卖于羌地,此是商茶之法。世祖至元五年(公元1268年)用运使白赓的建议,榷成都茶,官府置局发卖。至元十三年(公元1276年)平南宋后,纳左丞吕文焕的建议,榷江西茶,并定长短引之法,皆以三分取一,长引每引计茶120斤,短引计茶90斤。至元十七年废长引,专用短引,每引收钞二两四钱五分。至元三十年(公元1293年)又改江南茶法:裁并茶课少的茶课管理机构5所,并入其他11所中;茶商贩茶货卖必须携带茶引,不带茶引视同私茶;元延祐五年(公元1318年)采纳法忽鲁丁的建议,实行减引添课之法,茶引由150万引减为100万引,每引课钞十两增为十二两五钱。

在引茶专卖的同时,也曾实行征税制。例如至元十七年曾将茶课配于民,均摊茶课,至元二十一年废除茶配之法,而将茶配茶税加入正课之中,同时对江南茶商运至江北者,又纳税。这是先行专卖,再行纳税的专卖和征税并行之制。

元朝统治者多次改变茶法,使茶税收入不断增加。至元十三年平南宋之初,茶课仅1 200锭,至元十八年(公元1281年)岁征引课达24 000千锭,至元二十三年(公元1282年)当年征茶课44 000千锭。以后茶课屡增,至元延祐年行减引添课之法,岁征茶课骤增至25万锭,元延祐七年至天历二年(公元1320—1328年),更增至289 211锭,成为财政收入的大宗。

三、酒醋专卖及酒醋税

酒醋课始于太宗二年(公元1230年)正月,当时规定,酒课验实息十取其一。次年,立酒醋务坊场官,实行官制官卖的专卖制度,并视外府司县的民户多寡而定课额。其后改为允许酒户和富豪酿酒,官为收购酤卖。世祖至元二十一年(公元1284年)12月,中书右丞卢世荣以"京师富豪户酿酒酤卖,价高味薄,且课不时输",禁止富豪酿酒,实行增加酒课,由原来每石一两增加到每石十两,税额提高十倍。八月罢榷酤之制,改行征税制,听民自造,每石米课官钞五两。至元二十九年(公元1292年)又恢复榷征之法。

酒醋课通常以钞缴纳,偶尔也征粮食。如至元七年(公元1270年)9月,因山东发生饥荒,于是责令益都、济南酒税2/10收粮。

酒醋课是元朝的重要财源之一,常年酒课收入为钞469 199锭17两,贝八(贝币)201 117索,醋课收入为钞22 595锭35两8钱。

四、岁课

元代的岁课是指对天地自然之利,山林川泽之产(如金、银、铜、铁、铝、锡、矾、玉、竹、木之类)报课征的税收,大部分属矿税性质。

金银矿藏皆归国家所有,通常由官府调集民夫采淘、冶炼,向国家定额输纳。有时也实行征税制,如至元十年(公元1273年)李德仁在龙山县胡碧峪淘金,岁纳金三两。至治、泰定年间,对个别地区的银矿,曾听民采炼,以2/10或3/10输官,或征收额税。

铁、铝、锡、矾等矿产品,国家通常行引法,客商买引后,赴各冶支锡贩卖。也有听民煽采,国家抽分的。

竹木课,有官竹、民竹之分,在官者办课,在民者输税。

元朝岁课收入在财政收入中所占比重不大,但却十分扰民。如有的地区不产金银,而官府责其缴纳金银票,百姓不得不自购金银以充课;也有的官吏多征课额,以图升进,致使民不聊生。

五、商税

元朝商税始于太宗元年(公元1229年),当时,根据耶律楚材建议,立十路课税税使。太宗八年(公元1236年)定天下赋税,商税三十分取一。至元七年(公元1270年)定中原税制,三十分取一,以4 500锭银为定额,有增余者作羡余。至元二十年(公元1283年),始定上都税课,六十分取一。又规定各路课程增羡者迁赏,亏短者赔偿降黜,征税官吏的俸钞,由增羡额内付给,这更加促使官使酷敛商旅。

元朝规定商人必须按月纳税,商人纳税后,方可入城贸易,如无纳税凭证,或不出示凭证,即视为匿税,但僧、道、传教士及教徒,常匿税不缴,回族商人亦持特权而不纳税,虽政府屡次申禁,但作用不大。

六、市舶课

元承宋制,对国内与海外诸国往返贸易的商舶及海外诸国来华贸易的船只,统称市舶,对中外船舶所载货物的抽分与课税,叫市舶课。

在元代海外贸易得到显著发展,在杭州、上海、澉浦(今浙江海盐)、温州、庆元、广东、泉州等地设七个市舶司,主持对外贸易和市舶抽分事宜。元统治者对外贸易的原则是"以损中国无用之货,易远方难制之物。"为配合对外贸易的管理,国家制定了较前代更为完备的市舶课制度。

元朝市舶课制度,初期沿袭宋朝旧制,实行抽分法,即对进出口货物抽取定量实物。当时规定细货十分取一,粗货十五分取一。抽分之后,随客商买卖,在贩卖时另征商税。为鼓励土货出口,曾实行双抽、单抽之法,对土货实行单抽,对蕃货实行双抽(即加倍征收)。

至元二十一年(公元1284年)在杭州、泉州实行外贸统制制度,即官府自备船舶和本钱,选派人员从事对外贸易,所得利润,以十分为率,官取其七,参加贸易的人取其三。同时规定权豪势要之家,不得用自己的钱下番贸易,违者籍没家产之半。国外客旅随官船来华贸易的,依例抽分。

至元二十九年又定抽分之数及漏税之法。规定在泉州、福州等处已抽分的舶货,如在本省有市舶司的地区出卖,不要另外征税,细货征1/25,粗货征1/30,此后其他各市舶司均仿照执行。

仁宗延元年(公元 1314 年)因香货、药物减少,价值陡增,遂广开外贸,重新制定市舶条例。凡出海贸易,必须由官府批准,给以凭证,私自出海者,没其货物,查实后将没官物的一半付告发者充赏。

七、额外课及杂敛

元代随着工商业的发展,苛征杂敛也日益增加,岁有定额的,叫常课,没有定额的,叫额外课。额外课之外,又有许多无名杂敛。

元代额外课名目有 32 种之多,其中历日(即历书)课、契本(即契本税)、河泊课、山场课、窑冶课、房地租钱、蒲苇课七种是全国性的额外征收;其余 25 种均属地方性苛杂。如门摊课,主要征之于湖广、江西、河南;池塘课主要征之于江西、江浙;食羊课是主要征于大都、上都、大同等路;蒲苇课主要征之于河南省;煤炭课则征之于产煤之地的大同等地;撞岸课(对靠岸船只所征之税)则主要征之于船阳路;山楂课主要征于广平路、大同路;漆课主要征之于四川广元路;醋课主要征之于腹里永平路;山泽课主要征之于漳德路、怀庆路;荡课征之于平江路,柳课征之于河间路;浮牛课主要征之于龙兴路;柴课主要征之于安丰路;羊皮课主要征之于襄阳路;瓷课(对瓷器的课税)主要征之于冀宁路;竹苇课征之于奉元路;姜课征之于兴元路;白药课征之于漳德路。

额外课虽然零星,多不过数万锭,少仅十几锭,但累计起来,数额也是可观的,上列各类统计,有时竟达 166 800 余锭。

除额外课外,还有许多无名杂敛,如典当纳税,典当之后再行出卖也要纳税;和买物品已是对百姓的剥夺了,但还要纳税;聘女的财礼也要纳税,等等。

由于苛捐杂税太重,不仅影响了商业经济的发展,也激起了商民的普遍不满。至元十七年(公元 1280 年)左右,江州宣课司对人民食用的粮食征税,结果,来商逃避或闭门罢市。

第六节 明代的专卖和工商税

一、盐税与盐专卖

朱元璋称吴王时,即立盐法,实行征税制,令商人贩卖,税率为 1/20,所得盐税,充作军饷。不久又加倍征税,后听胡深之议,税率复旧。建明之后,实行专卖之制。

明朝称制盐民户为灶户;按户计丁,称盐丁;按丁规定产盐定额,也称正盐或正课;正课之外所余之盐,称余盐。明初,为鼓励盐的生产,注重优恤灶户,给灶户划拨草场,以供樵采;可耕之地,许灶户开垦,并免灶户杂役。以后,盐场设立总催官,负责办盐课,督促生产。总催官多苛剥灶户,致使盐丁贫乏,英宗正统时,灶户不堪总催官的剥削,纷纷逃亡,盐产量大减。灶户生产的盐(包括正盐、余盐),一律交给官府,称为盐课。盐商向国家缴纳货币或实物,由官府发给引票,然后凭引票就场支盐贩鬻。成祖永乐以后,由于灶户逃亡多,盐产量供不应求,盐商不得不在盐场守候支盐,以后盐商渐少;武宗以后,盐法渐坏,积引日增,盐利日减。万历三十六年(公元1557年),袁世振议行"纲法",即将淮北盐场,按顺序排为十纲,每年以一纲卖积引,九纲卖现引,十年之内疏销完毕;并设置纲册,凡领引盐商,皆登记入册。纲册有名者,可赴本纲盐场领盐,纲册无名者不得加入,于是盐商称为专得某场盐利的专商,食盐专商之都自此始。

明朝的盐专卖主要实行民制、官收、就场专卖办法。专卖制度主要由三种:即开中法、计口授盐法、商专卖法。开中法是招募商人输粮于边,由官府给盐的办法,也称纳米中盐法,实行此法的目的在于充实边疆的粮食储备。计口授盐法指洪武三年,令民在河南开封等处输米,以供军食,官府给盐以偿其价。商专卖法是盐商直接与灶户进行交易,即官府不再向灶户收盐,而令灶户按引纳银,商人则直接向灶户购盐而不经官,自此,国家将收盐、运销之权全部交给商人,这是食盐产、销制度的一大变化。

二、茶税与茶专卖

明茶课制度起源于朱元璋建明以前。公元1366年,朱元璋令商人于产茶之地买茶,纳钱请引,每引茶百斤,输钱200文,不够一引者,称畸零,给由帖。以后又经多次变化,俟建明以后,遂定官茶,商茶之制。所谓官茶,即官府对茶的生产者课征的实物(茶)。洪武初规定:"芽茶、叶茶各验直纳课,贩茶不拘地方。"①洪武四年规定陕西汉中诸县茶树,十株官取其一;无主茶园,令军士采摘,十取其八,所课之茶,以易番马。所谓商茶,即茶商向官府交纳实物(或马、或米、或布),取得茶引,凭引向茶户买茶。此外,还有贡茶,指地方直接上贡给中央朝廷的茶。贡茶制度始于宋,明初,大卜贡赋不固定。

三、矿税(坑冶课)

明代的矿税。明代矿税,也称坑冶之课,包括金、银、铜、铁、铅、汞、朱砂、青绿(矿质颜料)等矿产物质课税,以金、银为主,其他皆微不足道。金银矿开采大都采用官府垄断制,由政府主持开采。间有民采,须经允许,其课额也重。明初,统治者不主张开矿,认为投入劳力多,产出矿银少,虽然订有矿税税额,但数额极少,人民负担较轻,如福建各地矿场岁课仅2 670余两,浙江岁课为2 800余两。明中期后,随着商品货币经济的发展,政府开始重视矿冶,广泛组织开采,"税由此大兴矣"。永乐年间,明成祖虽也反对采矿,但矿禁已松,矿课逐渐增加,福建矿课岁额达32 800余两,浙江达82 070两,但已导致地方负担加重、矿民疲困、治安混乱等问题。嘉靖以后,采矿大都由中官、权贵把持,成为主要搜刮之所。明万历时派太监征收矿税,成为虐民暴政。万历二十四年(1596年)诏开各处矿冶,并专派宦官为矿使、矿监,承旨四处勘查,乘机勒索钱财。从此,矿监横行天下,不市而征

---

① 《万历会典》卷三十七,《课税》六,《征课》。

税,无矿而输银,勒索银课200万两。自万历二十五年至万历三十三年,矿税荼毒,祸及各地。矿税苛索成了明朝灭亡的一个重要原因。

四、酒醋税

明初实行禁酒政策,直到后期,酒的生产没有多大发展。所以酒课不占重要位置。而且酒税不上缴中央,令收储于州县,以备其用,实质是一种地方税,酒税税额一般以酒曲为计算单位,每十块酒曲,收税钞,牙钱税,塌房钞各340文,或征曲量的2%。醋在明朝已不属禁榷之物,征税亦甚轻。

五、商税

明初,实行鼓励工商业发展的政策,所以商税制度简约。商税的征收机构为各地课税司局,国家对课税司虽规定限额,但不务求增余。课征办法因课征对象不同而异,对行商、坐贾贩卖的各类手工业品一般估算货物的价值,从价计征;对竹木柴薪之类,实行抽分;对河泊所产,征收鱼课。课征手段有本色,有折色,一般多以钞、钱缴纳。税率一般为1/30,且免税范围极广,凡嫁娶丧祭之物,自织布帛、农器、食物及既税之物,车船运自己的物品,以及鱼、蔬、杂果非市贩者皆可免税。只是买卖田宅、牲畜要纳税,契纸要纳工本费。此外还多次裁并税务机构。为了防止税课官吏的侵渔,规定在征收商税之地设置店历(即登记册),登记客商姓名、人数、行止日期等内容,以备核查;同时明示征收商税的货物名称,凡未标明需要纳税的货物,均行免税。明朝新增商税税目主要有:

市肆门摊钞:又称为"门摊税",就是对城乡市肆、店铺依据其营业额所征的税,也就是所谓的"占籍钱",具体征收方法是先由"各处买卖之家"按月向当地的"都税宣课司"或"税课司局"缴纳,然后,官府再"给予由帖执照,每月一次点视查考,如违期不纳,及隐瞒不报者,一律治罪,仍罚钞一千贯",因此也是定额税,但其税率则并不固定,常因时因地不同而有增减,一般是"量其货之所值而为之征",亦常因店肆的性质和所售卖的货物不同而不同。

钞关税:为明朝宣德四年(公元1429年)新增商税税目之一。当时,政府在沿江和沿运河要地设征税关卡,对"舟船受雇装载者,计所载料多寡、路近远纳钞"。所征之钞或银,称钞关税。设钞关税的目的在于通行钞法。钞关税初行时,只对受雇装货的过往船只征税,税额按船的梁头座数和船身长度计算,这种税称船料或船钞。船钞税一般不税货,只税船。

工关税:明初由工部在芜湖、荆州、杭州三关置抽分竹木局,设官抽分竹木,以其税充工部船舶营缮之用,故名工关税。课税对象为竹木、藤、草、薪炭。税率因年代和课征物品不同差异较大。柴草税率1/30;黄白藤2/30;竹木少者1/10,多者6/10。以实物缴纳者称本色,以银钞缴纳者称折色。

契税:又称为"契本工墨税",是针对买卖、典押房屋、田地等不动产,及牲畜等行为所课之税,即现代税收中所谓的"财产转移税"。明洪武二年(1369年)规定:民间"凡买卖田宅、头匹(即牲畜)",都须要"赴务投税",在完税后,再"操契券请印,乃得收户"。其所投之,就是契税。也就是说,民间的田房、牲畜等买卖,都必须要先交纳契税才能理应税登记、过户更名等一切手续,否则官府不予认可,这种完税后的契纸就为"红契"。明代对契税的征收是由正课和契纸工本费两部分组成的。其中契纸工本费是"契纸"为单位进行征收的,即以"纸"计,每"纸"固定税额,"契本别纳价","每契本一纸,纳工本钱四十文,核议无分"。而正课则是以所交易田地、房产、头匹的价值来进行征收的,即以"值"计,按比例征收,一般是"征其值百之三"。

除上述几种商税形式外,在明代还有许多其他形式的商税种类和名目,一般随各地的物产的商品化不同而不同,明王朝对此没有统一的规定,由地方有司据本地实际情况随时随地进行征收,如窑灶钞、碓磨钞、油榨钞、水碾钞、白醅钞、纸课钞、房地赁钞、当税、果价钞、比附钞、机织税,等等。因此,从其征收机构和税收的使用上来说,这些形形色色的商税都属于地方税的一种范畴。不过,值得注意的是,其中的鱼课、香税及替官府"买办"物料和服力役的铺行之役等,因与商业无关,故其并不属于商税中市税的内容,而是属于杂税的范畴。

第七节 清代前期的专卖及工商税

一、盐税

清前期,各省盐政多由督抚兼任。还有都转运盐使、盐道等。盐法种类多,但行之既广且久的是纲法,即由名列纲册的盐商纳税后领引票赴盐场购盐,运到指定的地区销售。所谓引票,是政府批准贩盐的凭证。每引运盐斤数不等。纲法起源于明万历四十五年,由盐法道袁世振所立,即将各商所领盐引编成纲册,每年照册商旧数派行新引,无名的不得加入。从此,官不收盐,由盐商和盐户直接交易,盐商原非世袭,为获厚利,贿赂官吏,便取得世袭专卖的特权。划归盐商的销盐地称引界、引岸、引地,是专卖地域之意。凡不领引或越境销售都算违法;清代的引岸制比明代更加成熟,即垄断性更强。盐商出钱贿赂官员,取宠皇帝,获得迟纳,少纳税款,自定盐价等好处。道光年间,两江总督陶澍行票盐法,无论何人,只要纳税即可领票运销,打破世袭垄断,称善于一时。

盐税,对制盐者课有灶丁税、灶地税、灶锅税。对盐商按引课税。这是盐税收入的主要部分。盐商除纳正税,还要交纳一些杂税。由于盐商获利大,难免不受官府和皇室的盘剥。凡遇军需、河工、灾赈,都要盐商捐银。凡各种庆典和皇室巡幸,更是名正言顺地要盐商"报效",盐商也因此在政治上、经济上得到了许多好处。"报效"多者可以得到皇帝的"封典"或税收上的优免。皇室还将内帑银贷给盐商,榨取高额利息。有的盐商被盘剥得倾家荡产。清前期的盐税收入,顺治九年(公元1652年)为212万两,康熙二十四年(公元

1685年)为276万两,雍正三年(公元1725年)为443万两,乾隆三十一年为574万两,嘉庆十七年(公元1812年)为579万两,道光二十一年(公元1841年)为747万两。

二、茶税

清初的茶法沿用明制,以茶引控制茶的生产和运销。政府向茶生产者征收的实物,用于储边易马的,称作官茶,负责此事的官员称巡视茶马御史。康熙年间,马已足用,官茶需要减少,停止巡视茶马专员,由巡抚兼管。

茶叶由商人运销,官府给引征课,称为商茶。雍正八年,由户部发茶引给地方官。茶商纳课领引往产茶处购茶,运销各地,无引者称私茶。有的州县承引无商可给,只得发给茶户经纪人。茶课各省轻重不一,湖北"坐销者每引(100斤)征银一两,行销者征税二钱五分,课一钱二分五厘"。广义茶税包括课与税,有茶引称茶课,无茶引称茶税。

三、矿税

清代的矿税。清对采矿时开时禁,清初统治者为恢复农业生产,稳定社会经济,对开矿收税之事,极为谨慎。清初期警于明代矿课之害,又恐矿区聚众滋事,屡开屡禁。康熙后,逐开矿禁,矿业生产有所发展。清矿税更加纷繁,分金、银、铜、铁、锡、铅和水银、朱砂、雄黄等目,用抽成办法。铜与铅,因铸钱需要,采用官督官买制,如云南各属铜矿,自康熙四十四年(1705年)官为经理,给以工本,除按官定价格每百斤计银五两余至三四两不等,实行统购外,各厂铜户售铜,按所得矿价每百两抽15两,或抽十二三两不等(自卖铜料即通商铜,只允许占1/10)。清前期的矿税收入主要来源于铜、铁、铅、金、银的开采与生产,特别是铜和铅。国家征税采取抽课的方法,一般抽取实物,但也可折收银两,抽课后的铜铅由国家定价,或官府收购,或任民自卖,具体形式有:①二八抽收。国家对铜铅矿产课以20%的矿税。余铜余铅由官府以官价收购一半,一半由商民自由买卖。这是清前期实行最普遍、时间最久的一种。②一九抽课。国家对铜铅矿产课以10%的矿税。余铜余铅或由官府以官价全部收购,或收购一半,一半听民自卖。③三七抽课。国家对铜铅矿产课以30%的矿税,余铜余铅听任商民自由买卖。矿税除抽收正税外,尚有杂课,主要是撒散与价脚。撒散是为弥补正税在征收运输过程中的损失而课征的正税附加,实际上作为地方税吏的经费,税率一般在3%~5%之间。价脚是为支付铜课、铅课在运解途中的费用而向厂商征收的款项。每百斤铜铅收取一两六钱的价脚。清后期的矿税,清康熙十四年(公元1675年)颁布《开采铜铅之例》规定:"采铜铅以十分内二分纳官,八分听民发卖。"纳官的二分称为矿税,这种矿税,实际上就是以矿产品为课税对象的资源税。至咸丰三年(1853年),因军饷骤增,财政支绌,奖励开矿,金、银、铜、锡矿,均在开采之列,煤铁矿开采成为重点,办法有官督商办、官商合办、招商集股合办等。按光绪二十四年(1899年)公布的《大清矿务章程》规定,矿税分"矿界年租"和"矿产出井税"。矿界年租属于矿区使用费,矿产出井税类似产品税,但该章程根本没有执行,故清后期的矿税,因矿种不同、时间不同、地点不同,其征税方法与税率也不同,极其混乱,变化无常。如热河遍山银矿,原每百两征收正课银三钱,加耗银三分。咸丰四年(1854年),每百两加收正课银35两,耗银三两五钱。六年又有增加,正课加五两,耗银加五钱。同治十一年(1872年),广西桂平银矿年纳矿税银20两,其时,广西银厂三处,年抽正课银四五百两不等。云南蒙自个旧锡矿,嘉庆十七年(1812年),报每年额课银3 186两;广西贺县锡矿竹龙一条,每月抽税锡八斤,水沟一条每月抽税锡五斤;湖口每月抽税银三斤,额及税率均无一定。

四、酒税

清初禁酒,对酒不征税,雍正五年后,对通州酒铺每月征营业税。上户征银一钱五分,中户一钱,下户八分。乾隆二十二年,令地方官发执照,征酤税。乾隆二十二年,奏准杭州照北新关收税旧列,酒十坛,约二百斤,税银二分。清前期主要是控制酿酒,不再增税,故税轻。且税收不上交,作为地方办公费用。

五、牙税

牙税是向牙行或牙商征收的税。牙行和牙商是当时城乡市场中为买卖双方说合交易或代客买卖货物抽取佣金的中间商人。牙税有营业税牌照性质的牙帖税和常年营业税。清初,由蕃司发帖收税,报户部存案,州县增发牙帖,一些市井无赖,仅费二三钱领取牙帖,到市场把持抽分,强制买卖者交纳牙帖税。雍正时期强调不许滥发,其后由户部颁发,各省按领帖多寡上解税款。牙帖税率,因地区而异,按资本或营业额分为数级。江西规定:上级纳银三两,中级二两,下级一两。湖北规定,上级纳银二两,中级一两,下级五钱。牙商五年编审一次,更换新帖。除牙帖税外,每年依营业额大小分等,税银五十至一千两。

六、当税

当税是对当铺征的税。顺治九年,各当铺课银五两。康熙三年规定,依营业规模大小年纳五两、三两、二两五钱不等。雍正六年定当帖规则。凡开当业者,须领帖(执照)纳税,税率较康熙时约高一倍。正税外,因海防筹款,责令当商另捐银饷,称为帖捐。此外,领帖时衙门规费也很重。

七、契税

顺治四年规定,民间买卖土地房屋者,由买主依卖价每一两交税银三分,官在契纸上盖印为证。雍正七年,规定每两纳三钱外,加征一分作科场经费。契尾盖官印后给业主。乾隆十二年,定契税之例。凡民间买置田房,由布政使司颁发契税格式于州县,编列号数,前半部备书买卖者姓名、产业数、价格、税银。后半部空白，预留司印，以备投税时将契价税银以大字填此处。纳税后，填写以上数字，盖官印。当面截开，前半部给买主，后半部册汇送布政司核查。盖印者为红契。不纳税无契尾者，按漏税论罪。税率是买契9%，典契4.5%。

八、落地税

清代征收的杂税之一。亦称落地捐。原是各地对小商贩出售农副产品就地所收的税，后扩大到手工业产品，如江苏出产土布的各县都征收落地布捐。咸丰八年（1858年）后，各省对进口的洋货另订税则，也征收落地税。

九、关税

（一）内地关税

内地关税是广义的关税，包括正税、商税、船料三项。正税是在出产地对产品征的税。商税是从价征收的货物通过税。船料是按船梁头大小征的税。内地关税沿明制分由户、工两部管辖。工部关主要征收竹木税，税收供建造粮船和战船及其修缮费需，乾隆时，工部关有15个，户部关45个，设关最多。

税制方面，清初比较严谨，比如：罢抽税溢额之利，减轻税负；议准刊刻关税条例，竖立刊刻告示的木牌于直省关口孔道，晓谕商民；还屡次制定各关征收税则、划定税率标准。可是，乾隆时已出现私增口岸、滥设税房之事。内地关税税率，依照雍正、乾隆年间户部则例规定，以从价5%为标准，但未彻底贯彻。各关自定税率，一般以货物通过税为主，还有附加及手续费。

（二）国境关税

清初实行海禁政策，康熙二十三年开放海禁，准广州、漳州、宁波、云台山四个口岸对外贸易，后因西方商人违法案多，乾隆时只限广州一口通商。康熙二十八年，颁海关征收则例，分衣物、食物、用物、杂物四类，从价课税，进出口税率分别为4%和1.6%。海船按梁头征银，每船约2 000两，此为吨税之始。雍正六年，又定洋船出入期及米粮货物之数，司关对于外商入口所携货物现银，另抽一分，名叫"缴送"。乾隆二十二年，浙江海洋船税增加一倍。

十、其余杂项

清前期，各地征有杂税，如牲畜交易税、铺面行税、间架房税、车税、花捐、灯捐、妓捐等。此类杂税，没有定制。

【专栏】

专卖制度的发展沿革

世界上许多国家都实行过专卖。专卖的品种有烟、茶、糖、酒、火柴、棉花、石油等几十种,日本曾对烟叶、樟脑及盐实行专卖,英国统治下的印度曾实行鸦片专卖。中国从春秋时期到明、清的许多朝代,也曾对盐、铁、酒、茶、醋、矾等产品实行过专卖。春秋时期齐国的轻重(见轻重理论)、汉朝的平准(见均输、平准论)、唐朝的盐法、宋朝的市易(见市易法),都属于专卖或带有专卖的性质。中国古代把专卖称作"榷"。《汉书·武帝纪》记载,汉武帝于天汉三年(公元 98 年)"春二月,初榷酒酤"。根据原书注解,榷作独木桥解,意即国家独占酒的买卖。实行专卖充裕了财源,如春秋时期的齐国,管仲当政,采取了"官山海"的政策,对盐、铁实行不完全的专卖,把经营的利润收归国有,"齐国之富甲于天下"。唐朝中期,刘晏主盐铁,"天下之赋,盐利居半"。为了官府专卖,对私制、私销专卖品的,历代都严为治罪。管仲当政时,违犯"官山海"禁令的,"罪死而不赦"。唐朝行盐法,携带私盐十斤以上,或煎炼私盐一斤以上,即一律处死。专卖品多为人民生活所必需,专卖以后,售价高昂,"总利入官,而下无由以得",成为人民的沉重负担。中华民国初期,对烟、酒定有官督商销的公卖制度,对烟酒的产销数量进行管制,并征收一定比例的公卖费,实际也是一种变相的专卖形式。1941 年国民党政府确定对食糖、烟类、火柴、盐等物品进行专卖,由国家垄断经营,带头涨价。

1949 年中华人民共和国成立前后,东北各省、晋冀鲁豫地区和内蒙古等地区人民政权曾对卷烟和酒类实行过专卖。1951 年 5 月,财政部发布了《专卖事业暂行条例草案》,规定对酒类、卷烟用纸两种产品在全国范围实行专卖,由中国专卖事业总公司及所属各级专卖机构经营管理,以利于增加国家收入,调节生产与消费,并配合对粮食和卷烟的管理。专卖品以国营、公私合营、特许私营及委托加工四种方式经营,产品生产计划由专卖总公司统一制定,国营生产单位统由专卖机构领导经营,其他三种生产单位由专卖机构进行管理。产品质量、规格、制造利润与专卖利润,由专卖机构核定。制造厂、运输商均应接受专卖机构的管理和检查。1963 年 8 月和 1978 年 4 月国务院又两次颁发关于加强酒类专卖管理工作的通知,强调继续贯彻执行酒类专卖的方针,以指导酒类生产、调剂供求、节约粮食,防止私酿、私卖,保证国家收入。1983 年 9 月国务院颁布《烟草专卖条例》,规定烟草专卖的范围包括卷烟、雪茄烟、烟丝、烤烟、名晾(晒)烟、卷烟盘纸、过滤嘴、卷烟专用机械。设立国家烟草专卖局,对烟草专卖进行全面的行政管理;设立中国烟草总公司,统一领导,以加强国家的高度集中统一管理,克服烟草种植、收购和卷烟生产、销售中的盲目性,更好地完成国家计划,保证国家财政收入。

【本 章 小 结】

中国历史上工商税收和专卖制度的发展,一方面是商品经济发展的结果,工商业的发展、货币化程度的提高,为工商税收的发展提供了物质基础。另一方面又是政府增加财政收入的重要手段,历史上很多朝代的统治者,在工商税税种创新及征收手段的探索上费尽心机,推动了工商税收的发展,但其目的主要是为了增加财政收入,而没有从发展经济的角度考虑,因此封建国家的工商税收在推动社会经济发展上作用有限。

【关 键 词】

盐铁专卖　茶税　引岸制　五均六筦　榷禁

【复习思考题】

(一) 名词解释

1. 缗钱税
2. 贳贷税
3. 和籴
4. 间架税和除陌钱
5. 估税
6. 市舶课
7. 牙税
8. 塘丁税

(二) 简答题

1. 简述中国的盐专卖制度。
2. 简述中国封建社会工商税收的演变。

第五章　秦至清代的赋税特征与赋税管理

学习目标

(1) 了解理算制度、包税制、四柱结算法、易知由单法的含义与特征。
(2) 掌握秦至清代的赋税管理结构和赋税特征。
(3) 了解中国封建国家赋税审计的特征。

国家建立后,国家赋税机构相应产生。据史籍记载,夏代就开始设官分职。只是这时的机构还不完善,设官也不多,一般是行政官兼理财政。发展到西周时期,分工渐细,职责才较明确。周代中央设置六官,天官掌管朝廷法度,地官掌管财政经济。负责国家财政包括赋税征管工作的主要是地官司徒。大司徒总掌均平土地、区别各地产物、划分土地等级、制定赋税征收办法。小司徒协助大司徒职掌全国土地和户口确定各地赋税数量。地官司徒的属官如载师、闾师、县师、遂师、廛人、角人、羽人、司关等官职分别负责对土地、财产及关市之赋、山泽之赋等的征收管理。此外有内府、仓人、廪人主管国库及粮食的收支,司会、司书主管会计。西周封邦建制,邦国财用由冢宰(宰相)总负责,大宰、小宰分掌邦国财用制度。《周礼》记载大宰掌邦国六典,协助国王治理国家,包括万民之职责、赋税的征收制度、国家开支制度、人民的贡纳制度的制定以及年终审定收支、赏罚官吏。小宰则是协助大宰办理有关贡赋收入和财政支出事宜以及根据户籍征发徭役、核定市场物价等事。自秦之后国家的财政同皇室财政开始分开,不仅划分了各自的收入来源,而且有各自的用途,分设机构,分支机构置官管理。

第一节　秦汉时期的赋税特征与管理

一、秦汉时期的赋税特点

秦汉时期,是中国封建国家形成和统一的时期,由于土地私有制的形成,手工业、商业的发展,国家赋税具有以下特点:

(一) 划分国税私租,分设不同机构组织征收

由于私有制的确立和发展,封建王朝的财政收入和王室贵族、大地主的收入需要从不同来源分别取得,因而国税和私租正式划分开来,分设不同机构组织征收和管理。

（二）建立了封建国家租税制度

包括田租（田赋）制度、口赋制度、徭役制度。具体赋税形式有：人丁税（口赋、算赋、户赋、更赋等）、财产税（田赋、缗钱、车船税、赀贷税）、消费税（关市税）、特产税（山泽税）等。形成了征税对象比较齐全、税基广泛，以田赋为主，工商杂税为辅的封建国家赋税体系。

（三）赋税体制体现重农抑商的精神

秦汉时期，经济发展较快，特别是汉代手工业的发展，产生了一批富贾巨商。他们囤积居奇，操纵市场，进而发展为勾结官员，左右朝政。为此，汉王朝采取重农抑商政策，实行轻征农业赋税，重征商贾赋税的办法，赋税具有了为政治经济服务的色彩。

（四）赋役分征

秦汉以来，特别是汉代，田赋和徭役分别制定制度，实行分别征收的办法。这有利于赋税和力役制度的制定和管理水平的提高，这是赋税的一个进步。

（五）赋税已具有无偿性、强制性、固定性的特点

从春秋时期鲁国实行"初税亩"后，田赋具有现代税收特征，到秦汉时更为明显完备。特别是强制性。对违反税法的行为，不论官僚贵族，还是富贾巨商，均给以严厉惩罚，对保证封建王朝财政收入具有十分重要的作用。

二、秦汉时期的赋税管理

（一）财税管理机构

秦代，负责中央财政的官员是治粟内史，负责山海池泽之税以供给皇室的是少府。在地方，郡有守，县有令，负责各自管辖区的民政、财政之事。乡置三老、啬夫，掌教化、诉讼和收赋税。

汉初，负责全国财政的主管官仍叫治粟内史。景帝时改为大农令，武帝太初时改为大司农。王莽时改为羲和（后改为纳言），东汉时仍称大司农，一切财政税收事项，都由大司农汇总。年终造册报皇帝。大司农之下，又分设若干职事官，分管收入、储存、调度等工作。汉代在地方设太守总管一切，下有专管财政的丞，县有县令（长），管一县之事。县下设乡，乡有啬夫，他要了解全乡民户的贫富、丁壮的多少，土地的肥瘠和占有状况，然后按户等差、劳力强弱，评定各户应负担的赋役。史载"其乡小者，县置啬夫一人。皆主知民善恶，为役先后，知民贫富，为赋多少，平其差品。"至于乡佐，属乡的员吏，其职责则是具体办理赋税征收事务。

汉代还规定：凡郡县出盐多者设盐官，主盐税；出铁多者，置铁官，主鼓铸；有工多者置工官，主工税物；有水池及鱼利多的地方置水官，主收渔税。所在诸县，均设置官吏办理有关事项。可见，盐官、铁官、工官、水官皆置于郡县，主要职责是负责对盐铁、手工、水产等项进行管理和征税。设官置署的原则是随事置吏，即根据需要设置机构。

汉代少府，其职责同秦代相同，在税政方面，主要是掌管对山林、园囿、江湖，以及大海等出产物的征税，这些收入专供皇室及封君生活之用。

（二）税制、税法

秦汉时期的税制建设，取得了一定的成就，它为封建社会国家税收制度奠定了基础，秦汉的税收制度不仅包括了征收对象、征收原则、税目、税率，还包括有一套优待、减免和赏罚措施。

随着封建社会的发展，自秦到汉，都定有一套法律制度，并且逐渐在完善，以适应新的发展的需要，维护新的封建生产关系。

秦国的成文法典，创始于战国时期秦国的商鞅，他以李悝的《法经》为基础，改法为律，称秦律。《秦律》包括的内容很丰富，从挖掘出的地下资料看其中关系到财政税收的，即有《田律》《厩苑律》《金布律》《关市律》《仓律》《工律》《徭律》，等等。秦代《田律》规定：当农业遭受风、雨、虫等灾害时，要立即报告中央，近县派人送，距离远的由驿站送，必须在八月底以前送达，以便中央采取措施。又如为了保护自然资源，规定春二月不准砍伐木材；不到夏季不准烧草作肥；不到七月不准捉取幼兽、鸟卵和不准毒杀鱼鳖等。《关市律》中规定：收纳市税或市场管理费时，必须当众把钱放入陶质钱罐中，令市者见其入；违反这一法令的要罚款。在《郊律》中规定：会计要定期清点财务，如果账目不清，物资有短缺，法律规定要罚款；如借算人户二户，牛马二头以上是重大错误，要罚资一甲。

汉代法律比秦又进了一步。到汉武帝时，由于征发烦数，百姓贫耗，犯法者多，于是任用张汤、赵禹等人，制定法令，法禁逐渐缜密，当时制定的律令有359章，死罪事例13 472事。法制日严，人民因此而获罪者不少。不仅如此，西汉对执法犯法的官吏，也按法加以制裁。

秦、汉的税法，以及它的全部法律制度，集中表现了秦汉时期地主阶级的意志。它的作用是十分明确的：第一，维护封建地主阶级整体的利益，如有危及封建国家的安全和稳定，危及国家政权的巩固，则以法惩治。第二，维护封建等级制度和封建秩序。从《田律》《徭律》中可得证明。第三，保证国家的财政收入。在《田律》《徭律》《仓律》《关市律》以及《金布律》中，对农民缴纳田租、赋税，应服徭役等作了明确的规定。如在《田律》中有"顷入刍三石，稿二石"，并从品目、数量（税率）到质量的要求，都十分详细。如果完不成收入任务，即使是主管官吏，也要受笞责及至罢官的处罚。又如在采伐林木，猎取鸟兽等方面，不仅有时间限制，而且还有在什么情况下可猎杀，在什么地区杀的可"食其肉而入皮"的规定,同样十分详尽。秦代,为了保护自然资源的需要,以及"重本抑末"政策的总体要求,对手工业生产和商业贸易活动规定有种种限制,如不服从,触犯法令,就要受到严厉的处罚。汉初规定商人不准衣丝、坐车,不许做官。汉武帝时,对商人财产要加倍征税;如有欺隐,则籍没其家财。这些规定,在某些方面是维护封建地主的利益,打击工商业主的,对工商业的发展有不利影响。

(三) 赋税管理

自秦以后,国家的财政同皇室财政开始分开,不仅划分了各自的收入来源,而且有各自的用途,分设机构,置官管理。秦汉时期的国家财政收入,主要靠赋税收入。当时属于国家的赋税,秦代和汉代是田租(田赋)、口赋(汉为算赋),这是主要的收入;汉武帝后,又把原来属于皇室收入的盐铁税改归国家,实行专卖;此外,还有公田收入和屯田收入,均输平准收入等。属于皇室财政收入,指来自山川、园池、市肆的租税,包括口赋(汉代)、山泽税、园池收入和江湖河海收入、酒税、关市税以及户赋、贡纳等。除特殊情况外,一般是分开使用。税收的征收原则,是根据国家的军政需要(包括官吏俸禄和国家军政经费),向人民征收。为了有效地组织征收,秦、汉时期不仅设置了专门的财政机构,选配了适当的理财官员,而且还颁布了一系列法令,制定了有关政策、制度,还加强了税收会计和年终报告。据载,秦代税吏在收到税款后,每千钱装一袋,加盖令、丞的印后收藏起来备用;至于收纳的粮食绢帛,则要经过检验,合格后才能入库;检查不严的官吏,有罪。钱谷入仓后,必须加强管理。如管理不善,粮食霉变,损失不足百石者,官啬夫受到申斥;损失百石以上,不足千石者要罚官啬夫一甲;过千石者,罚二甲,并令官啬夫同仓吏共同赔偿财物损失。

秦汉时期,还加强了税收会计工作。有关衙署收到钱、物之时,要记入簿记,上级官府要定时或不定时地以账簿同库存实物核对,如发现账实不符,有关损失,要责令、丞和仓吏共同赔偿。为了保证国家财产的安全、完整,国家有时还令御史检查所记的簿册。"御史察计簿,疑非实者,按之,使真伪毋相乱。"到年度终了后,要进行总结算,地方官吏要定期向国王报告政令的执行情况和赋税的征收及完成情况。一年一度,还要把一年的税收预算数写在木券上,剖而为二,右券交中央朝廷,地方郡县留左券,年度终了,中央据以考核地方赋税征收的完成好坏,并作为官吏升降的重要依据。从这里可以看出,在古代,赋税总额也是由中央朝廷控制的。有时皇帝还亲自过问税收情况。据载,汉武帝曾在隆重的仪式中收取地方郡吏的上计。上计工作在汉代已成为一种正式制度。

当然,税收管理工作的好坏,并不能以收税数字多少而论。有的官员,为了自己的前程,不惜苛征暴敛,有时弄得人民生计全无,只好逃亡。不少社会问题的产生或加剧,原因之一就是国家税赋征收过苛。

第二节 魏晋南北朝时期的赋税特征与管理

一、魏晋南北朝时期赋税的基本特征

（一）户调成为赋税收入的主要部分

曹魏建立政权以后，为了应对商品货币所遭受的严重破坏，同时也是为了减轻农民的负担，实行了户调制，即废除人头税，改按户来调发家庭手工产品绵、绢。户调和田租合在一起称为"租调制"，成为封建国家赋税收入的主要部分，户调制的基本内容从确立一直沿用到唐代中期改行两税法为止，前后达500年之久，在中国赋税史上具有重要的地位。

（二）赋税制度多且易变

这一时期由于王朝政权的不断更迭，赋税制度也呈现出变幻不定的特征。这样的后果是导致一些原本卓有成效的改革制度由于战乱的爆发而未能发挥实效，例如西晋占田制便是因为战争的爆发而废止的。

（三）苛捐杂税名目众多

统治阶级为了在战乱中取得胜利，出于供给军费和满足自身需要的目的，所征工商杂税名目繁多，朝令夕改，如对盐铁酒等主要消费品实行专卖征税，以及统治者为了大兴土木，兵、徭、力役漫无节制，这些都无不给百姓造成了严重的负担。

二、魏晋南北朝时期的赋税管理

（一）管理机构

三国两晋南北朝时期的财税管理机构，虽沿袭汉代制度，但因分裂割据时间较长，随着政权更替，割据势力各自为政，使机构的设置和制度的建设等方面，都显得粗糙、简陋，临时性和区域性很强，而系统性、规范性不够。

国家财税管理机构，在中央，汉末、三国魏，度支曹为尚书省六曹之一，是管理国家财政的最高机关，长官为度支尚书，掌管国家财税收入和支出。所属及相关机构有度支、金部、比部、库部、农部、水部、食部及民曹等；此外，司盐校尉，典农中郎将，佃农校尉，主管国家食盐、农田、屯田诸事。国家库藏、钱、谷分管，钱入少府，谷入司农。两晋因袭魏制，尚书省分置度支曹，设左民尚书、右民尚书职掌全国财税事务。属官有金部、仓部、度支、左民、右民等五曹，后又置运曹。东晋时省民曹、运漕。南朝宋代，主管财税事务仍为度支和左民尚书。度支尚书领度支、金部、仓部、起部四曹；左民领左民、驾部二曹。南齐沿而未改。梁、陈时，左民并掌户籍，兼管工部事。属官有度支、金部、仓部和左民诸曹。北魏、

北齐时,度支所属有左户、右户、金部、仓部等机构。左户曹掌天下计籍和户籍,凡财税收支和国家预算决算,均出其手;右户曹掌管天下公私田宅和租调诸事;仓部曹掌管全国仓储账出入等事,金部曹掌全国权衡度量及内外库藏文本账册诸事。北周依古制,大司徒主国家财政。下设民部、计部。计部所属有户部、度支、金部、仓部、虞部、咸准六官。

在地方,州有刺史,职掌所辖地区的行政、军事和财政。其属官,各代设置不一。以曹主其事。各郡有太守,主一郡行政军事大权。主管财税的属官有西曹、户曹、金曹、租曹等掾佐及仓督等员。县,大县设县令,中小县设县长,职掌一县的政务、财政和司法。属官中主财税诸事的有西曹、户曹、金曹、租曹等掾吏。乡有啬夫,主诉讼及赋税诸事。

(二) 赋税管理

三国时期所征赋税的钱粮,分别是钱入少府,谷入司农。魏时,在少府中设有中藏府令丞,可能是兼管御用,平准令仍属少府。而受粟官,魏初称为大农,后改为司农,有总督仓场的职责,其属官有太仓、籍田、导官三令。晋朝时库藏分为钱、谷二部,少府统中黄左右藏等令,为受银之官;大司农统太仓等令,为受粟之官,由太仓令总管仓储。南朝时,度支尚书掌财用,库藏同晋朝一样,为钱谷分开。北朝时,北魏、北齐、北周库藏皆为太府所掌管。魏设太府卿、太府少卿、掌财物库藏。后周稍有不同,太府有中大夫掌贡赋货贿,以供国用,属大冢宰。又有外府上士、中士二人,掌绢、帛、丝、麻、钱、物、皮、角、筋、骨之属。受粟官,北齐有司农寺,掌仓市薪菜、园池果实,统太仓、梁州水次仓、石济水次仓等署令、丞。至其官员组织,后周有司农上士一人,掌三农九谷稼穑之政令,属大司徒,其属"有司仓下大夫"。

可见,三国两晋南北朝时期,度支尚书掌管财计,大司农管收粟,隶属于财政官,受其指挥与命令以供军国之用。

1. 田制管理

面对严重的战乱和灾荒,从东汉末年起,曹操就首先在所辖区域实行屯田制。在此制度下,从中央到地方,设置了典农中郎将、典农校尉、典农都尉,并都实行军事编制,用军队的管理办法管理屯田,目的是达到以农养战。西晋统一之后,屯田制被废除,而为了保证国家经费开支的需要,对土地占有关系进行调整,实行占课田制,使农民附属于土地,以税督耕。南朝时期,面对人口的急剧集中,又创立了度田收租制。北魏时期,一方面为了缓和民族以及阶级矛盾;另一方面也是为了促进农业经济的恢复,实行均田新租调制,以调整土地的占有关系,同时在赋税征收和管理方面也进行了重大的改革。而从曹魏时期开始的田租户调制,由以农养战,到逐渐调整税率;征税对象上,依旧以户为单位,但却由对人征税转为以户为单位征税,并进一步由税户转向税地。这些改革,从结果来看,使得赋税制度逐渐趋于简化、明朗化,与前代相比具有更好的合理性。

2. 盐铁管理

盐作为人类生存的必需品,是封建国家财政来源的重要渠道之一,也是地方豪强争夺的对象。汉武帝从豪强手中将盐铁利权收回,后又逐渐落入地主豪强之手。三国、两晋时期政权为了控制盐铁,实行盐铁专卖制,并设专职官吏如司盐校尉、掌盐、司盐等对盐铁进行分级管理。然而,到魏晋南北朝时期则对盐铁的管理有所松弛,已不如西汉时期严厉了。

3. 关市税管理

由于农业、手工业生产衰退,交通阻滞和商品流通不便等客观因素的影响,魏晋南北朝时期的关市税,与汉代相比,其地位有所下降,但官府仍然在大小市场设市令、市长,在关津要地设津主等专职机构人员,以加强对商品流通的管理和商税的征收。尽管这一时期的商税收入在国家财政收入中并不占十分重要的地位,而且商税制度并不健全,但对税源的开发还是比较重视的。

4. 户籍管理

户籍是国家征收赋役的主要依据,在实行户调制的情况下更是如此。由于战乱的频繁发生,使得人员流动性大,从而国家对人口,特别是成丁失去了控制,为此,魏晋时期各代统治者都设置了专门机构并配置了专职官员来对户籍进行管理,并不时地进行户口清查,以保证国家对"编户齐民"的控制。其中较为成功的例子是北魏时期建立的三长制,它在整体税赋减轻的情况下,通过控制和增加纳税民户来实现国家征发赋税和徭役的目的。

第三节 隋唐的赋税特征与管理

一、隋唐时期赋税的特点

(一) 宽松的经济政策促进了社会经济的恢复发展,充实了财政府库

隋初,以文帝杨坚为首的统治集团除旧布新,励精图治,采取了一系列的改革措施,鼓励工商业发展;整顿户籍、更定赋役,广泛推行均田制,以促进农业生产发展;实行单一田赋制度与轻徭薄赋政策相结合的生产性财政;又改革政治、更新风气,以适应经济改革的需要,符合人民意愿,因而,社会经济迅速恢复发展,很快就出现了土地开辟、人口繁殖、财丰民富的景象。

(二) 工商业的发展,新的中小城镇的兴起,丰厚了工商税源

唐前期,农民家庭手工业以及官私手工商业日益发展繁荣,不仅形成了行业,而且生产技术也有了很大的提高。由于商品流通日益活跃,全国形成了许多商业城镇,如长安东市有"三百二十行,四面立邸,四方珍奇,皆所聚集"。商品的繁多,交易的发达,为工商税收入奠定了基础。唐中期以后,财政一度紧张,以工商业发展为基础的盐、茶、酒、矿等税的开征,在弥补财政亏空方面发挥了重要作用。

(三) 两税法的创立为中国封建社会中后期田赋制度的成熟完善奠定了基础

唐中期以前的田赋制度,一直是对人税和对物税并行征收,到唐代中期,田赋制度发生了重大的变化,这就是两税法的产生。两税法按田亩和资产的多少来征税,把对人课征的庸、调废除,使田赋成为单纯对物征收的财产税。

二、隋唐的赋税管理

(一) 赋税管理体制

隋代创立三省六部制,唐进一步发展和完善。尚书省下设户部,统领全国的财政税收。户部下设户部、度支部、金部、仓部等四司。户部掌管全国户口、田赋、劳役和贡献诸事;度支部掌管全国租赋的数字统计;金部掌管库藏出纳和度量衡;仓部掌管全国官吏俸禄和军储粮物。开元以后,为了加强赋税的征收,还临时增设户口使、租庸使、转运使等,负责某一方面的财税工作。

隋唐在中央三省之外,还沿袭前代之制,设置了一些官厅,其中与财税有关的是太府寺和司农寺,掌管财货贸易等事。

关于国库的管理,唐前期,国库与皇室内库分设官员,分别管理。太府寺中的左藏库即国库,与皇帝的私库——大盈库是分开的,安史之乱后,为预防京师豪将任意侵吞国库财物,一度将国库归于皇室内库,由宦官负责管理。造成皇室私财与国家财政收入不分,主管财政的官吏不掌握全国的财政收入数字,而宦官从中渔利。德宗建中时,将管理之权重归于中央财政,宫中所需经费由财政按数拨给。国库与皇室内库又分别进行管理。

唐代赋税管理体制更加成熟完善,由上而下,层层汇总,最后集中于户部。但是每年的记账工作量较大,消耗多。每年仅一州记账用纸就达50万余张。开元二十四年户部尚书李林甫主持编辑《长行旨符》,将常年稳定的收支部分编写成书,存各级有司备查,以后年年遵照执行,作为征税的依据,不再改动,也不再编报,只编报不稳定的收支部分和非常规增减的部分。《长行旨符》的编制大大简化了记账编报的工作,减少了人财物力的浪费。安史之乱后,财税体制被破坏,《长行旨符》也名存实亡。

唐中后期,藩镇割据严重,节度使称霸一方,形成独立王国,其权力之大,不仅限于军事,而且渗透到政治经济各方面。地方原上缴中央的各项税收,大多被其截留。唐宪宗时下令对财税管理体制进行调整,将各地的赋税收入分为三个部分:其一为上供,解交中央府库;其二为送使,解交往到节度使;其三为留州,供本州使用。这就是"上供、送使、留州"的赋税管理体制。

唐代还建立了缉私制度。如刘晏在进行盐法改革时,曾采取措施严禁私盐运销,以保护贩卖官盐者的利益。他在各地设置了十三巡院,用以缉查私盐。这些巡院设于海盐销区之内的交通要地。如扬州是东南都会,漕运枢纽;白沙濒临大江,是船运通津;浙西门户重在京口,商旅聚集,等等。巡院注意缉私,控制了销区一头,与监院控制的另一头——广收亭户之盐并设立仓储存,防止场盐的偷漏。

(二) 户籍管理制度

隋唐的户籍管理制度更加成熟,并成为赋税管理的有机组成部分。

隋朝在开皇五年,实行"大索貌阅"以后,于大业五年又做过一次大规模的户口检查。隋炀帝下令在全国进行户口检查,命令户部侍郎支持其事。"蕴历为刺史,素知其情,因是条奏,皆令貌阅。若一人不实,则官司解职、乡正、里长皆远流配。又许民相告,若纠得一丁者,令被纠之家,代输赋役。是岁大业五年也。诸郡记帐,进丁二十四万三千,新附口六十四万一千五百。"①

隋的户籍制度改革为唐朝的户籍管理打下了良好的基础,以致唐没有再实行类似的大规模的户籍检查等。不过,唐朝也实行过一些有利于增加人口和劳动力的政策措施,主要有:首先,因战乱而逃亡的人口返乡,可免役三至五年,非汉族人自愿归附的免役十年。这一政策吸引了大量逃亡塞外的汉民和少数民族。其次,实行早婚政策,提高人口增殖率。此外,唐政府还制定了《户婚律》,对脱漏户口的惩处做了明确的规定:一户家长隐瞒全家户口不登户籍者,获刑三年。

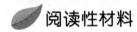

"大索貌阅"与"输籍定样"

581 年,杨坚取得帝位,为隋文帝,年号开皇。开皇初年,隋朝户口仅 380 万户,到大业五年(607 年)增加到 890 万户。在不到 30 年的时间里,户口激增了一倍有余。之所以出现这种情况,主要原因在于隋文帝采取了"大索貌阅"和"输籍定样"两项影响深远的政策。

自南北朝以来,户口隐漏日趋严重,国家所能直接掌握的劳动力减少,而地方豪强地主占有的人口增多,严重削弱了中央的力量。如在北方,由于规定未婚只缴半租,有的地方户籍上都不见有妻子的登录。有的豪强大族,一户之内有数十家,人数多达数万,国家赋税收入因此而锐减。

大索貌阅即是严密清查户口的一项措施。开皇五年,隋文帝下令在全国各州县大索貌阅,核点户口。所谓"大索"就是清点户口,并登记姓名、出生年月和相貌;所谓"貌阅",则是将百姓与户籍上描述的外貌一一核对。隋文帝规定,凡出现户口不实的情况,地方官吏里正、保长、党长要被处以流刑。同时又规定,凡堂兄弟以下亲属同族而居的,必须分立户口。此次检查新增户口 164 万多,大大增加了国家的财政收入,壮大了隋朝的国力。

---

① 《隋书·列传》卷三十二。

在大索貌阅的基础上，隋文帝又接受大臣的建议，实行输籍定样。即规定每年正月五日，由县令集合里正、乡长、党长输籍定样，决定每户的征课。自此以后，赋役根据人口状况由政府统一决定，地方官吏要在这上面作文章就很困难了。

封建国家和地方豪强之间在对人口的控制方面存在着尖锐的矛盾。隋朝积极实行"大索貌阅"和"输籍定样"的措施，从豪强士族手中把大批户口收归控制，打击了大地主阶级的兼并势力，加强了中央集权国家的力量。

户 婚 律

《户婚律》是唐朝最基本的法律之一，律文简洁，疏议明白，真实记录了当时社会婚姻家庭的各种复杂形态。其内容大多源于儒家经典和汉魏以来的发展与演变，形成了一套完备的有关婚姻的制度和规定，并用法律的形式将其固定下来，成为后世婚姻家庭立法的典范。《户婚律》反映的仍然是维护男尊女卑不平等制度和浓厚家庭主义的"男本位""天本位"的文化特征。现存的《永徽律》（见唐代法规）以《户婚》为第四篇，计46条，不仅是以后各代婚姻立法的蓝本，而且远播域外，对周围一些国家也有相当的影响。

第四节　宋辽金的赋税特征与管理

一、宋辽金的赋税特点

两宋时期，统治区域日渐缩小，但因多处地域的优势，其经济呈上升发展趋势，其赋税亦有其特点：

(1) 广开税源，税收总额逐年增加。两宋时期，工商经济发展较快，商品门类增多，随着商品流通速度的加快，交换区域的扩大，为财政开辟了税源，导致国家财政收入逐年增加。据记载，至道（公元995—997年）末，全国收入缗钱2 224.58万，经过20多年后，到天禧（公元1017—1021年）末，全国收入计15 085.01万①，其中主要是赋税收入。

(2) 因需立税，税制混乱。由于长期对外作战，耗费巨大，财政负担过重。为保证军政所需，一方面加重旧税；另一方面又创立新税，税种不断翻新。

(3) 工商税制日渐完善。宋统治者在工商业发展的基础上，加强了对工商税的立法和征管工作，工商税收大大增加。到宋中期，在全国财政收入中，来自工商业的收入已和来源于农业方面的收入持平，这在中国是史无前例的。

(4) 财政收入主要用于军费和统治者耗费。两宋时期，官多，兵多，造成财政的沉重负担。据《宋史·食货志》记载：真宗（公元998—1021年）时，内外兵员为91.2万，宗室吏员受禄者9 785人，宝元（公元1038—1039年）以后，兵力达125.9万，宗室吏员受禄者达15 443人。再加上对外对内的战争经费，国家财政开支已难以承受。

---

① 《宋史》（十三），第4349页。

辽国始建于公元916年,公元947年,耶律德光(辽太宗)在征服周边各国后,改国号为"大辽",定都上京,通过对政治、经济诸方面的改制,逐渐将一个奴隶制国家变成一个封建集权制国家。由于辽国的奴隶制统治时间较长,进入封建社会后,仍残留着奴隶社会的痕迹,所以,其赋税也具有其特色:第一,辽建国前后,对外四处征战,其军政收入,主要依靠战争缴获和被征服国或地区的进贡,国家对居民征税较少;第二,国家没有独立的赋税征收机构和完善的赋税征管制度。投下军州的税收,一部分交国家,一部分交领主。

金国是由女真族领袖完颜阿骨打创立,通过对邻国的征战,于公元1125年灭辽,公元1127年俘获北宋徽、钦二帝,灭北宋,1234年,为南宋和蒙古联军所灭。金国在政治上实行分地制治,原女真族之地继续实行奴隶统治,原辽国统治区维持原辽国的统治制度,原宋朝统治区实行汉人的封建统治制度,逐渐建立一个以女真贵族为主体,联合汉、契丹、渤海等族统治阶级的统治核心,完成了由奴隶制到封建制的转化,由于全国对其控制区域实行民族的区域统治,其赋税也具有其民族特点:第一,对女真族,根据其民户占有奴隶、牲畜的多少征收牛具税;第二,对原宋王朝统治地区,按照宋代旧制,即按土地等级征收田赋及工商各税。

二、宋辽金的赋税管理

宋辽金三国虽然同处一个时代,各项规章制度互相影响,但由于生产力发展水平不同,所以其辐射征管机构和管理制度,各成体系、各有特点。

(一) 管理机构

1. 宋朝的赋税管理机构

王安石变法前,宋朝中央赋税管理机构为三司使,总领天下财赋。所属有盐铁、度支、户部三司。三司使的设立,削弱了宰相之权,强化君主专制,巩固皇帝统治。王安石变法后,罢除三司,将三司的大部分职权转归尚书省的户部掌管。户部设尚书,总辖财赋。户部下设左曹、右曹。左曹主管户口、税场、土贡、征榷等事务;右曹主管常平、免役、坊场、河渡之课。这次变革有利于财政的统一,但右曹权力过大,并由皇帝直接控制,不利于财政监督。王安石变法失败后,三司体制又逐渐恢复。

南宋政权建立后,将右曹之财归并于左曹,其下设度支部、金部、仓部,并在全国设四个总领所(即淮东、淮西、湖广、四川),收回了一部分户部之权。

宋朝的路是中央的派出机构,中央派往各路的发运使、都转运使、提举常平司、提举茶盐司、都提举茶马司、提举坑冶司、提举市舶司、提举制置解盐司、经制边防财用司等官,亦属中央派出的赋税机构,分掌各地的赋税、常平、盐、茶、矿、市舶、榷易诸事。此外,中央还根据需要,向各地派出临时监收赋税的官员,如监当官等,以催督赋税。

地方府、州、县、军、监各级,均有赋税管理机关,乡设里正、户长、乡书手以督赋税。王安石行保甲法后,乡则由甲头督收赋税。

2. 辽、金的赋税机构

辽国的官制,中央设南北二院,北院主管部族属国之政,南院主管汉人租赋军马之事。南北二院各设大王,主管财赋。地方设刺史、县令等,所属均有赋税征管机构和官员。

金国中央设尚书省,下设户部,主管全国户籍、物力、盐铁、酒曲、香茶、帆、锡、丹粉、坑冶、榷场、市易、贡赋、租税等事。地方依宋辽旧制,设路、府、州县,各有赋税管理官吏和机构。

(二)管理制度

1. 会计制度

宋朝的会计制度较唐朝完备。太宗淳化元年(公元990年)诏:"三司自今每岁具见管金银、钱帛、军储等簿以闻。"① 淳化四年又将三司改为总计司,令每州、军岁计金、银、钱、缯帛等费,逐路报总计司。这种会计报告制度:州军报路,路报三司,三司据以编制会计簿呈报皇帝,称为皇帝掌握财赋状况的重要途径。神宗熙宁七年(公元1074年)建立三司会计司,进一步提高了会计工作的地位,使之成为独立的职能部门,对监督赋税征管,起着重要作用。

2. 监察、审计制度

宋设御史台主管监察工作,但职权较小。在刑部中设比部,审核内外账簿,职责类同今天的审计。南宋高宗时亦设审计官,其职责得到进一步明确。

辽金仿宋制,亦设御史台,主管监察,但辽国的监察多偏于刑狱。全国对州郡除有监察御史外,还常派监察采访使,纠劾贪官污吏和巡查私盐、私酒诸事。

3. 买扑制度

买扑又称扑买,或称揽纳,是缴纳税课的一种方法,后代称为包税制。此制产生于五代,宋亦实行。买扑者要交一定保证金,然后经营获利。宋曾对酒及边远村镇商税进行扑买,但国家获益不多,人民受害不浅。金朝扑买之制遍行于各税。

4. 税科罚则

宋辽金三朝有关赋税的法规都很严酷,但对征税官员的约束力并不大。①田赋法规。田赋输纳有期限,逾期则按欠纳处理,熟田不输税者,过百日即以匿税论。②盐课罚则。贩私盐者3斤以上即处死,私刮碱或煎私盐者,1两以上即决杖15;越过销盐罪者,10斤以上处死;贩蚕盐入城者,30斤以上处死。③茶课罚则。贩私茶没入官,计值论罪;卖假茶者20斤弃市。④酒课罚则。私制曲15斤,贩私酒入城3斗者处极刑;越界和卖酒1石者弃市。⑤矿课罚则。坑冶在实行官榷时,私采矿、私淘金银者,皆以盗论罪,私售贩者,

---

① 《宋史》(十三),4348页。

同私茶罪,若犯罪,如茶法。⑥市舶法规。私自出海贩销者,船主判刑2年或发配1 000里,船员亦杖80,对与外商私自贸易者,计值满100文则治罪,过15千钱以上,发配海岛,若夹带铜钱出口者,回国后判刑一年。

总之,宋辽金各国赋税征管制度日臻完善,宋朝更是如此,这为后代赋税制度的进一步发展和完善奠定了基础。

第五节 元代的赋税特征与管理

元朝的赋税制度同国家的经济、政治制度一样,是中国封建社会赋税制度的承继,但它又有许多特异之处,并有力地反作用于经济和政治,对元朝的兴衰有着重要的影响。

一、元代的赋税特点

元朝赋税的突出特点是南北异制。不仅田赋南北异制,其他赋税也南北各异。就是同一地区的赋税制度也有很大差别。造成这种差异的因素很多,其主要原因在于:第一,元朝统治者征服各地的时间不同,只能因时立制,不可能强求统一;第二,元朝幅员辽阔,各地政治经济发展不平衡,风俗习惯不尽一致,因此只能因地立法,不能强求制度上的统一;第三,赋税制度的差别,有利于元朝对各族、各地人民实行分而治之的封建专制。元朝具有强烈的民族压迫色彩,统治者不仅在政治上给蒙古族以各种特权,在赋税方面,也给以各种优惠。元朝赋税的另一个特点是,商税和盐税较之以前各代有所发展。元代由于商业的繁盛,使商税无论是品类还是数额都有明显增加,成为元朝财政的主要收入之一。

赋税征钞,这是元朝赋税的又一特点。在以往各代,赋税一般以实物缴纳,虽然也有征钱的情况,但不是普遍现象。元代则不然,赋税大部分征钞。这是因为元代货币经济发达,国家以钞为法定通货的原因。在当时,赋税征钞给人民带来了一系列不良后果,随着钞币的贬值,赋税的加重,人民受害不浅。

元代统治者为满足日益浩繁的财政支出,加强对各族人民的财政搜刮。自世祖至元至文宗天历的70年间,国家赋税不断增加,如盐课增加20余倍,茶课增加240余倍,商税亦增加近10倍。而官吏的额外苛敛更使民不堪命。在元朝统治者的残酷掠夺下,人民的生活状况是十分凄惨的。有人对家有百亩土地的自耕农算了一笔账:"父母妻子身计家五口,人日食米一升,是周岁食粟三十余石,布帛各人岁二端,计十端,絮二斤,计十斤,盐醯醯油一切杂费,略与食粟相当。百亩之田所出,仅不能赡,又输官者,丝、绢、包银、税粮、酒醋课、俸钞之类。农家别无所出,皆出于百亩所收之籽粒,好收七、八十石,薄收则不及其半,欲无冻馁得乎?"有田百亩之家,尚且如此,无田佃户的生活,就可想而知了。

蒙古贫民的生活,也不比汉人好些。有些贫民不堪忍受奴隶主的剥削压迫,纷纷南下,成为无衣食之给的贫民,有些蒙古贫民被贩卖出海,有的则沦为汉人地主的奴婢。

人民为了逃避沉重的财政负担,或逃亡流徙,或啸聚山林,与官府对抗;商人有时被迫罢市以抗苛税。最后，终于爆发了以白莲教为主的农民大起义。

二、元代的赋税管理

（一）赋税管理机构

元代赋税管理机构的设备，开始于太宗元年（公元1229年）根据耶律楚才的意见，设立十路课税所。世祖以后，赋税管理机构渐臻完备。

国家赋税管理机构在中央为隶属于中书省的户部。户部主管天下户口、钱粮、田土的政令，贡赋出纳的章程、制度、规范，等等，是国家赋税管理的中枢。其下管辖大都酒课提举司，大都宣课提举司，印造盐茶引等引局；此外檀景等处采金、铁冶都提举司，大都河间等路都转运盐使司，山东东路、河东陕西等处转运盐使司等并属户部。至于兵部主管官私当牧之地的马、牛羊、鹰隼、羽毛、皮革等军需物资的征调，打扑鹰房民匠之役及屯田之赋入；工部主管工匠之役；枢密院主管兵役，各路军民科差及屯田的赋入；将作院主管工匠之役；宣政院主管吐蕃、西夏、朵甘思等处贡赋的征纳等，也是整个国家赋税管理机构的组成部分。

皇室赋税的管理机构，由主管皇室田租、茶课、牛马羊抽分的宣徽院，主管皇室寺院田租收入的太禧宗禋院，掌管中官财赋的中政院，主管皇室田赋、差发的汴梁路等民总管府，江淮等处财赋总管府及主管诸王位下、各斡耳朵财赋的各寺、院、监组成。

元初，国家赋税管理机构与皇家管理机构不分，世祖以后逐渐分立，但亦互相侵碍。而且各管理机构互不统摄，十分混乱，致使财源分散，是元朝赋税管理弊政之一。

地方十一个行省和大都、上都两留守司，相应设有主管田赋、徭役、工商税课、和买、和雇等管理机构。其中两淮、两浙、福建等处都转运盐使司所属盐场，广东盐课提举司所属盐物，四川茶盐转运司及所属盐场，广海盐课提举司，市舶提举司等分隶各行省。

诸路设税务，置提领、大使、副使各一员主管本路赋税；诸府、州、县则由正官主管赋税，各级均设征收赋税的官吏，称钱谷官。

（二）会计、监察与审计

元代的会计之制，始于世祖至元三年（公元1266年）。当时杨湜为制国用司员外郎，他立册籍，计算收支之数，月终呈上察阅，因此备受世祖赏识。自此，各地均设置计吏，凡额定之数，由计吏每年到省会计。诸王的会计制度与各地同。诸王位下，置财赋营田等司，年终进行会计。

赋税的监察，由御史台和廉访司负责。至元五年（公元1268年）制定宪台条例，其中对赋税的监察包括：赋役不均，擅自科差及造作不如法者；官府和买诸物不依时价冒支官钱，或其中克减，给散不实者；诸官办到课额正额外若有增余，不尽实到官者。元朝御史台，在初期，对察举贪官污吏等方面，起了一定作用。但后期由后元朝政治日益腐败，御史台官亦"上下贿赂,公行如市",肃政廉访问官所至州县,各带库子,检钞秤银,殆同市道矣,御史台等于虚设。

元代的审计制度叫作理算,在宪宗时就曾受西域影响实行过理算制度,世祖时建立审计制度。这种审计,以会计为基础。由御史台和廉访司负责;审计的内容包括会计是否属实,征收是否符合规定,考核庶官的是否廉洁,等等。中书省的赋税由御史台官考阅,诸王傅文卷,监察御史考阅,诸王位下及行省赋税由廉访司官考阅,宣徽院所属两浙财赋府的赋税,于次年二月由廉访司稽核。

元代审计制度对增加财政收入、整顿吏治均起到一定作用,但也存在很多弊病。审计是针对贪官污吏的,但往往成为追征逋欠的手段,结果祸及贫民。而且审计又常常成为统治集团内部相互倾轧的工具。阿合马、桑哥执政时,都曾以审计为由,排除异己,以致纲纪大坏,人心慌恐。

(三) 元代的税课法与包税制

税课法是以征收赋税的多少考核官吏优劣的一种方法。始行于至大三年(公元1310年)正月,其制:以大德十一年之数为准,折至元钞作基数,以十分为率,增及三分以上者为下酬,五分以上者为中酬,七分以上者为上酬,增及九分者为最,不及三分者为殿。自此官吏以掊克百姓为能事,百姓备受其扰。

包税,元人称为扑买或买扑。所谓包税制,即由商人以较低的数额在规定时间内一次向国家包缴某一项税款,承包者再按较高数额向百姓征收,从中获取差额利益。

太宗十年,燕京富人刘忽笃马曾出银扑买全国的差发、盐课等税,遭到耶律楚材的极力反对而作罢。太宗十一年(公元1239年)商人奥都剌合蛮头扑中原银课,原为二万二千锭,扑买时以四万四千锭为额,税额增加一倍。此后,包税制便盛行起来。

包税制对国家说,减少了财政收入,对百姓说,加重了负担,所以这种税制,既有害于国,又有害于民。

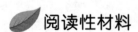
阅读性材料

包税制的成本-收益分析

(1) 包税制的特点

① 契约关系。包税制往往由政府与包税人签订一个税收征纳契约,可以包括分成制、固定数额制和薪金制等形式。

② 权力转让。即把征税这种典型的国家权力以一定的代价向私人让渡。

(2) 包税制的收益

① 经济收益。在此处,经济收益主要是指会计收益,即从包税制中得到的直接好处。当政者从包税制中可获得直接收益包括固定的收入额,税收收入的提前缴纳。包税制的

间接收益也就是包税制节省的费用,包括固定税收征管机构的设置、存续和管理费用,税收征管人员的开支,通过转包政府最小化征税支出。同时减少信息费用,税收涉及个人财产、收入等繁复的信息搜集工作,在交通通信都极不发达的封建社会,信息是税收征管最大的难题。例如元朝时,在田赋上诡名寄户、飞隐走贴、虚增涨并等种种弊端,纷纭杂出,官府无法制止。通过转包给包税商,由处在信息链条底端的承包商进行征税一定程度上缓解了信息缺乏问题,这种经济收益随时间发展是上升的。

② 社会收益。税收具有强制性、固定性和无偿性,征税权属国家权力应该有意识形态上的保障,包税制在此方面有先天不足,但不等于说它的社会收益为零,包税制通过国家征税权的私营化,减少了与民众直接冲突的机会,有利于稳定统治关系。元帝国也由一个游牧民族统治发达中原社会达百年之久。包税制的社会收益还体现在它可以快速地为政府融资,解决紧急财政问题。

③ 制度收益。契约理论是分析包税制的强有力的工具,交易成本和信息不完全的情况下导致的包税制合同的制定与延伸有较强的说服性。然而税法的制定者政府拥有垄断权力,税收合同的前提是不符合合同双方拥有平等关系的普通契约分析范式。包税制具有因地制宜、因人制宜、因时制宜、因税制宜的特点,有很大的实用性和灵活性,降低了制度实施的成本,使制度变迁能够迅速适应形势和环境的变化,降低财政风险。大多数大规模实行包税制的国家如罗马帝国、元朝、奥斯曼帝国是通过征伐疆域庞大的帝国,怎样适应占领地或信托疆域的自然社会条件,最小化矛盾冲突,最大化来自于当地的收益成为帝国首脑的首要考虑。包税合同对包税人和包税的地方政府或团体能够提供足够激励,使之稳定中央政府的收入来源。包税制还是一种弹性较大、适应性强的财政制度。从时间上来看,制度收益的发展基本是倒"U"形。

(3) 包税制的成本

① 经济成本。此处的经济成本指会计成本,指包税制给当政者造成的直接损失。包税人付给政府固定的税收收入额,往往借机加大纳税者的税收负担,牟取暴利,使包税人成为该税制的最大受益人,损害政府和纳税者的利益,政府的公共服务需要小于纳税人缴纳的税额。

② 社会成本。包税制的社会成本也就是它在意识形态和社会道德伦理方面的欠缺。包税制在历史上有着不良的名声,而包税人也成为贪婪与冷酷的代名词,犹太人的声誉与该民族长期从事包税人职业应该说有着密切关系。而包税人与官吏勾结,导致贪污腐败,毒害社会风气,民怨沸腾,导致政权不稳的历史案例比较常见。元帝国100年的寿祚与包税制带来的对底层人民的毒害有直接关系,元朝蒙古贵族当局的军事成功并没有证明它们在建立新的意识形态方面的天赋,缺乏意识形态辅助的财政制度充满机会主义与不稳定性,例如元太祖时期在包税制与两税制之间的摇摆就能说明这一点。

③ 制度成本。与包税制的灵活性相对照的就是包税制制度中先天具有的机会主义特性;取得包税商上缴的固定数额后,对征税的具体事宜政府往往缺乏监督,也无力控制。

包税商对纳税者是利益最大化的经济人,其短期利益行为,损害了税制的稳定性和对国家财政的长期支持能力。

(四)违章处理

元代没有关于赋税的正式法律条文,只是将历代的案例汇集成编,照此执行。有关赋役方面的刑罚,举要如下:

关于税粮,规定三限征纳,违者,初笞四十,再犯杖八十。禁止富户势家代纳结揽。

对于盐课,禁私盐,犯者杖七十,徒二年,财产一半没官,于没官物内一半付告人充赏;禁犯界,犯者减驻盐一等。犯私盐及犯界者,判处徒刑期间,戴镣于盐场充盐夫居役。私造盐引者斩。对蒙古人的刑罚轻于其他人,等等,凡数十条。

茶课法,基本同于盐课法。

岁课,禁私人炼铜。贩铁有引,私贩者减私盐一等,杖六十。禁私竹、犯界竹。

关于酒课,私酿酒者杖七十,徒二年,财产一半没官,将没官物的一半付首告人充赏。蒙古人犯者,刑罚轻于他人,禁酒犯界。

对于商税,凡隐匿税课者,物资一半没官,于没官物内分一半付告人充赏,犯者笞五十。

对于市舶,禁金银铜铁货、男女人口、丝绵段匹、销金绫罗、米粮军器私贩下海,违者,有关人等各杖一百七下,船物没官,有首告者,以没官物一半充赏。凡未经批准下海贩鬻,或未按规定抽税、课税者,叫漏舶,漏舶者杖一百七下,财物没收。

这是对纳税人违章的惩罚条例,对违制征税的官吏也有一系列惩罚条例,至于按哪一条征罚条例,均由御史台和廉访司掌管。

第六节 明代的赋税特征与管理

一、明代的赋税特点

随着经济、政治的发展变化,明朝的赋税也具有自己的特点。

第一,从税制上看,由赋役制向租税制转化。赋役并行的制度,在中国历史上实行了两千多年,它对增加赋役收入曾起过重要作用。但是自宋元以来,土地兼并日甚一日,明代中叶,土地兼并已无法遏止。而有大量土地的官僚、地主往往以各种手段逃避赋役,普通百姓的赋役则日益加重,这不仅激化了阶级矛盾,而且课税田不断减少,严重影响国家财政收入。为了缓和阶级矛盾,增加财政收入,明代中期不少地区先后进行过税制改革,万历九年(公元1581年)张居正推行"一条鞭法"将赋和役并为一条,计亩征银,丁役转变成丁税而随田征收,从此,赋役制度逐渐让位于租税制,租税制的实行,使两千年来一直成为农民沉重负担的徭役制度逐渐消失,这有利于劳动力的解放,对社会生产十分有利。

第二，从课征对象上看，历史上的对人税逐渐向对物税转化。中国历史上课税对象一般有三，即田（包括资产）、户、丁。这种以田、户、丁为课征对象的制度，在商品经济逐渐发展的情况下已不适应，明初已开始趋向对物征税，至一条鞭法实行后，大部分改为按田征税，这时丁税虽然存在，但随田带纳，而且丁税远不如田税重要。

第三，从实物征收逐渐向货币征收转化。中国历史上的赋税多征收实物，其中虽然也有货币之征，但为数甚微。随着商品货币经济的发展，宋代田赋征银的现象已经出现，元朝则有相当一部分田赋以纸币交纳，自明英宗实行金花银以后，遂以银为正赋，自一条鞭法实行之后，役亦以银征收，至此，实物之征逐渐转变为货币之征。

第四，从征收方法上看，民收民解逐渐向官解转化。征课赋税的方法，明初行胥使征解之制，又行粮长征解之制。这是因为赋课交纳的是实物，官府征解不便。一条鞭法实行后，实物之征变成货币之征，银的征解较实物方便得多，于是逐渐废除粮长征收的"民收"之制，而实行令百姓直接将银送至官府的"官收"之制，这时粮长仅负监督之责，而无征收之职。至正德以后，亦多委官解送，至明末，"官收官解"之制行于全国。

第五，从税课内容上看，在税收总额中，消费税的比重越来越大。自宋以来，消费税在税收总额中所占的比重已有提高；元朝消费税已占重要位置；至明以后，虽然田赋仍是财政收入的主要项目，但由于工商业的发展，消费税在税收总额中已占显要位置。

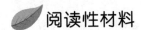

阅读性材料

张居正和一条鞭法改革

张居正，明朝名臣，明朝中后期政治家、改革家，万历初期的内阁首辅。字叔大，号太岳。祖籍安徽凤阳。明太祖封先祖张关保到归州，为归州千户所。张居正曾祖庶出，无法承世袭官职，迁到湖广江陵。张居正生于公元1525年5月24日，卒于公元1582年6月20日。5岁入学，7岁能通六经大义，12岁考中了秀才，13岁时就参加了乡试，写了一篇非常漂亮的文章，只因湖广巡抚顾璘有意让张居正多磨炼几年，才未中举。16岁中了举人，23岁嘉靖二十六年（1547年）进士，由编修官至侍讲学士领翰林事。隆庆元年（1567年）任吏部左侍郎兼东阁大学士。后迁任内阁次辅，为吏部尚书、建极殿大学士。隆庆六年，万历皇帝登基后代高拱为首辅。当时明神宗年幼，一切军政大事均由张居正主持裁决。

前后当国10年，实行了一系列改革措施，收到一定成效。他清查地主隐瞒的田地，推行"一条鞭法"，改变赋税制度，使明朝政府的财政状况有所改善；用名将戚继光、李成梁等练兵，加强北部边防，整饬边镇防务；用凌云翼、殷正茂等平定南方少数民族叛乱；严厉整肃朝廷上下。在张居正功成名就之时，他把矛头对准了曾给他带来巨大利益的阶层——文官集团。张居正除了推行一条鞭法，使得税收统一收钱不收物，节省了很多土地，更实行考成法，其具体实施方法类似于今天的考勤。

万历十年(1582年)6月2日,内阁首辅、太师、太傅、中极殿大学士张居正卒,年五十八,死后赠上柱国,谥文忠。死后不久即被宦官张诚及守旧官僚所攻讦,籍其家;至天启二年方恢复名誉。著有《张太岳集》《书经直解》等。

万历九年(公元1581年),张居正在全国推行一条鞭法,对赋役制度进行了全面的改革。一条鞭法亦称一条编法,即丁银税粮等征收简化总编之意,是明中叶以来自周忱开始的一系列赋役改革的发展和总结,同时也是明中叶以来以田亩均徭役思想的具体体现。

据《明史·食货志》所述:"一条鞭法者,总括一州县之赋役,量地计丁,丁粮毕输于官。一岁之役,官为佥募。力差,则计其工食之费,量为增减;银差,则计其交纳之费,加以增耗。凡额办、派办、京库岁需与存留、供亿诸费,以及土贡方物,悉并为一条,皆计亩征银,折办于官,故谓之一条鞭。"

归纳起来,一条鞭法的主要内容包括:

(1) 赋役合并。将明初以来分别征收的田赋和各种名目徭役、向地方征收的土贡方物以及上缴京库备作岁需和留在地方备作供应的费用等都合并为一,使赋役统一于田亩,随夏、秋两税一起征收,简化征收手续。赋役合并后,官府所需力役,由其出钱雇人应役,不得无偿征调。

(2) 正杂统筹。正税和杂税、额办与派办、力差与银差等,均按田地、丁额均摊。量地计丁,将部分丁役摊入土地征收。

(3) 田赋征银。田赋征收虽然明初就有"折色银"出现,英宗正统元年(公元1436年)又规定了"金花银制度"(民间田赋以银缴纳,米麦一石折银二钱五分。),但一条鞭法实行以前,米麦仍为本色。一条鞭法规定,除在苏、松、杭、嘉、湖地区征米麦以供皇室、官吏食用外,其余地区一律按亩征银;各种差役杂派如力差等也全部改为以银缴纳。由此,田赋货币之征取代了实物之征。

(4) 官收官解。由于田赋等以银缴纳,易于征收、储存和解送,于是改明初民收民解的粮长收解制为官府统一征收、解运的官收官解制。徭役也由官府统一雇募。

二、明代的赋税管理

(一) 赋税管理机构

明代为中央集权制财政,没有划分中央财政和地方财政。但从中央到府、州、县都设有赋税管理机构。明代中央赋税管理机构是户部,户部设尚书,明代不设丞相,户部直隶于皇帝。最初户部下设4个清吏司,后分为13个清吏司,分管各省赋税。清吏司亦兼管两京、直隶贡赋,并各仓场、盐课、钞关。贵州清吏司代管都税司、正阳门、张家湾各宣课司,德胜门、安定门各税课司,崇文门分司,及临清、九江、许墅、淮安、北新、扬州、河西务各钞关等官署官员俸禄、粮饷。广东清吏司代领关税等。

明代设十三省,各省以承宣布政使司主管赋税。直接管理赋税的,省一级有税课司、盐课大使等;府一级有税课司、税库司、河泊所;乡一级有里甲督征粮赋等。清代仿行明制,省由承宣布政使司主管财政等,属官有库大使和仓大使,下辖督粮道、盐法道、盐茶道、税务司等机构分管赋税;府一级由同知、通判及下属各大使分管盐、茶诸税。县一级的赋税具体由户房税课、河泊等司所负责征管;在乡一级则由保甲负责赋税催征之事。

(二)会计与监察

明朝时期会计制度较宋、元时期有所发展,其主要特点是:①财计组织以皇帝为龙头,以粮长、里长为龙尾,构成一个职掌清楚,系统分明的一条龙的财计管制网络。尤其是它在以往的基础上,确立了行省制和财计分科主事的制度,使封建国家的财计管理建立在条块结合的体制之上。②在财计制度方面,制定了黄册与鱼鳞册编报制度、财物出纳勘合制度、仓储管理制度,等等,并颁发了关于户籍、赋役方面、库藏出纳方面、账簿凭证及印信方面,以及惩办贪污、盗窃等的律令。③明朝官厅会计账簿通称为"簿"或"簿籍"。并把会计簿册划归国务文册一类,与黄册以及其他公文册籍并列,被看作国家的重要经济档案。官厅会计部门除一般会计簿籍外,还设置"印信文簿""印信稽考文簿""印信号簿""循环簿"等特殊的文簿,以加强对财政经济的控制。④会计记录的处理基本上达到了规范化,会计事项内容记录的处理,一般前列时间如会计记录符号,次列会计事项内容的简明摘要,最后依次摆列数量、单价和金额;对账面会计记录收受、支付、转记和结清的处理方法基本规范化;对于每一账目的来龙去脉交代比较清楚,基本上达到了前后照应,协调一致的要求。⑤四柱结算法的运用,已普及到会计文簿和奏销报告以外的其他各个方面,如在各类名籍和经济凭证中不少是以四柱为基本格式的。官厅精通运用四柱法,不仅限于财计部门的主管官员,而且还包括当时的最高统治者在内。朱元璋对军营之内人马数目考察,也往往命令部下采用四柱式的报告方法。⑥在会计报告方面,有定期报告和不定期报告两种。根据各主管部门管事范围的不同,又有专项会计报告和全面会计报告。定期编制的会计报告,主要有月报、季报和年报三种。不定期会计报告有三种不同类型:一为四柱式移交会计报告;二为临时勾稽钱粮所编制的专项会计报告;三为清查经济案件所编制的专案奏销报告。

明代监察制度随着君主专制中央集权的强化而得到充分发展和完备。中央将御史台改为都察院,明代还建立御史出使巡按地方的制度。出巡之官受皇帝之命,可兼管地方其他事务。担任总督和巡抚的官员,其权力比一般巡按御史要大,有"便宜从事"之权。都察院除执行监察权外,还握有对重大案件的司法审判权。战时,御史监军,随同出征。明代还将地方分区监察和中央按系统监察相结合,专设六科给事中,稽察六部百司之事,旨在加强皇帝对六部的控制。礼、户、吏、兵、刑、工六科,各设都给事中1人,左右都给事中各1人,给事中若干人。凡六部的上奏均须交给事中审查,若有不妥,即行驳回;皇帝交给六部的任务也由给事中监督按期完成。六科给事中与各道监察御史合称科道。科道官虽然官职不高,但权力很大,活动范围极广。

（三）违章处理

盐课罚则：明代为保证盐课收入，有下列情形之一者，必须受到处罚。

凡各场灶丁人等，将所煎余盐夹带出盐场及私盐货卖者；百夫长知情纵容或通同货卖者；两邻知情不举报者；贩私盐携带军器者，窝藏私盐者，有关部门与贩盐者通同作弊或纵放者；贩盐者的盐引无批验盖印者，军民权豪之人乘坐无引私盐船只而不让盘验者，盗取官盐或掺和沙土以换好盐者，盗取商贩之盐者，客商买官盐而掺和沙土贩卖者，客商贩盐、盐引相离者，伪造盐引者；买私盐食用者；以及运载官盐用别船装载者，等等，均要受到重处。

茶课罚则：凡贩私茶者，同私盐法论罪。如茶户将茶卖给无引客商者，茶与引相离，有茶无引，或多余夹带者，客商运茶违制越过批验所者，以及伪造茶引等，均会受到严惩，但茶法较盐法稍宽。

第七节　清代前期的赋税特征与管理

一、清前期的赋税特征

清朝前期处于我国封建社会的晚期，封建官僚机制已经十分完备，痼疾也非常突出。为满足统治者穷奢极欲的需要，官吏采取一切手段千方百计地掠财，同时清前期处于近代西方列强入侵、沦为半殖民地半封建社会的前夜，再则又是少数民族统治广大汉族，因此，其赋税与前代相比具有如下特征：

（一）实行摊丁入地、地丁合一

清初沿用明神宗万历年间的"一条鞭法"征收赋役，即赋役合一课征。由于"一条鞭法"不是普遍征收，赋、役改革不彻底，存在很多弊端。于是在康熙、雍正年间进行了赋役制度的彻底改革，即在固定丁银的基础上，把全部丁银摊入田亩征收，从而完成了地丁合一的赋役制度，使之法律化。这一重大的赋役制度，既相对均平了赋役负担，又减轻了封建性的人身依附关系，促进了社会生活和经济的发展。

（二）工商赋税得到了发展

由于经济发展，产品增多，商业繁荣，赋税收入结构发生了很大变化。工商税收在财政收入中占据主要地位。除继续征前代已有的盐、铁、茶、矿产等工商税收外，随着工商业的发展，又相继开征和完善了一系列的税种，如牙税、当税、关税等，虽然这类课征前代都有，但到清代，其征收办法、措施等日趋制度化、法律化。税目增多，税额增加，既有正税，又有附加税。

(三)赋税具有民族歧视性

清朝是满族为主建立起来的政权,在政权机构设置上,任用满族贵族充任;赋税征管大权统由满贵族掌握。在经济上,广大汉族人民始终处于被奴役地位,税收负担大多落在汉族人民身上,尤其表现在清入关后大量圈占良田,子孙世袭,不准卖与汉人。在税收上享有不纳赋税的特权,带有明显的民族歧视性。

二、清前期的赋税管理

(一)征管机构

清前期国家税务征管机构,在中央主要是户部。户部掌天下户口,土田之籍,一切经费出入的统理。户部尚书为长官,左右侍郎(满、汉各一人)为副长官,其下有十四清吏司,按各省分,职掌该省的民赋及八旗诸司廪禄、军士饷糈、各仓盐课,钞关杂税。

除户部管理外,有部分关税(竹木)属工部管理。

皇室掌财用出入的是内务府。下有广储、会计等七司。其中广储司管理六库,即银库、裘库、锻库、衣库、瓷库、茶库。会计司,掌内务府帑项、庄园、地亩、户口徭役之事。

皇室财源包括:内务府所征钱物、户部支拨、各地进献等。

地方省、道、府、县行政机构也就是税务征管机构。各省均设承宣布政司掌钱谷出纳,督抚行使督察考成之责。道由分守道专管钱谷。府、县长官亲理钱谷等民事。

对于重要的税务工作,中央委派专门的官吏管理,如:漕运总督专掌漕政,巡视盐政专掌盐政。

(二)库藏

户部库藏:

银库:为国家财赋总汇。各省岁输田赋、漕赋、盐课、关税、杂赋,除存留本省支用外,凡起运至京的,都入此库。

锻匹库:凡各省所输绸缎、绢布、丝棉、棉麻之类,都入此库。

颜料库:凡各省所输铜、铁、铅、朱砂、黄丹、沉香、黄茶、白蜡、桐油、花梨、柴榆等木,均入此库。

地方库藏:

盛京的户部银库:收贮金银、币帛、颜料诸物。

直省布政使司库:为一省财赋总汇,各州县岁征的田赋、杂赋,除存留支用外,其余都输入此库。

粮储道督道库:储漕赋银,由州县征输此库。

盐运使司盐法道库:贮盐课。

各税务由部差者(监督库)：贮关钞，分四季输部。由地方官兼者：贮于兼理官库，岁终输户部。

州、县、卫所库：贮本色正杂赋银，存留者照数坐支，输运者输布政使司库。

(三)管理制度和方法

1. 管理体制

清前期财政赋税管理之权完全集中于中央。地方虽然也征赋计入，开支动拨，但必须照户部的规定或得到户部的允许。当然地方有加征的陋规，而朝廷一般是发官样文件禁止的。地方存留经费须按实奏销，每年要上报赋税的原额、新增或减少，实征的收入数字和起运、存留、支给、协拨的数字，由巡抚达于户部，户部核对汇总后向皇帝汇报。有的省入不敷出，户部从邻省拨助。

2. 赋税册籍

顺治年间，清廷在万历旧籍的基础上，编纂了《赋役全书》。内容包括有：地亩、人丁原额；逃亡人丁及抛荒地亩数；开荒地亩及招募人丁数；赋税的实征、起运、存留数等。每州县发二本，一存有司，一存学宫。还有丈量册和黄册作为《赋役全书》的附件。丈量册又称鱼鳞册，详载上中下田则，也记载田地所有者的姓名。黄册以记载户口为主，也记载各户的田亩数。黄册与鱼鳞册互为经纬，都作为征收赋税的依据。

康熙二十四年，修订《赋役全书》，只记重要项目，改名为《简明赋役全书》。

为了加强赋役管理，清前期除编订赋役全书外，还颁行有赤历册、流水簿、会计册、奏销册等。

赤历册：是省级财政机关稽核各地官府钱粮的册籍。每年由官府颁发空白册籍，令百姓自登所纳钱粮数字，编订成册，交布政司，留备检查。赤历册经核对无误后，发县追征。康熙十八年，使用流水簿，停用赤历册。

流水簿：始用于康熙十八年，是州县记载日收钱粮的簿籍，每岁解司磨对，罢赤历。

会计册：是备载州县正项本折钱粮数和钱粮起解到部日期的册籍。康熙七年，并入奏销册。

奏销册：是各省详列钱粮起运存留、拨充兵饷，办买颜料等数字上报户部核销的册子。始于康熙七年。

3. 征收办法

清前期田赋的征收方法较前有所改进，曾颁行过下列几种方法。

易知由单法：由单之式，每州县开列上、中、下田亩，人丁、正杂本折钱粮，起运存留各项总数，还开列各户人丁田亩数和应纳税额，在开征前一月发给各纳税户，令其按期缴纳。此法始于顺治六年，止于康熙二十六年。

截票法：截票也称"串票"。始于顺治十年。票上开列地丁钱粮实数，分为十限，月完一分,完则截之。票中盖印,从印字中分为两半,一半存官府,一半给纳税户。康熙二十八年,改为三联串票。一联存官府,一联给差役,一联交纳税户。雍正三年。实行四联串票,至雍正八年,又改为三联。形式上常有变动。

滚单法:此法行于康熙三十九年。每里之中或五户或十户共用一单,于纳户名下注明田地若干、银米若干、春秋各应完若干,分为十限,发给甲首,依次滚催,自封投柜。不交或迟交者,予以严惩。

顺庄编里法:是防止漏税而设立的一种方法。始于雍正六年。其法是据田地定户,从户而征税。例如某人在几甲几县有田,立为数户者,应归为一户;原为一户而实系数人所有者,则应各户分立;有人未卖田亩,而移居于他处者,于收粮时令其改正;人居本县田地他县者,依本籍之名,另立限单催输。

张贴榜示法:雍正年间,诏令各总督、巡抚,布政使饬州县官每年将各乡里完欠之数,呈送总督,张贴本里,让民周知。如有中饱,许人民执串票具控。其分年带征之项,也将每年应完之数详列榜示,使官吏不得额外溢征。

4. 审计、监察

清代最高监察机构是都察院。都察院下设吏、户、礼、兵、刑、工六科。掌稽察六部百司之事,户科负责稽察财赋,注销户部文件。财税官员的考核、升降由吏部负责,违反财税法规的由刑部惩处。户部本身有稽察之责,督抚蕃司负责地方的稽查。

【本章小结】

综观从秦到清代的赋税特征,我们可以清晰地看到中国历代的赋税制度是不断进步的。每一次重大的赋税制度的变革都是对之前的赋税制度的修正,使之趋于合理,行之简便。每一次重大赋税制度的变革都是伴随着王朝的更替而进行的经济基础的调整,是经济基础适应上层建筑的发展而进行的。

综观从秦到清代的赋税管理,我们可以知道中国赋税制度史中的显著特点:一是皇帝拥有不可分割的绝对的赋税权力,留给下层的只是赋税责任;二是国家赋税的收入与皇帝个人的收入常因皇帝私欲和皇权的高高在上而没有分割开来,使国家财税不能很好地实现自己的职能;三是管理能力有限,消极被动的管理,其最大的好处就是防止地方因财税实力的增强而与中央政府相抗衡,而这正是中国封建统治者最关心的问题。

【关　键　词】

赋税特征　赋税管理　会计与监察　包税制　理算制度　屯田制

【复习思考题】

（一）名词解释

1. 《长行旨符》
2. 理算制度
3. 包税制
4. 四柱结算法
5. 易知由单法

（二）简答题

1. 简述秦至清代的赋税特征。
2. 简述中国封建国家赋税审计的可取之处。

CHAPTER 6 第六章　清代后期的赋税

学习目标
(1) 掌握清代后期政治经济形势与赋税特征。
(2) 了解清代后期田赋、关税、盐税、茶税、厘金的征管特征。
(3) 了解清代后期的赋税管理机构和制度的特点及其影响。

从公元 1840 年(清道光二十年)鸦片战争开始到 1911 年(清宣统三年)辛亥革命止,这段时期史称清代后期。这一时期中国封建社会在资本主义列强的侵略下迅速解体,逐步沦为半殖民地半封建社会。随着这一时期政治、经济状况的变化,清代后期的赋税制度也发生很大变化。

第一节　清代后期的政治经济与赋税特征

一、半殖民地半封建社会的形成

自鸦片战争以后,随着丧权辱国条约的签立,中国社会逐步向半殖民地半封建社会演变。早在 16 世纪初,西方一些国家就开始到中国进行海盗式的掠夺。但直到 18 世纪以前,它们还处在资本的原始积累时期,还不具备大规模入侵中国的力量。18 世纪中叶以后,英、法、德、美等国先后进行了产业革命,工业生产的飞跃发展,新式交通工具的使用,使它们输出商品的能力和欲望大大增加。英国资产阶级在巩固了对印度的殖民统治以后,变中国为殖民地的欲望更加迫切。

清朝政府为防御海盗式的掠夺,保护封建经济,实行了一条消极的闭关锁国的政策。而英国资产阶级即以极端罪恶的手段向华输出鸦片。在获取巨额利润的同时,毒害中国官民身心健康;又联合外国列强(侵略者)多次发动对中国的侵略战争,迫使腐败的清政府签订丧权辱国的条约。从中取得在中国开商埠、辟租界、管理海关、开矿、设厂、造铁路、办银行以及在中国沿海和内河自由航运等特权。中国财政经济命脉逐渐为它们所控制,财政、经济等自主权亦随之逐渐丧失。

二、清代后期的社会经济

鸦片战争以后,外国列强相继在中国设厂开矿,扩大商品输出和资本输出。三管齐下,使中国自给自足的封建自然经济逐步解体。对此,近代改良主义者郑观应在《盛世危言》一书中作过如下评述:洋布、洋纱、洋花边、洋袜、洋巾入中国,而女红失业;煤油、洋烛、洋电灯入中国,而东南数省之柏树皆弃为不材;洋铁、洋针、洋钉入中国而业冶者多无事投闲,此大者。尚有小者不胜枚举。所以然者,外国用机制,中国用人工,华民生计,皆为外人所夺矣。外国侵略者在大量输入商品的同时,又控制了中国的农产品市场,大量掠夺农产品。农民在家庭手工业受到破坏后,不得不种植市场需要的茶、棉花、大豆、烟、桑等。据粗略统计,从1843年至1894年的50多年时间里,外国列强在中国相继设立的企业就有191个,工业资本将近2 000万元。清政府洋务派官僚曾国藩、李鸿章、左宗棠等在"自强"的口号下,创办了军事工业,设立机器局,制造洋枪洋炮和轮船。19世纪70年代以后,洋务派在"求富"的口号下,兴办了一些民用工业和开矿事业。其经营形式有官办、官督商办、官商合办三种,主要是官督商办。这些企业是"官"与"商"、封建主义与资本主义相结合的产物。官督商办的企业享有某些特权,如拨借官款、免税、减税和专利垄断等。它们在生产和经营方面有民族资本工业所无法比拟的优越条件。

中国民族资本主义工业出现较晚,19世纪70年代才有部分商人和地主官僚投资于近代工业。这些企业一般规模狭小,投资不多,以轻工业为主。由于民族资产阶级自身力量薄弱,不能不依赖外国资本主义和本国封建政权,企业的机器和原料要向外国购买,技术人员要向外国聘请,有的企业还要向外国借资金,开办企业要取得政府和官僚的支持,否则就难以办成。因此,在帝国主义和封建政权的夹缝中生存,它既具有与外国资本主义和本国封建主义斗争的一面,又有妥协的一面,且带有半殖民地半封建的色彩,但它毕竟代表着当时中国社会发展进程中的一种新的生产方式。

三、清代后期赋税的特点

鸦片战争以后,随着中国变为半殖民地半封建社会,赋税的性质也发生了变化,由独立自主的封建赋税演变为半殖民地半封建的赋税。清代后期的赋税具有以下特点。

(一)加重旧税,开征新税

马克思曾对鸦片战争以后中国繁重的赋税作过这样的论述:"1840年不幸的战争后所要付给英国的赔款,巨大非生产的消耗,鸦片贸易引起的金银外溢,外国竞争对本地手工业、制造业的破坏性的影响,国家行政的腐败状况——这一切,造成了两个结果:旧税更加繁重而难以担负,旧税之外又增加了新税。"加重旧税,开征新税是清代后期赋税的主要特征。

旧税的加重显著地表现在田赋和盐税上。新税的开征以关税和厘金为最重要。清代后期的关税,随着外国侵略者在中国倾销商品和掠夺原料的加剧,税额增长很快,成为清政府财政收入的大宗。厘金课及百货,见物就征,一物数征,是清代后期的一种恶税。

（二）税收作为外债担保

由于赔款转为外债，按期偿付赔额和息款，被迫以税收作为担保品。从 1858 年中法《天津条约》规定，清政府对法赔款可用关税"会单"偿付开始，到"庚子赔款"时，常关税和盐税也充作担保品了。而且，还允许债权银行到海关去收税。这样，作外债抵押用的关税完全受外国"债权人"控制了。

（三）关税自主权丧失

外国侵略者通过与清政府签订不平等条约，先后夺得了中国海关行政管理权，关税的支配权和保管权。中国的关税自主权彻底丧失。

第二节 田赋、关税、盐税、厘金

一、田赋

此时田制仍分民田、官田、屯田、营田数种，而各有盈缩。而田赋的征收，名目日显烦琐，主要有地丁、漕粮、租课、差徭、垦务、杂赋和附加税。田赋仍为正供。鸦片战争以后，清廷原有的收入满足不了急剧增加的支出需要，由于田赋征收面广，人民有纳税的习惯，易于征收，就被清王朝作为主要征收形式。

（一）田赋

清自中叶以后，赋税制度日渐败坏，由于吏治日益腐败，假借名目、加重征收、浮收侵蚀、病民祸国。清王朝为稳固田赋收入，也采取了一些整顿措施，主要有二：①清查隐地、"黑地"即积年形成的漏交田赋的地亩和对滨海、沿江淤涨而成的沙田之类的加紧升科；②开放禁地。内蒙古和东北地区，拥有广大沃原；直至道光末，虽然关内人民已多有前往私垦的，但政府仍坚守"封禁"政策。咸丰初年，出于增加财政收入的动机，正式采取开禁、招垦等措施，增加了一些田赋收入。面对因战乱造成的地多荒芜，"民情凋敝""脂膏已极"的局面，清王朝对长江中下游的湖南、湖北、江西、安徽、江苏、浙江六省，在此后八年间，先后采取了所谓"减赋"的措施，实际只对田赋征收中的一些积弊，作了一些整饬，反而增加了田赋的实征量。

（二）漕粮

1. 漕粮改折

漕粮方面，为便于征取和转运，一些原行漕粮的省，要求折合成银钱来交纳。嘉庆时，允除山东、安徽、江苏、浙江等四省外，各省漕粮，许以银钱折纳，称为"粮折"。但直至咸丰初,均未能改折。咸丰八年,湖北巡抚胡林翼认为漕折近于加赋,定核收漕粮银钱数,每石多不得过六千,同治十一年,山东巡抚谭廷襄亦奏请漕粮每石收钱六千,于是,各省相继严定折价。同治元年12月,李鸿章令苏松各属,每石折征制钱6 540文,一切公用,均在其内。由官买米起运。据称,自乾嘉、道以至于咸丰,漕折无恒例,州县可随意折收,一石有折钱至二十千者。其他省份如河南、山东、浙江,都以"改折"而浮收一至数倍不等。

2. 漕粮浮收

钱粮浮收之弊,至嘉庆时,随着吏治的腐败而加剧。史载"向来开仓,多派壮丁,守护大斛,今则斛不必甚大,公然唱筹,计数七折八扣,而淋尖、踢斛、捉猪、样盘贴米等尤在其外,又有水脚费、花户费、灰印费、筛扇费、廒门费、廒差费,合计之,则二石四五斗当一石"①。国家加强对农民征派的方法主要还是通过银钱折价进行浮收。江西省在这方面较为典型。咸丰十一年(1861年),江西各县"地丁每两征银一两七八钱,征钱三千数百文;漕米每石折收钱七八千或七八两不等。盖以州县办公之费无出,捐摊之案过多,不得不藉资于民力"。同治元年(1862年),曾国藩任两江总督,对此进行了整顿、定章,地丁每两连耗羡征银一两五钱,漕米每石折收银一两九钱。按照江西省的钱粮旧例,地丁征银一两随征耗银一钱,漕米征银一两随征耗银三钱。显然,至此,地丁已加赋36%,漕米已加赋46%。但此后,清政府仍然利用银钱折价的方法进行浮收,其具体做法是银贵则征银,钱贵则征钱。

(三)差徭

差徭本已摊入地亩,而各县遇大徭役仍临时向民间摊派,历时即久,即沿为定例。因无统一标准,故十分苦累。当时给城乡居民、各行各业造成很大骚扰的是陋规、官价等差徭,而给农业生产造成严重破坏的则是车马差和兵差。县衙门的陋规:有的县,从油煤柴炭到鸡鸭鱼肉,凡衙署内外员役日用无一不取给于民,"而又实用一分,出票多至四五分"。所谓官价,即由官出价购买当地物产。市价浮于官价,费无所出,派之里甲,常以五倍十敛,又以十加三,把赔累转嫁民间。车马差分为常年差和临时差。常年车马差如地粮车、人犯车和河工银两车等,"往往每年征收多有定数"。而临时车马差则"一仕官之过境,一官亲之旋里,征车动至数十辆","胥役乘机勒索,括财无算"。

除了车马差和兵差而外,给农民带来难以承受负担的还有河工。光绪十年(1884年),永定河工需土七万四千余方。早春二月,竟役使村民十八万数千人上堤交土,"老幼废疾,肩挑户贩,无一获免"。至光绪二十八年(公元1902年),因筹摊新赔款项,护院又奏请酌加,至是不仅承认新差徭为合法收入,旧差徭也一并获得合法根据,于是差徭遂又成为正式附加。

---

① 陈登原:《中国田赋史》。

（四）田赋附加

清代虽无田赋附加的名称，但雍正时的火耗、漕项，乾隆时的平余，均为附加性质。鸦片战争失败后，清政府为了搜刮赔款银两，以"着赔""分赔""摊赔""代赔"等诏命，迫使地方多种附加名目的出现。光绪以后，为赔款和举办新政，清廷任各省自由筹款，以充地方经费，各地又增征田赋。奉天、吉林、黑龙江的警学亩捐，安徽、江西、浙江等省的丁漕加捐，山西的本省赔款加捐，新疆的加收耗羡，四川的新加粮捐，广东的新加三成粮捐，云南的随粮捐收团费，等等。各省加派的名目不同，税率也不同。清代后期的田赋加派是苛重的，以四川为例："地丁原定征额银六十六万九千一百三十一两。遇闰加银二万三千二百九十余两，……至咸丰四年，定按粮津贴其率为每粮一两，征津贴一两，则加原额一倍矣。同治元年，又加按粮捐输，为数一百八十余万两，视原数二三倍矣。光绪二十七年，所谓新加捐输者，又按亩捐银一百万两，于是四川之田赋共数为三百五十余万两。为原数之五倍强。"

1. 按粮津贴和捐输

咸丰四年，四川首先按粮随征津贴，当时规定每田赋银一两，加征津贴一两，根据总数可扩大乡举名额，这本属临时取给，权宜济事，其后历年援案奏请继续征收，渐成国家的常赋。同治元年，四川总督骆秉章又奏办捐输，以济军用，按粮多寡摊派。总数为180余万，超过定额地丁的二倍以上。因康熙定制不许加赋，而所捐仍允按数额增大乡举名额，故称"捐输"。据统计，清代后期的捐纳收入在财政收入中所占比重一般为10%以上，最高年份达48%。

2. 厘谷（或义谷）

主要行于云贵地区。同治四年（1865年），云南由于钱粮不能照额征收，田赋收入不足供本省军粮之用。为了添资军粮，清廷在田赋之外征收厘谷。并从1868年起，改变过去漫无定章的做法，规定按州县大小和收成情况，"酌量征派"，税率大约为10%～20%，全省皆然。

贵州从同治十年（1871年）起也征收厘谷，按粮按亩，十取其一，但实际征收时往往私加至十分之四五。由于厘谷榨取的酷虐，引起民间怨恨，曾一度被迫停止，不久，清朝封建统治者又"变通办法，酌减举行"。按照粮亩征收 1/10 或 1/20，并改名为义谷，实际是换汤不换药。此外，贵州还举办过军粮谷，田捐等。

3. 亩捐

亩捐主要行于江苏、安徽等省。咸丰三年（1853年），在江北里下河开办亩捐，以济饷需。1854年推行到扬州、通州两府各州县。当时江北亩捐是以"地亩肥瘠，业田多寡"的标准，照地丁银数分别抽捐，大致每亩自20文至80文不等。其后江南各州县也举办。一般用作本地团练经费。安徽举办亩捐，是因"各州县支应具差，款项无出"。有的每亩捐钱

400文;也有的每亩捐谷2斗。此外,在湖南平江等县又有按粮捐军费的,也类似亩捐。

4. 沙田捐

广东沿海有因涨沙而成的田,名为沙田。东莞、香山等县在1862—1863年间,因办理防务,开办沙田捐。于正赋之外,每亩加征银二钱,由地主和佃农按"主八佃二"分担缴纳。此外,战时广东各州县办理捐输,有派捐、包挒等名目,大率按亩派捐,事同加赋担缴纳。

5. 浮收

清代中期浮收方式是多样的,手段是残酷的。同治二年,李鸿章在《请减苏松太浮收粮疏》中说:"苏松太浮赋,上溯之则比元多至三倍,比宋多至七倍。"漕粮浮收很普遍,江苏二石五、六斗当一石,湖北除水脚外,每石浮收米五六成,或七八成,乃至数倍。漕粮浮收外,还有"河运、海运津贴。嘉兴一郡,征漕一石,有津贴至七钱以上者。"漕贴本为一种贿赂之费,"吏倚仓为奸,而多方以苦运军","州县之吏倚漕为暴,而多方以苦民"。

总之,清代田赋本折并收,而折色浮收,较本色更重。

(五) 契税

对农民影响较大的杂税主要有牙税、契税。牙税的弊病主要在于浮收。契税的弊端也在折价浮收。胥吏反复折合,缘以为奸,民间受累难堪。原规定买九典六,实际上,买契税率远超过九分,典契税率远超过六分。直隶"银钱转折征收之时,按契价制钱一千折银一两,又按征收地丁银价每银一两折制钱二千,辗转折合,税已加倍"。

二、关税

(一) 清代后期的常关税

自鸦片战争后,开放五口通商,建立新海关,而称原内地关口为常关。清代常关税收是指对通过内地各关口的货物(衣物、食物、用物等)所征收的税,一般包括正税和附加税两项。由于有定额和无定章,所以,征收时多有弊害发生。如咸丰十年,原各关口过往行人携带用物,其应纳税银不过三分者,向准免税。其后有的地方并计纳税,索诈留难。又如崇文门税关,正税之外,勒索无厌,甚至会试举子皆受其累。

清代常关税收入定额,中央每年向各地下达常关税征收额,康熙二十五年为117万余两,道光二十九年达470万余两,其后因设置海关,收入减少,至光绪十一年为249万余两。光绪二十年为277万余两。这仅仅是正式报告的数,至于附加税收,为数可能不少,但记载不详。

(二) 清代后期的海关税

1. 海关税

鸦片战争后,清王朝于各开设海关的地方,征收关税,包括进口税、出口税、子口税、复进口税、吨税和洋药厘金等税种。

进口税。对进入我国国境或关境的外国货物所征收的税,也叫输入税,其税率,道光二十三年"定洋货税则值百征五,先于广州、上海开市。洋货进口,按则输纳"①。当时规定进口货 48 种,从量课税,税则中未及列名者,一律按值百抽五定税;而进口洋米、洋麦、五谷则免税。

出口税。对途经关口出境的本国货物,征收出口税(输出税)。中英协定税则中规定出口的货物共 61 种,亦从量计征,值百抽五。

子口税。进口洋货运销中国内地或出口"土货"从内地运销国外者,除在海关缴纳进口税或出口税外,还要另外缴纳 2.5% 的内地过境税,以作为通过内地各关卡应交之税;当时以海关口岸为"母口",内地常关、厘卡为"子口",因此,把这种集内地各关卡的税于一地一次缴纳的过境关税称为子口税;又因其税率是出口税的一半,故又称"子口半税"。鉴于中国内地遍设厘卡,征收厘金的现象,英国殖民主义者在《天津条约》中规定,英商无论从内地买货出口或将洋货运往内地销售,均可只纳一次值百抽二点五的子口税,不再纳其他税,从此以后,外国商人享有只纳一次子口税的特权,而中国商人则长期处于逢关纳税,过卡抽厘的苛复繁杂的税收之下。

复进口税。并称沿岸贸易税。对本国货物从一个通商口岸由商船运往另一通商口岸所征收的国内关税。税率定为出口税的一半,即 2.5%,故又称"复进口半税"。光绪二十四年总税务司改按洋商之船照条约税则的 2.5% 纳税。

吨税。亦称船钞。对往来各通商口岸的船舶所征收的税。为使用费性质,由海关征收。

光绪二十二年,清有海关 27 个;宣统三年增至 47 个。清自协定关税后,"一切货物概课以值百抽五。奢侈品(如洋缎、烟酒等)应高其税以遏制,利益品(如种子与我国所不生产之物)应轻其税以招徕,而限于协定,均不可得也"②。其不公、不均之处很多。只是由于门户开放以后,从国外输入中国之货大增,虽然关税很低,但收入增加,据光绪十八年统计,是年征税之数,包括进口征税银(459 万余两)、出口征税银(825 万余)、复进口半税、洋药税、船钞、内地半税、洋药厘金(566 万余两)等七项在内,计征银 2 268 万余两(《清续文献通考》),光绪三十一年为 3 511.1 万余两。由于关盐收入之多,帝国主义各国也进一步加强了对关税的劫夺。甲午战争后,各帝国主义国家强行借给清政府的款项,不仅数额很大,而且归还期限也长,如光绪二十二年的英德借款为 36 年;光绪二十四年的续英德借款为 45 年,而这些巨额借款都以关税税款为担保,由总税务司直接从关税收入中拨付债息和赔款,以保障各帝国主义国家的利益。只有当支付当年债息和赔款之后,所剩余者(叫"关余")才交清王朝使用。1911 年,辛亥革命爆发,帝国主义各国为防止关税落入革命军

---

① 《清史稿·食货六》。
② 《清续文献通考》。

手中,于是,各债权国在华银行组成海关联合委员会,将关税保管权进行接收。即凡中国关税收入,由总税务司代收代付,其税款一律存入汇丰(英)、德华(德)、道胜(俄)、东方汇理(法)和横滨正金(日)等数家银行,从此,中国的关税保管权也丧失了。也是从这时开始,中国的海关税则的制定权、行政管理权、税款保管权和关盐两税支配权都被各帝国主义国家所控制。占中国财政收入1/4的关、盐两税收入为帝国主义国家所把持,中国财政主权严重受损。

清政府的海关税,是在中英签订不平等的《南京条约》后,被强迫接受的带有殖民地性质的"协定关税"。首先,它失去了保护本国民族工商业的作用,由于外国商品不仅低于本国商品税率,而且享受多种免税特权,使中国国内商货处于十分不利地位;其次,有利于外国商品对华倾销和掠夺本国原材料,为外国列强占领中国市场服务。关税收入据不完全统计,咸丰三年为四万两之数;咸丰十年,税银为371万两。同治元年为784万两,二年又达875万两,是清财政的重要税源之一。

2. 洋药厘金

洋药厘金,为对鸦片(初称药材)进口时所课的正税和厘金。第一次鸦片战争后,英为倾销鸦片,主张清政府对鸦片课税,但道光坚持禁烟。英国于是在《天津条约》中,以洋药之名混入进口商品之列,每百斤纳银三十两。税率还是以值百抽五为依据。光绪五年(公元1879年),李鸿章认为鸦片难骤禁,只可先加税厘,烟价增则吸者渐减。他建议土药每一百斤征正税和附加税计一百一十两(免内地厘金),洋药每一百斤征四十两(进口时输纳),清政府采纳了他的意见。光绪九年,如其所议与英国订约。光绪十年,又决定实行坐部票的制度,凡华商运烟,必须持有行票,每票限十斤,每斤捐银二钱,经过关卡,另纳税厘;无票不得运烟。行店须有坐票,无论资本大小年捐二十两,每年换领票一次,无票不得发售。

三、盐税和茶税

(一) 盐税

清自乾隆十八年到道光二十七年这90多年中,盐税收入增加不多。道光初,陶澍为两江总督,奏诸淮北改行"票盐",听任商贩赴局缴课,领票买盐,运销各地。以后陆建瀛又行于淮南。于是变引商为票盐,革除专商。咸丰初,议于全国通行票法,河东、两浙及福建实行。同治三年,两江总督李鸿章、曾国藩改定大票(500引起票)、小票(120引起票);同治五年李鸿章在票法中参与纲法,循环转运,作为世业,票商又类同引商。咸丰初,为镇压太平天国革命运动,又创盐厘以筹集军饷。

盐厘收数究有几何?当时就是一笔烂账,今则更无法考查。从清方军政大员奏折中所述:如长江沿岸清军各卡,"均以盐厘为大宗""诸军仰食,性命相依";咸丰"最后五六年,湖北、湖南饷需稍裕,实收蜀省盐厘之利",如此等等,表明着盐厘一时成为财政收入中的一个重要项目。

清道光咸丰年间及以后,盐税税额猛增。主要原因有三点,一是改引行票;二是盐税抽厘;三是盐斤加价。

1. 盐税抽厘

清为筹集军饷,举办厘金后,盐也成为抽厘的对象。从此,既征盐课,又征盐厘。同治六年,将军都兴阿奏准行榷厘法,每盐一引榷东钱千,为本地军需。光绪三年,将军崇厚请加作二千四百文;光绪八年,将军崇绮再请加二千四百文;光绪十七年,户部筹饷加二千四百文;光绪二十四年,将军依克唐阿加千二百文,名一二盐厘,谓之加价。从以上几例看出,各地抽厘的多少和次数不同,一般是运盐越远,课厘越多,时间越久,增课越多,因盐厘收入较大,所以不入厘金项目,而合于盐课之中。

2. 食盐加价

光绪时盐价已暗增,而厘金外更议加价。光绪二十二年,每斤加收二文。光绪二十七年因筹还赔款,加四文。以河北省文安县为例,每斤盐价光绪二十一年为二十八文,至宣统元年增为四十四文。由于以各种手段盘剥,清代盐税收入增长很快。据载:"顺治初年行盐百七十万引,徵课银五十六万两有奇。其后统一区夏,引日加而课亦日盛。乾隆十八年,计七百一十万四千九百四十一两有奇。嘉庆五年,六百八十万一千五百一十七两有奇。道光二十七年,七百五十万二千五百七十九两有奇。光绪末,合课厘计,共二千四百万有奇。宣统三年,度支部预算,盐课岁入约四千五百万有奇。盖税以时增又如此。"①

(二)茶税及茶厘

史称清代乾嘉以后,各省产茶日多,行茶69万余引。咸丰三年,闽浙总督王懿德奏请闽省商茶设关征税。凡出茶之沙、邵武、建安、瓯宁、建阳、浦城、崇安等县,一概就地征收茶税,由各县给照贩运。所收专款,留支本省兵饷。咸丰六年,伊犁亦设局征税,充伊犁兵饷之用。咸丰九年,江西定章分别征收茶厘、茶捐,每百斤境内抽厘银二钱,出境抽一点五钱,于产茶及茶庄处收茶捐银一两四钱或一两二钱不等。咸丰十一年,广东巡抚奏请抽落地茶税。②

另各地茶税茶厘的征收方法和税率各不相同。光绪十年,户部提出:道光年间英国所收茶税,约百斤收银五十两,而中国的出口税仅二两五钱,不到1/10。拟定增课,于产茶处所设局验茶,发给部颁茶照,每照百斤,征银三两九钱;经过内地关卡时另纳厘税,验照盖戳放行,不准重复影射。次年,督办皖南茶厘总局补用道吴邦祺,将此时加课会导致本重商亏,出口的茶减少,茶课不能保的道理向曾国藩作了陈述,后经光绪下旨,增课之事未继续推行。

---

① 《清史稿·食货四》。
② 《清史稿·食货五》。

（三）土药税

光绪十一年，清政府命各省督抚课税于内地所产的鸦片，名叫"土药税"。征税方法和税率各省不同，有的每百斤抽五十五两，有的抽四十或三十、二十两。收税数额，日益增加。光绪二十九年，户部报告合计一百九十四万七千四百二十四两（广东不在此数之内）。鸦片税逃漏的不少，各省实际征收的数也比上报的数要大。

（四）当税

清代中叶以后，当铺的数目较前期有所减少。光绪十四年全国大小当铺为七千数百余家。当铺资本最小的也在两万两以上。对当铺征税，如光绪十一年，湖北境内的当铺，无论资本大小，一律捐银一百两，遇闰年加增八两。光绪十四年因河工需款，令各省当铺一座，缴银一百两，作为预完二十年当税，共预交银七十余万两。光绪二十年，又因海防筹款，令各当商于额税外捐银二百两。光绪二十三年，户部确定全国各地的当铺，每座系统纳税银五十两。从前各商呈充、领贴、换牌，给藩司、府、道、县各衙门的使费，以及各地方官吏年节的陋规，概行禁革。

除上述主要赋税外，清朝前期各项工商税捐，除个别有变动外，仍按原定制度征收，有的税课，还明显加重，即甲午后的加厘加税。据《清史稿·食货六》所载："庚子以后新增之征收者，大端为粮捐，如按粮加捐、规复征收、丁漕钱价、规复差徭、加收耗羡之类；盐捐如盐斤加价、盐引加课、土盐加税、行盐口捐之类；官捐如官员报效、酌提丁漕盈馀、酌提优缺盈馀之类；加釐加税如菸酒土药之加釐税，百货税之改统捐、税契加徵之类；杂捐如彩票捐、房铺捐、渔户捐、乐户捐之类。"

四、厘金

厘金创行于咸丰三年，也叫厘捐。百分之一为一厘，故称厘金，实为一种值百抽一的商业税。厘金最初是专为就地筹措镇压太平天国所实施的一种商业杂税。咸丰三年，太平天国定都南京，清政府设江南、江北两大营以相钳制。帮办江北大营事务的已革刑部侍郎雷以諴，谋就地筹饷，决定在苏北粮商"积聚之区"的扬州附近仙女庙等地，于同年夏，向各米行提出"劝捐""助饷"要求；接着把抽捐对象扩大到各业铺户，按货值"百抽其一"，渐而形成"厘金"名目，又别称"厘捐""厘税"。江北大营经半年施行，颇得成效；第二年上报清廷，清廷据以批准在江苏全省推广施行。接着，湖南、江西、湖北等省，都要求援例实施。

直到咸丰十一年（1861 年），户部才颁布厘金章程，要求各省督抚奏报厘金收数，但遵行者寥寥。根据零星记载，江苏在咸丰三年（1853 年）下半年试行中收钱两万贯；从第二年起到十一年，年收银三四百万两。江西同期年入近 200 万两，等等。合全国推行厘金省份总计之，截至同治三年（1864 年），年平均约达银 1 000 万两。也就是说，相当于前一阶段岁入最大宗的钱粮的 1/3，超过原居次位的盐课达 50%。

厘金的名目十分繁复,按课税品种不同,可分为百货厘、盐厘、洋药厘、土药厘等类;如按课税地点,又有在出产地征收的出产税、山户税、出山税以及各种土产税、落地税等,在通过地课于行商的活厘(行厘),在销售地课于坐商的坐厘(板厘)、埠厘、铺厘、门市厘等名称,而以行厘为厘金收入的主要来源。

厘金的税率,开办之初为1%,以后逐渐提高,到光绪年间,各省多为5%,浙江、江西、福建、江苏为10%,各地并不统一。

清代的厘金制度,弊害很大。罗玉东认为,厘金的弊端,就大体而言,多是借征收手续而作弊。一是侵蚀税收,包括填写联票时大头小尾和卖放、私征(不给票或填小票)、匿报罚款以其收入填饱私囊;一为私索商民,借征收手续而索取规费达12项之多。其弊害主要表现在三个方面,首先,厘金负担苛重,危害商民。厘金征收异常广泛,见货就征,不问巨细;正如罗玉东所述:"举凡一切贫富人民自出生到死亡,日用所需之物,无一不在课征之列。"江苏课厘货物共分25类,包括货物1 241项;浙江共分12类,包括货物682项;广东分15类,包括货物967项;广西分29类,包括货物1 942项。这仅是指载于各省课厘章程的货物,其未载于税章之货物,不知还有多少。其次,税制混乱。厘金的征收,清中央未制定统一征收制度,由地方各自自定税制,自主征收,致有一地数卡,一物数征的现象出现,其厘金收入除上缴中央一部分外,其余部分,一充经费,一入私人腰包;最后是厘金征收的目的性。征收厘金的最初目的是为筹集军饷,用于镇压太平天国革命。至同治十三年,厘金充作军费的部分约占73.7%,仍为防范农民起义,对国计民生未带来任何好处。

阅读性材料

清代的厘金制度

厘金制产生于清咸丰三年(1853年),其直接原因就是太平天国农民起义造成清政府财政困难,为"筹款""助饷"起见而实行的一种权宜之计。

早在乾隆朝末期,清政府财政就开始日益拮据。鸦片战争后,清王朝处于内忧外患的境地,封建统治已成强弩之末,政府出现了更为严重的财政危机。中央财政收入不断萎缩,而财政支出却逐渐膨胀,这就使得户部库存银急剧减少。1843年,户部应存银1 218万余两,因银库舞弊,实存银仅292万余两;1848年,户部仅存银123.9万千余两;到1850年实存银187万余两,连已拨未解及起解在途各银225万余两,共银412万余两。这相对于1781年清王朝7 000余万两的库存银来说已是微不足道,根本不能维持这个庞大帝国的开支。清政府为什么会出现这种财政空虚状况呢?曾国藩作了明确的回答,他在上疏中说:"至于财用之不足,内外臣工,人人忧虑。自庚子(1840年)以至甲辰(1844年)五年之间,一耗于夷务,再耗于库案,三耗于河决,固已不胜其浩繁矣。乙巳(1845年)以后,秦豫两年之旱,东南六省之水,计每岁歉收,恒在千万以外,又发帑数百万以赈救之。天下财产安得不绌?"可见,当时清政府财政面临着一个艰难的局面。据统计,鸦片战争使清政府付出了约2 500万两的军费和2 100万元(折合白银1 470万两)的赔款,另外还有英国侵略者从中国掠走的8 382 844元(折合白银近600万两)银钱财物。在鸦片战争前夕,中国因鸦片走私所导致的贸易逆差,平均每年外流白银绝不下1 000万两。鸦片战争后的10年中,西方列强向中国输出鸦片的数量和价值又有明显的增长,这就造成贸易逆差和白银外流的局面进一步加剧,仅1846年中国就出现1 300万元的贸易逆差。大量的白银外流,造成了中国银贵钱贱的现象,不仅危害了人民的生活,也严重威胁着清政府的财政。而且由于整个40年代不断出现的严重的水旱灾害,限制了人民缴纳正常的赋税,又增加了清政府的赈济开支。因此,在鸦片战争后的10年间,清政府的财政危机日益加重,但几百年的经济储备和临时的捐纳措施,还是使清政府得以勉强维持。不过,大厦将倾的趋势是无法逆转的,此时,清政府的财政就像是被病魔折磨已久的病人,绝不能再经受一次哪怕是最轻微的打击。但是这种打击终究还是没能避免,就在清政府为解决财政困难痛苦挣扎的时候,一场轰轰烈烈的太平天国农民起义爆发了。

太平天国运动以摧枯拉朽之势,向病入膏肓的清王朝发起了猛烈的进攻。从1851年1月起直到1853年,仅三年的时间,太平军的武装力量便波及广西、湖南、湖北、江西、安徽、江苏、河南等18个省区,使清王朝统治迅速陷入了风雨飘摇的境地。为镇压太平天国运动,清政府的军费开支激增,三年之中,已耗费2 963万余两。到1853年2月,户部存银仅有22.7万余两,主持户部的官员多次向中央告急。清王朝国库空虚已达到极点,但各处需饷的奏折仍不断涌到咸丰帝面前。与此同时,中央的财政收入已近枯竭,在进行军事战斗的省份,田赋地丁已不能正常地征收,盐税收入也损失过半。清政府于是陷入了"各处添兵,即各处需饷,……有饷无兵,尚可招募,有兵无饷,实难支持"的困境。正如在户部供职多年的官员所说:"国家度支从未见窘迫情形竟有至于今日者。"

清政府正常的财政收入已不能应付镇压太平天国的浩大开支,这就需要采取非正常的措施。但地丁、漕粮、盐课等支柱性税种因其几百年的"定额化"特点,缺乏扩张性,而且清政府担心此时加重田赋地丁税恐怕会激起更大规模的反抗。关税也因"协定税则"的限制不能任意增加。清政府长期推行的捐例到此时也是"缓不及急,少不济用"。所以清廷迫切需要开辟新的财源。在此危难的形势下,厘金作为"筹款助饷"的一个重要手段应运而生了。

1853年,当时在江北大营帮办军务的刑部侍郎雷以諴采用幕僚钱江的建议,开始在江苏扬州仙女庙、邵伯等地劝谕米行,捐厘助饷,这就是厘金的起始。1854年雷以諴又上奏皇帝,请求推广捐厘以助军饷,在奏疏中称:"曾饬委员于附近扬州城之仙女庙、邵伯、宜陵、张纲沟各镇,略仿前总督林则徐一文愿之法,劝谕米行,捐厘助饷,每米一石捐钱五十文,计一升仅捐半文,……计自去岁九月至今,只此数镇米行,几捐至二万贯,既不扰民,又不累商,数月以来,商民相安,如同无事。……臣因此法商民两便,且细水长流,源远不竭,于军需实有裨益,是以现在复将此法推之里下河各州、县米行并各大行铺户,一律照捐,大约每百分仅一分,甚有不及一分者,令各州、县会同委员斟酌妥议,禀明出示起捐,其小铺户及手艺人等概行蠲免,以示体恤。"正为财政问题困扰的咸丰帝欣喜地采纳了雷以諴的建议,当即下旨"著(两江总督)怡良、(江苏巡抚)许乃钊与南河总督杨以增各就江南、江北地方情形,妥速商酌"。

由此厘金制度在江苏全省铺开了。由于厘金产生后收入甚旺,大大有利于军饷的筹措,于是,1854年在江苏省帮办军务的胜保向清廷奏陈:厘金"出自各商,合众人之资,散而出者有限,萃而入者无穷,事简速效,无过于此",请推行于全国各省。清廷亦认为厘金较之捐输"为数轻而不苛,取财分而易集",于是同意所有用兵省份酌量抽厘,并把办厘之事交由各省督抚定夺。从此,各省开始纷纷仿行办厘。湖南于1855年由巡抚骆秉章首先仿行江省办厘,之后,曾国藩在江西、胡林翼在湖北、黄宗汉在四川相继仿行。到1861年时全国已有19个省份创办推行了厘金制度。除了上述五省外,其间创办厘金的省份还有奉天、新疆、吉林、安徽、福建、直隶、河南、甘肃、广东、广西、山东、山西、贵州。这其中包含了当时中国经济发达的主要省份和其后成为厘金征收大省的主要省份。可见,厘金已遍行全国,由原来一个地方性筹饷方法推广为全国性的筹饷措施。

厘金初创之时,课税形式主要分为两种:一是坐厘,亦名板厘,为交易税性质,乃对置买外地货物到店发售,课之以税,抽税于坐商,亦为落地税性质;一是行厘,亦名活厘,为通过税性质,乃系贩往外地货物交纳过路之税,抽税于行商。至于具体的课税环节,有在货物出产地课税的,有在通过地课税的,也有在销售地课税的。其最主要的来源是通过地厘金。

1864年清政府攻陷天京之时,抽厘已失去大半根据,围绕厘金的存废问题,在统治阶级中发生了第一次大规模的争论。但是厘金并没有被废除,清政府考虑到当时和日后的财政,默许了它的继续实行,从此厘金成为一种晚清时期的经常性的正税,厘金制也就成为了一种常制。

(二)厘金制的特点

厘金制作为晚清时期新增的一种工商业税制,客观上反映了当时中国有所发展的商品经济的状况。但它当时只是一时的变通之计,有别于其他商业税,成为一种极不规范的商税。其自身具有以下特点:

第一,征收对象的广泛性。厘金从最初雷以諴对米行的劝捐,发展到后来名目越来越繁杂,可谓五花八门。就其课税物品来说,可分为百货厘、茶厘、盐厘、洋药厘、土药厘五类,其中以百货厘所占比重最大。1875年,厘金各项收入的比重分别为百货厘92.67%,茶税2.32%,洋药厘3.68%,土药厘0.37%,盐厘0.97%。其余各年比例基本相仿,无太大变化。百货厘金多以日用品和必需品为课征对象,"举凡一切贫富人民自出生到死亡日用所需之物,无不在课税之列"。甚至做到了"只鸡尺布,并记起捐;碎物零星,任意扣罚"的地步。可见,厘金以其征收范围之广,名目之繁,成为历史上最为繁杂的税种之一。

第二,征收制度的不规范性。这是厘金作为一种商税不同于其他商税的最重要的特点。一般税制都要制定具体的、统一的、固定的规章制度来加以管理,但厘金制直到清王朝灭亡仍是一个无法度可守,无章程可循的税制。因为厘金制是清政府在不知所措时匆忙创设的,初行之时,中央政府并无统一的筹划,而是由地方督抚自行掌握,自定章程。直到1861年户部才为全国厘务拟定了八条章程,其主要内容是:厘捐总局分局宜立限详报,以严考核;各省厘金宜厘定税则,以杜弊混;抽收市镇坐贾厘税,宜严禁虚报;抽收行商厘税,宜严杜偷漏;华商隐匿海口及各卡厘税,宜严行惩罚;局卡各员侵冒厘税,宜严参计赃治罪;各省历年抽收厘捐,宜截数勒限奏报,以严稽核;洋药盐斤两项厘捐不准与货物牵涉,以杜欒鞨。但是,地方各自为政已成恶习,他们对中央所定章程阳奉阴违,遵行一、二者已不多见,全面贯彻执行者根本不存在,八条章程形同废纸。从此再无订立章程之说,各省自行其是,导致了征收制度的极不规范。首先,是厘金税率不统一。雷以諴初创厘金制时,税率定为值百抽一,各省仿行时税率就不相同,而且发展到后来,各省税率都有加增,最高可至值百抽二十,或稍多,最低为值百抽一。多数省份的税率皆在值百抽四至值百抽十三之间。其次,是抽厘方法的不一致。有的省份实行遇卡完厘,有的实行一起一验制,还有两起两验制、统征一次等抽厘方式。正如郭嵩焘所言:"上海厘金抽收之法异于江北,安徽异于江西,湖北异于湖南。"由此可见,厘金制不具有一个国家经常性正税的规范性。

第三,征收机关的庞杂性。清代厘金局卡的设立达到了惊人的程度。各省普遍设立专局总理厘金征收事务,总局下设各分局卡。全国局卡林立,遍及各个角落。湖北自1855年以来全省设厘金局卡最多时达480余处,到1868年裁并局卡54处后,仍有86处之多。江苏在1863年前后,仅江北里下河一带,南北粮台设立的厘金捐卡,大小约有100余处,且"有一处而设数卡者,有一卡而分数局者"。全国各地最多时曾有大小厘局、分卡一万处以上,以至在全国形成了"五里一卡,十里一局"的普遍现象。

厘金制本身的这些弊端,导致了在其推行的过程中必然给中国近代经济的发展带来许多负面的影响。

五、其他各杂税

清后期推行较广的杂税有如下几种。

1. 矿税

嘉庆至道光初,以"岁入有常,不轻言利"为原则,除铜、铅利关鼓铸见准开采外,金、银各矿,一般不允开采。道光二十四年,因筹军饷,放宽禁限;道光二十八年,复诏云、贵、川、两广、江西各督抚及其余各省于所属境内查勘,鼓励开矿,"至官办、民办、商办应如何统辖弹压稽查之处,朝廷不为遥制"。一时矿禁大弛。

2. 洋药、土药税

咸丰七年,闽浙总督王懿德等奏称,因军需紧要,暂酌定,对鸦片征税;咸丰八年,与法定约,宽其禁,每百斤纳税银30两;洋药厘捐,每百斤征20两。云南向无洋药,命以所产土药分别征收税厘。

3. 田房税契

清后期因各省摊付赔款和举办洋务,都增征田房买契税和典契税。清末,度支部又制定税则:凡各省买契,买价一两,征税九分;每典价一两,征收六分;先典后买,准扣还原典税,以免重征。

4. 烟酒税

光绪二十二年,山西省每酒一斤,征钱三文,每烟一斤,征钱五文。光绪二十六年,酒税增征二文,烟税增三文。

5. 屠宰税

这是清末开发的新税种。四川省南溪县光绪六年"创设三费局,按民屠一猪征钱二百文为局经费"。国民政府统治时期,屠宰税的征收进一步加重。

此外,还有牛马税课(黑龙江)、果木税、棉花税(吐鲁番)、药材(河南)、竹木税(湖北)、烟酒税(吉林),以及名目繁多的捐(指捐、借捐、炮船捐、亩捐、米捐、饷捐、堤工捐、船捐、房捐、盐捐、板捐、活厘捐等)。清末的杂赋收入,光绪十七年时为281万,到制定宣统三年预算时,则列为1 919万两,这还仅是经常性收入。

第三节 赋税管理机构和制度

一、管理机构

清代的财政机构,中央为户部,主管全国土地、户口和国家财政收支的政策法令。属官有十四清吏司,分掌各省及有关全国赋税、公营经济收支等事务。光绪三十二年(1906年),"厘定官制,以户部为度支部"。"大臣掌主计算,勾会银行币厂,土药统税,以经国用。"下设政、参议二厅及田赋、漕仓、税课、管榷、通阜、库藏、廉俸、军饷、制用、会计等十司和一个金银库。田赋司掌土田财赋、稽核八旗内府庄田地亩;漕仓司掌漕运覆销、仓谷委积、各省兵米谷数等;税课司掌商货统税,审核海关、常关盈亏;管榷司掌盐法杂课,盘查道运、土药统税等的审核校实;通阜司掌矿政、币制、稽核银行、币厂文移;库藏司掌国库储藏;廉俸司掌百官俸禄,审计百司职钱、餐钱;军饷司掌核给军糈、勾稽各省报解协饷,制用司掌核工程经费,兼司杂支例支;会计司掌国用出纳,审计公债外款,编列收支报表;金银库掌金帛出入核算。在地方则由承宣布政使司掌一省之财政,布政使稽收支出纳之数,汇册申报巡抚再转报户部。而具体财务工作,则设专门财务员分管。

为加强盐政管理,在中央设盐政院,主管官为盐政大臣,下设总务厅、南盐厅、北盐厅、参议等职。由大臣总揽盐政;丞佐理差务;总务则综理庶务,典守机密;南盐厅掌管淮、浙、闽、粤盐务；北盐厅掌管奉、直、潞、东盐务；参事掌拟法制。并派御使巡视盐课；地方则以督抚综理盐政。宣统元年，改设督办盐政处，宣统二年11月，又将处改为院，直到清王朝被推翻为止。

清末的海关，从鸦片战争后就受到外人操纵；咸丰四年上海成立英、美、法关税管理委员会，是西方殖民者直接参与中国海关管理的开始。咸丰十年，总理衙门成立后，于次年又成立了全国性的总税务司署，同治三年清政府任命英国人赫德为总税务司，从此海关大权遂掌握在以英国人为首的洋人之手，他们维护外国殖民者利益，干预中国内政，控制中国关税收入和使用。清末，海关组织机构分为税务部、港务部、教育部和邮政部，其中最重要的部分是税务部的征税股，专门办理各关进出口货物的征税事宜，它的人员约占海关人员的百分之90%以上。在这些人员中，一切重要职务都由外国人担任，中国海关的征税权、行政管理权已完全丧失。

二、赋税管理制度

（一）赋税管理

各省赋税主管官员为藩司，也称布政使。藩司为督抚属员，受督抚直接指挥，与户部没有直接隶属关系。清前期为适应君主集权的需要，国家与地方财政税收混合为一，没有划分，全国赋税统由地方经办，地方向中央解款。鸦片战争以后，清政府内外交困，中央权力下降，地方势力上升，赋税管理权也逐步下移，形成中央集权其名，地方分权其实。从光绪二十五年朱批户部清单上看，所有丁漕、盐课、盐厘、常关税、海关税、厘金等，都列作"各省入款"项目，而未列作"中央入款"项目。"中央入款"之数约当"各省出款"中"解京各项"的数额。鉴于国家的重要赋税已为地方管辖，赋税的征收和上解全在地方督抚的指挥之下，中央收入仰赖地方解款，而户部又无权节制、监督各省藩司，中央财政调度不灵，光绪三十二年，御史赵炳麟奏请划分国家税收和地方税收，改设地方财政官吏，直接隶属度支部。光绪三十四年，度支部拟定在京设置清理财政处，各省设清理财政局，并委派财政监理官，清理各省财政。财政税收管理权分散的现象才稍有转变，但清前期中央高度集权的体制已难恢复了。

（二）厘金管理

厘金最初由粮台、军需局、筹饷局等机关经理其事，专门的厘金征管机构设立后，才由厘金局专管其事。厘金管理机构的名称，各地不一，如浙江、安徽、江西、云南、湖北等地称为牙厘局；广西、山东、甘肃、四川、贵州、陕西、河南称为厘金局；广东称为厘务局；直属天津、江苏金陵称为厘捐局；山西称为筹饷局；有的省设几个互不相属的总局。直接隶属于藩司。总局之下，设立各局卡，分布于各府县及各口岸。

厘金税收报解的程序是：分局分卡所收的款按旬或按月上交专局或正局，再由后者汇齐转至省局或总局。每半年须由督抚奏报并向户部报一次。厘金税少的省可一年报一次。各省上解中央的厘金收入，多由商号汇兑。

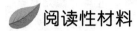 阅读性材料

清代赋税管理之收支结构变化

清代前期和后期赋税管理和财政收支都发生了重要变化。

(1) 奏销制度的变化

清代奏销制度的确立，始于顺治八年(1651年)。经过该年的奏销整顿，各项钱粮收支的年终奏销，奏销册的管、收、除、在"四柱"格式以及对奏销册的核查磨算等，已经初步形成制度。并且在各省及各项钱粮奏销的基础上，户部也有了对全国出入总数的总奏销。

当然，顺治八年钱粮奏销的上轨，并不意味着所有奏销都循例进行，也还有对相关事项的进一步规定。其中包括：奏销时间的限定、奏销格式的重申以及月报制、冬估制、春秋拨制的实行，目的在于钱粮奏销的规范化；地丁钱粮奏销与兵马钱粮奏销的同时进行，奏销与清查亏空的结合，目的在于钱粮奏销的通盘考虑和最大限度地发挥奏销的功能；对部费陋规进行清理，目的在于整顿财政和肃整吏治；其中冬估制、春秋拨制以及地丁钱粮奏销与兵马钱粮奏销的同时进行，已经显现出清代前期奏销的"预算"色彩。这些新措施在康熙、雍正两朝渐次出台，使传统的奏销制度走向成熟。

尽管传统的奏销制度在清代前期已经较为完备，但毕竟与具有现代色彩的预决算制度有别。因此，清末一些有识之士提出"仿泰西之法"实行预算。在形势的推动下，光绪二十九年(1903年)，中央设立财政处，光绪三十二年(1906年)九月，户部改为度支部，并进行了财政机构改革，目的皆在于清理财政、统一事权。光绪三十二年七月，清廷宣布了预备立宪事宜，"清理财政"也是预备立宪的主要内容之一。实际上已经具备了实行预决算的氛围。光绪三十四年(1908年)八月，宪政编查馆、资政院始提出清理财政的具体计划和预决算进程。同年十二月，宪政编查馆又奏定户部草拟的《清理财政章程》，该章程共有8章35条，内容涉及中央与各省清理财政的诸项事宜。宣统元年(1909年)，度支部又奏定了《清理财政处章程》和《各省清理财政局章程》，对清理财政处和清理财政局的设员分职、职务权限以及奖励与惩罚等都作了具体的规定。

清末的清理财政以及预决算进程基本上是循着上述规章而展开。尽管清末的预算十分艰难，也存在着这样那样的问题，但是，预算的完成已标示出传统奏销制度的终结和传统财政体制向现代财政体制的转折。

(2) 收支结构的变化

就收支结构而言，清代前期有较为固定的模式。收入主要有田赋(地丁)、盐课、关税、杂赋等项，以田赋为收入大宗，约占收入总额的70%左右；支出主要有军费、俸禄、河工等

项,以军费为支出大宗,亦约占支出总额的70%左右。这是一种传统性的收入、支出模式。这种模式,虽在不同时期、不同背景下有所调整,有所变化,但在总体上没有被突破。

传统性的收支结构以及"量入为出"的财政理念,使得收入额度和支出额度相对稳定。而且,在正常情况下,以农业税为主干的财政总收入也不太可能有大的起伏,这正是清代前期的年度财政收入恒定在4 000万两左右的主要因素。财政支出以军费、俸禄等消费性支出为主,只能维持国家机器的运转,不能对经济发展提供财力支持,也充斥着传统性和原始性。

清代收支结构的变化以鸦片战争为起始。马克思在《中国革命和欧洲革命》中曾指出,1840年鸦片战争失败后,清廷被迫付给英国赔款等,清廷财政困窘,"旧税捐更重更难负担,此外又加了新税捐"(《马克思恩格斯选集》第2卷,第3页)。这意味着新的支出导致了新的收入举措。旧税种的加征,主要是田赋征收中的附征和浮收勒折,以及盐课征收中的盐斤加价。新税种的征收,则有洋税(海关税)、厘金、鸦片烟税等项。但是,鸦片战争以后十年间的财政岁入及其结构,与康、雍、乾、嘉各朝基本相同,传统的"封建性"财政并未因之改变,其真正的变革是咸丰以后的事情。

就岁入而言,咸丰以后凸显出三大特色:第一,年度收入急剧膨胀,这主要是由于新税种的征收使然。第二,财政收入结构明显改变。田赋(地丁)收入与原来相比相差悬殊。同时,盐课、关税、杂赋等传统收入在岁入总额中的比例亦大为降低。与此相反,新增加的厘金、洋税却一跃成为收入大宗。这正意味着传统财政收入结构的逐渐瓦解。第三,新税种的征收,虽然有许多"恶"的成分,但已浸染了现代色彩。如海关税的征收、企业税的征收、外债的引入、内债的发行,等等。即如人人斥责的厘金,也不能说没有现代财政意义上的合理性和对商品经济发展的促进作用。实际上,许多新税种的征收,正是传统财政向近代转型的重要内涵。

岁出是与岁入相辅相成的,从财政的近代转型这个角度着眼,值得注意的是,创建新军的军费支出以及前所未有的实业支出、交通支出、教育支出、司法支出、外交支出、内外债支出,等等,都具有特别的意义。

【本章小结】

鸦片战争后,中国的政治、经济状况发生了巨大变化。相应地,这一时期的赋税制度也发生了很大变化。田赋、盐税更加繁重,新开征了关税和厘金等新税,且税额增长很快,成为清政府赋税收入的大宗;税收(主要是关税和盐税)成了清政府大笔外债的担保,中国关税自主权丧失,外国人控制了中国海关;既加旧税,又征新税,收入结构的变化和性质的改变,中国陷入半殖民地半封建社会,最后为以孙中山为首的革命军推翻。

【关　键　词】

厘金制度　关税　盐税　漕粮浮收　赋税管理

【复习思考题】

（一）名词解释

1. 厘金
2. 土药税
3. 当税
4. 捐输

（二）简答题

1. 简答清代后期的赋税特点。
2. 简答清代后期的赋税管理。
3. 结合以前所学知识，分析清代后期与前期赋税结构的变化。

第七章 北洋政府时期的赋税

学习目标
(1) 掌握北洋政府时期的政治经济情况及北洋政府统治时期的赋税特点。
(2) 理解北洋时期税赋构成,北洋政府税收管理的特点。
(3) 了解北洋时期的田赋、田赋附加和田赋预征的内容。
(4) 了解北洋政府统治时期中央税与地方税的划分历程。

1911年(农历辛亥年)10月10日,中国民主主义革命先行者孙中山先生领导的资产阶级民主革命推翻了清王朝的统治,结束了中国历史上两千多年的封建君主专制制度,建立了中华民国。但是,这次革命的果实却被代表帝国主义和国内大地主、大官僚、大军阀利益的袁世凯所窃取,开始了北洋军阀统治时期。从1912年袁世凯建立北洋军阀统治的政权开始,到1927年北洋政府垮台,共15年时间,这是中国历史上一个黑暗、混乱的时期。

第一节 北洋政府时期的政治经济与赋税特征

一、北洋政府统治时期的政治经济概况

袁世凯的北洋政府,在帝国主义的支持下,一举摧毁了国民党人在南方数省拥有的武装,镇压了"二次革命",形成了一个假统一的政权。这个政权内部埋藏着无数的矛盾,袁世凯与其部下之间的矛盾,袁世凯部下各派系之间的矛盾,袁世凯与各地军阀之间的矛盾,以及各地军阀之间的矛盾等。这些矛盾的集中表现是:北洋政权不稳定,特别是袁世凯死后,这个政权的统治人物走马灯式地不断变化,此伏彼起的军阀混战,中央政权不断削弱,以致政令不出都门,也就是说,袁世凯死后,形成了地方军阀封建割据的局面。而这一切又是封建经济的分散性和帝国主义分而治之的侵略政策的必然结果。

北洋政府统治时期,是帝国主义侵略加强的时期。清王朝被辛亥革命推翻后,帝国主义失去了一个控制中国的工具。为了维护它们在华的既得利益,使中国进一步殖民地化,帝国主义都选中了袁世凯,支持袁世凯篡夺了辛亥革命的成果。袁世凯上台后,帝国主义列强之间,为控制中国展开了一场争夺战。日本帝国主义趁第一次世界大战爆发后,西方帝国主义国家无暇东顾之际,迅速加强对中国的控制。为了达到独霸中国的目的,它利用

袁世凯复辟帝制之机，提出了灭亡中国的"二十一条"，作为支持袁世凯称皇帝的条件。袁世凯复辟帝制的"美梦"破灭后，日本帝国主义通过贷款来支持和控制北洋政府，同时又同美帝国主义达成"兰辛—石井协定"，以平衡它们在中国的权益。第一次世界大战结束后，西方帝国主义国家卷土重来，在中国形成英、日、美三国角逐的局面。这就基本上规定了中国直、皖、奉各派军阀以及地方军阀的动向，它严重地阻碍着中国的政治独立和经济发展。

北洋政府统治初期，由于爆发了第一次世界大战，各帝国主义忙于火并厮杀，暂时放松了对中国的侵略，使得中国民族资本主义工商业获得了一个暂时发展的机会。特别是纺织业和面粉业发展最为迅速。但是由于中国的民族资本主义工业，缺乏重工业方面的基础，因而无法建立起独立的经济体系，也更不可能改变当时半殖民地半封建社会的经济结构。所以当第一次世界大战结束后，帝国主义卷土重来，再次加强对中国的侵略时，中国民族资本主义工商业无法抗拒，很快由大战期间的"繁荣"转入战后的萧条了。

北洋政府统治时期，中国的农村经济也在加速破产。由于北洋军阀各派系在各自的后台老板——帝国主义的支持下连年进行混战，战火遍及各省，遭受战祸地区的人民，生命财产遭受到极残暴的蹂躏和掠夺，其他地区的人民，要负担各种苛捐杂税，以满足日益增长的军费需要，不仅如此，各大小军阀头目上吃国家下抢人民，他们凭借手中的武装，肆无忌惮地搜括财富，霸占土地，不少农民因此而破产。在军阀横行的同时，商人和高利贷者竞相争购土地，甚至一些投资兴办近代工业的资本家，也加入兼并土地的行列。总之，由于帝国主义的直接侵略和其竭力维护中国封建制度，由于军阀战争的破坏和残酷掠夺，由于地主豪商的兼并，使大量农民无法生活，被迫流亡，耕地面积日益减缩，农业生产严重危机。

这一切说明，在北洋政府的统治下，由于中外反动势力勾结在一起，共同压迫和剥削中国人民，而大大加深了中国人民的灾难，使中国社会的半殖民地性日益深化。

二、北洋政府统治时期赋税的特点

北洋政府统治时期，中国社会的半殖民地性表现在税收上是各主要税收为帝国主义所控制，地方军阀各自为政，没有统一的税收制度，苛捐杂税层出不穷，人民负担极为繁重。

（一）主要税收为帝国主义控制，税收的半殖民地性质加深

北洋政府统治时期，由于各地方军阀的封建割据，以及由此日益形成的财政独立，使中央财政收入日益短绌，收支陷于混乱。在中央收入不能确保，内战不断，军费日增的情况下，北洋政府大肆出卖国家主权，以换取帝国主义的贷款。通过1913年的五国银行团善后大借款，帝国主义借机进一步控制中国的财政经济命脉。1913年，继控制中国的海关自主权之后，又掠夺了中国的盐税管理权，从此帝国主义派来监督中国财政的除了赫

德、安格联外，又加上了丁恩①。北洋时代中国的主要税收，即关税和盐税收入，均被外国人所控制，帝国主义控制了中国的财政，成为北洋政府的太上财政部长，中国财政更加依附于帝国主义，财政的半殖民地性更加深化。

（二）地方军阀各自为政，没有统一的赋税制度

北洋政府时期政治上的混乱，造成财政的混乱，反映在赋税是各自为政。各地军阀控制田赋、货物税，任意加派各种捐税，应归中央的税收也任意截留，连归入外债担保的盐税，在盐余稍有增加时，亦被各省截留。

反映在税收制度上也非常混乱。地方的税收机构名为隶属中央，实则各行其是，而各地税收机构被军阀控制，没有划一的税收制度，每征收一种税，各地的征收方法、税率高低都不统一，此时期虽然有一些整顿和改革，但朝令而暮改，不仅未得其果，反而使地方税收制度更为混乱，更加不统一。

（三）划分国家税和地方税，促进了我国财政体制的近代化

明确划分国（中央）地（地方）收支，建立分税制财政体制，使各级政府的事权和财权相统一，有助于国家和地方财政之间建立起稳固关系。民国初年，北洋政府继承清代后期税制，其管理体制十分紊乱，中央财政窘迫。为了改变这种情况，北洋政府从一开始就积极筹划并推动国家和地方收支的划分，而且从其划分依据上看，已经表现出"以支定收"的原则。尽管由于军阀割据致其基本落空，但其设想无疑是客观科学的。

（四）苛捐杂税繁多，农民负担沉重

北洋军阀统治时代，各地滥增捐税，对人民加强搜刮。他们不但不断地提高正常捐税，还挖空心思创造许多苛捐杂税。在旧有的税收名目外加征所谓的"附加税"或其他新税，实行预征或是硬派。竭泽而渔的结果是北洋军阀统治下的人民负担异常沉重。

综观北洋政府统治的十五年，是封建军阀此伏彼起，不断混战的十五年，是英、美、日等帝国主义势力对旧中国不断加深侵略的十五年，也是中国社会半殖民地性日益深化的十五年，财政税收受控于帝国主义的十五年，这是中国历史上最最黑暗的时代之一。

第二节 田赋、关税、盐税、厘金

一、田赋

北洋政府统治时期的田赋，在国家财政收入中仍然占有很重要的地位，但同以前各代

---

① 赫德，英国人，1854年来中国，1863年继李泰国为中国海关总税务司，1908年回国，至死始去职，是英国侵华的主要代表人之一。安格联，英国人，1911年10月继赫德为总税务司。丁恩，1913年善后会议后为中国盐务稽核。

相比,它又具有不同的特点。主要是田赋正供增加较多,且多为地方截留,特别是民国八年起,地方公开截留田赋,这种局面,是北洋政府中央权力削弱,地方封建军阀割据势力的发展造成的。其次,附加税比正税增加更快。

(一) 田赋

民国初建时,田赋为国家正供,在财政收入中占重要地位。民国元年,北洋政府财政部拟定国家税和地方税草案,田赋划归国家税,从民国八年(公元1919年)起,由于政局动乱,各省田赋由地方军阀擅自移挪,而将田赋划归地方的各种议论随之兴起。民国十二年宪法中,将田赋改为地方税,但没有实行。至民国十四年李思浩任财长时,曾考虑把田赋划归地方财政,但也未成事实。总之,田赋的归属问题即属国家税还是地方税,虽争论多年,但直至北洋政府统治结束也无结果。田赋在名义上属国家税,实际上多为地方截留,成了地方收入的重要来源。

1. 田赋的内容

北洋政府时期,田赋包括地丁、漕粮、租课、差徭和杂税等多项,其中主要的是地丁和漕粮两项。①地丁:清末地丁包括地粮和丁赋。民国初年的地丁,除保留清末的地粮和丁赋外,还包括清末的一些地丁附加税:有地丁耗羡、随地丁带征并解的杂款、地丁附加(如自治捐、警学捐等),以及随地丁征分解各款,全都并入地丁正项,所以北洋时期地丁的内容,大大超过了清末,而税额也比清末增加了。②漕粮:漕粮本属地粮之内,之所以单独分出来,是由于地丁纳银,而漕粮则是派征本色,水运京师。随粮交纳的运送费用,称为漕项。到北洋时期,江浙漕粮也改折为白银交纳,与地丁无异,这部分银两称为抵补金。③租课:这是归政府所有,租给人民耕种的那部分土地的地租收入,由地方政府列在田赋中的地丁项下征收。④杂赋:杂赋是指那些零星的收入款项。如:例解的贡物折银等。

总之,清代田赋项目烦琐,扰民甚重,北洋政府时期加以合并,统一项目,虽然头绪较为分明,但人民实际负担加重。

2. 田赋征收额

在民国初年,除少数省略有变动外,多数省区仍沿用清末旧制,而且,由于各省区地目、丁口不同,也很混乱。北洋政府曾力图整理清末田赋,实行田赋预算制度,无奈各省封建割据甚于清末,中央预算所列田赋之数与各省记载有很大出入,政局紊乱,各省田赋分类预算又未能每年上报,故全国田赋没有一个确切之数。现据有关记载,将北洋时期田赋与岁入列作表7-1。

从表7-1的百分比看,北洋政府时期田赋收入占岁入总数比例最高达23.17%,最低时达14.79%,平均约占1/5。而此数清末一般为25%~34%。北洋时期田赋在岁入中的比重比清末下降了。出现这种局面的原因,一是北洋政府时期地方截留田赋,未能如实上报;二是其他税收收入数逐渐上升;更重要的是由于政局动乱,战争不断,对农村经济破坏严重。北洋政府的田赋收入,是财政收入的重要来源。1912年,税收收入为5亿元,田赋收入七八千万元,占税收收入总额的15%,1913—1919年,国家每年税收收入为4亿元,而田赋收入则增加至9 000多万元,占总额20%以上。但由于地方军阀割据,北洋中央政府鞭长莫及,故此,田赋收入多为地方军阀把持,特别是在民国八年后,北洋中央的田赋收入,在中央预算中只能列为抵充各省代付中央支出项目,实际并无分文收入。

表7-1 北洋时期若干年份田赋收入及占全年岁入之比

年份	岁入总额/元	田赋收入数/元	占岁入百分比/%
1913	557 296 145	82 403 610	14.79
1916	473 947 710	97 553 513	20.58
1917	413 396 833	86 475 764	20.92
1919	375 807 154	87 085 294	23.17
1925	443 202 929	87 515 719	19.75

资料来源:吴兆莘:《中国税制史》(下),北京,商务印书馆,1937年,138页。

(二)田赋附加税

北洋政府初期,由于将清末征收的新、旧附加并入正赋征收,地方财政为了保证开支,不得不另行筹措经费。因此,新的附加税出现了。1912年,大总统咨行参议院厘定国家税和地方税法,明文规定地方征收田赋附加税不得超过正赋的30%。1915年财政部因浏阳河工急需经费,遂呈报中央批准在直隶、山东先行举办田赋附加税以应河工需要。1916年北洋政府以预算不敷,当即电令各省一律仿照直隶、山东两省的田赋附加税办法,征收田赋附加税,以后有十余省相继仿效,再扩大到全国。行之十余年后,附加税名目与日俱增,致有百余种之多。据有关机构统计,田赋附加税的名目,计江苏省105种,浙江74种[①]。附加税额也大大超过国家关于不得超过正赋30%的规定,而达到正赋的若干倍,田赋附加税征收的结果,农民负担大大加重,以至在陕、川、甘、康各省因钱粮徭役的苛征,致使卖儿鬻女、弃田逃走者比比皆是。北洋统治时期,田赋积弊的深重,是农村经济衰退的一个重要原因。

(三)田赋预征

军阀政府采取不断提高田赋和附加税的办法,仍旧不能满足其不断增长的财政支出的需要,于是又实行田赋预征来进一步搜刮农民。民国初年的田赋预征名为借垫。最初的办法是将各县的富户分为几等,按其资产数额的大小,确定借垫的款额,责令地方团、保

---

① 陈登原:《中国田赋史》,北京,商务印书馆,1936年,239页。

限日勒缴转解,以第二年粮税作抵。借垫之风既开,各地转辗援例,因久借不还,愈积愈多,加之借款之数不能满足军阀们挥霍的需要,故改为预征。预征最初一年两征,后一年三征,又一年六征,最后一发而不可遏止。预征收入是各省军阀的重要财源,河北1926年全省收入为3 000万元,预征收入为1 400万元,约占总收入的41%,可见预征收入地位之重要。因此各省军阀把田赋预征作为一种见效快、收效大的重要掠夺方式。旧军阀败走,新军阀当政,以前预征之数概不承认,又重新开征。北洋时期军阀们就是这样对农民敲骨吸髓地剥削压榨。

(四)田赋整理

北洋政府统治时期,也对田赋制度作过某些改革。主要有:①整理田赋:整理田赋,必首先整理地籍。1914年北洋政府筹设全国经界局,1915年设京兆经界行局,1916年设涿县、良县两县分局,开始测丈土地。后因时局变化而中断。1920年,复设全国经界局,不过数月又告流产。唯有黑龙江,江苏的宝山、昆山、南通、浙江的黄岩、桐乡先后推行测量土地办法,但收效甚微。究其原因,重要的是北洋政府时期政治动乱,地方拒不执行中央法令,各自为政。②归并税目:北洋时期将清后期的徭役、户口、土地等赋役渐次按其性质归并,又将耗羡、平余等名称革除,故税目大减。经过归并后有地丁、抵补金、租课、附加四大类。但归并后只是税目减少,而税负并未减少。③减轻偏重赋额:1919年浙江绅士汪大燮等联名呈清减赋,经财政部转浙江财政厅核办减轻田赋,规定征米在一斗以上者减为一斗。九升五合以上者减为九升五合,九升以上者减为九升,此项措施只在很小范围内实行。④规定银米折价:1914年北洋政府财政都为划一币制,改良征收,通令田赋改征银元。规定银一两,折合银元一元五角。实行后,苏、浙、皖、赣、闽、粤、湘、滇、黔、川、鲁、晋、冀等省改征银元,唯湖北以钱折征,广西银钱并征,甘、陕、新仍沿旧制,各省银两银元折合率参差不齐,山西、江苏田赋银一两初折银元一元八角,有些地方高至八元①。在漕米折银方面,各省折算差别也很大。此外,还有整理税册,厘定征收考成,确定附加税额,整顿屯田田赋,取消遇闰加征,局部豁免等措施这里不赘述。

北洋政府整理田赋,虽然合并了许多税目,减少了征收中的折算,但是这些措施对人民来说,并没有多大实际意义。旧的附加税并入正税后,又出现了新的附加;原附加税中包括的征收经费并入正税中,整顿田赋时又规定新的征收经费,一并一加的结果,田赋反而加重。减轻田赋的事例也有,但只在局部地区进行,并未解决全国农民田赋负担沉重的问题。而真正对农民略有好处的清丈土地,却又迟迟不执行,因此北洋政府整理田赋,对农民来说是加重了负担,对军阀来说却又找到一条新的财路。

---

① 姚树声:《民国以来我国田赋改革》,载《东方杂志》第33卷17期。

二、关税

辛亥革命发生后,帝国主义国家害怕自己的在华利益遭受损失,借口南北政府对立,提出海关中立,将海关税收入暂委托总税务司处理,以保护债权国的利益。北洋政府接受了这一无理要求,成立了海关联合委员会,并决定由总税务司代收关税、代付债款,税款存入汇丰、德华、道胜三个外国银行。从此中国的关税管理权,关税收支和保管权全部为帝国主义所攫取。1919年迫于国内人民的要求,中国代表在巴黎和会上提出了关税自主问题,要求大会讨论,由于帝国主义的破坏,未能解决。1920年在华盛顿会议上中国代表又将关税自主问题提交大会,但又被帝国主义以"分步改进"为借口而推脱了事。1925年,北洋政府邀请美、英、日、法、意、荷六国代表,在北京召开关税特别会议,几经周折,终于做出在1929年1月1日中国关税自主,解除协定关税的决议①。北洋政府是仰承帝国主义鼻息行事的,因此关税自主虽然有决议,实际是以无结果告终。

北洋政府时期关税收入呈现上升趋势。特别是从1919年起关税收入逐年增加。具体数字可见表7-2。

表 7-2　1912—1927 年北京政府关税收入情况

年度	收入总额/元	指数	年度	收入总额/元	指数
1912	66 744 495	100	1920	84 452 044	118
1913	73 069 054	109	1921	91 898 164	138
1914	65 913 568	99	1922	95 078 976	147
1915	63 149 255	95	1923	105 935 246	159
1916	64 674 069	97	1924	115 052 783	172
1917	65 381 720	98	1925	116 223 931	174
1918	62 817 127	94	1926	128 732 675	193
1919	78 683 468	118	1927	112 985 364	169

资料来源:王孝通:《中国商业史》,北京,商务印书馆,1936年,248~249页。

从表7-2看出,1919年后关税逐年增加,但北洋政府并未因此而摆脱财政捉襟见肘的困境。原因是此时关税仍作为偿还外债的重要担保,扣除外债本息和海关管理费用所余下部分的关余,北洋政府又用以作内债担保,每年的关税还未到手就所余无几了。

关税包括进口税、出口税、子口税和吨税,还包括鸦片厘金、沿岸贸易税。

---

① 吴兆莘:《中国税制史》,北京,商务印书馆,1982年,208~217页。

北洋政府还课征常关税。1913年起,清末划归省管理的常关又逐渐移归中央政府管理。中央设置专任监督管理常关,属财政部的直属机构。北洋政府时期常关税收入:1918年为6 359 356元;1919年为7 189 937元,1920年为7 016 856元;1921年为7 235 293元,1922年为6 908 152元;1923年为7 184 208元,1924年为6 681 538元①。1914年和1915年因公债基金不足,将常关收入列为公债基金,各常关监督将所收税款迳交附近税务机关收存。从1917年起常关收入逐渐为各地军阀所截留,到1922年,只有京师税务监督署所收的崇文门常关税每月20多万元,为中央常关唯一之税收收入。常关税的设立妨碍国内货物流通,阻碍民族工业的发展,国内人士多主张撤除常关,但直到北洋政府垮台,常关未能裁撤。

三、盐税

盐税历来是财政收入的大宗,北洋时期的盐税初期沿用清代盐法,包括正税和附加税。

(一) 正税

正税是国家对盐的产、运、销所征收的税。一般就场征收。盐税税率各地不统一,负担也不公平,名目纷然,有百多种。1913年北洋政府公布盐税条例统一税率和合并税种。规定盐税每百斤2.5元;1918年又修定为每百斤课税3元,取消各种附加税,各省盐税聚散为整,化繁为简。此期虽然明定了税率,但各省并未切实遵行,同时盐税却加重了。

各省军阀不但不按中央规定的税率征收盐税,而且任意截留盐税税款,从1917年起,先是粤中的盐税被截留;继之四川盐税也为军阀拥为己有,再后广西、云南、湖南、陕西、奉天、吉林、黑龙江、江西、浙江等省,相继截留盐税。由于盐税是善后借款的担保,地方截留引起了帝国主义的干预,北洋政府曾采取了一些临时措施,但也未能限制各省的截留。特别从1919年起,盐税作为外债担保地位下降后,截留盐税的情况更为严重,据记载,各省截留盐税数,1919年为10 813 700元,1925年为450万元以上②,1925年截留数为盐税9 885万元的45.5%③,可见各省截留盐税情况之严重。

(二) 附加税

地方截留盐税作军政费用尚感不足,于是又相继开征盐附加税。1913年,盐务稽核所曾对盐税附加稍作整理,有中央附加、外债附加、地方的各种附加(如军费,教育费、筑路

---

① 贾士毅:《民国续财政史》(二),北京,商务印书馆,1934年,56~57页。
② 贾士毅:《民国续财政史》,187~189页。
③ 贾士毅.《民国续财政史》,202页。

费、慈善费),其名目繁多,超过正税。1918年修改税率,每百斤征税3元,取消各种附加,但各省并未遵照执行,各种附加税超过以往。有的附加是重复征收,此地征后,彼地又征,由各地军阀任意增加名目,按其需要征收。盐税收入在北洋时期逐年上升,见表7-3。

表7-3 1917—1926年北洋政府盐税收入状况

年度	正税/元	附加税/元	合计/元
1917	79 579 874	534 308	80 114 182
1918	83 061 911	38 511	83 100 422
1919	87 508 027	196 489	87 704 516
1920	91 926 813	42 721	87 613 922
1921	95 926 813	11 636	91 938 449
1922	95 355 495	16 764	95 372 259
1923	83 344 794	70 977	83 415 771
1924	91 557 980	1 915 644	93 473 624
1925	97 125 539	1 725 391	98 850 930
1926	95 993 773	3 011 928	99 005 701

资料来源:据贾士毅:《民国续财政史》(二),190~204页表综合制定。

从表7-3可以看出盐税收入逐年上升,附加税增加更快,致使盐价飞涨,人民负担日益沉重。

由于官盐价格太高,不少人被迫改食私盐。结果,官盐销售逐年下降,影响到国家盐税收入。为此,北洋政府加强了缉私活动,但缉私不但不能阻止私盐,反而促使私盐增加。私盐不能根除,一方面是封建官僚机构的腐败;另一方面则是官盐价高(即盐税重),私盐价廉(盐税低或无盐税),人们自然乐于购买。这是当时私盐之不能根除的根本原因。当时有人提出了一些改革方法,即恢复专卖制度。但是,北洋时期的政局和地方割据,还不能将这些改革措施付诸实现,因此改革食盐征税办法也只是提案而已。

四、厘金

厘金是清代后期开征的新税,北洋政府沿用未改。只是北洋政府初期的厘金与清代初创之厘金,其性质相去甚远。此期的厘金包括坐厘、行厘、货厘、统捐、税捐、铁路捐、货物税、产销税、落地税、统税等。其中不少名目名为厘金,实则逐渐向货物税、统税、产地税销场税过渡。即属过渡性质,又在最混乱的时期,因而扰民甚深,危害也很大。

厘金的税率,各地不尽相同,有抽2.5%,有抽3.5%,有抽5%,也有达到7.5%,更高的25%。当时全国有厘卡784个①,分局卡不下2 500处。

厘金收入数,据统计1916年为46 400 084元;1920年、1921年、1922年、1924年4年平均收入为4 437万元;1925年为45 698 778元;1927年为50 143 876元②;这是北洋政府时期各地军阀嘴中的一块肥肉,多据为己有。

由于厘金征收的苛扰,以致货价提高、交通艰滞、严重地阻碍工商业的发展,厘金的征收也影响帝国主义在华利益,各地厘金负担不一,办法不统一,收入也无从稽查,因此,裁厘之声日渐高涨。1914年北洋政府责成财政都将原有厘金改办产销税,其后北洋政府财政部又规定《征收厘税的考成条例》,以促进对厘金的改革③。但因各省的军政费用都靠厘金为之恒注,取消厘金之后又无其他抵补办法,因此屡议屡不见诸实行。结果在厘金外又增加一些新税,厘金制度也更为混乱。

五、烟酒税

民国建立,即开征烟酒税。1915年又设烟酒公卖制,按照价值加抽公卖经费。于是烟酒公卖遂与烟酒税捐并行,成为国家财政收入的重要款项。

(一)烟酒税

烟酒税最初行于直隶,以后各省皆征,但各省征收烟酒税的办法不尽相同,有的将厘金加成征收,也有征落地税、门捐、厂税等。各省税目相异,税率也不相同,有征钱,有征银或征洋钱,极不整齐。1915年北洋政府财政部规定增加酒税税额,烧酒每百斤不得少于1.5元,各种果酒每百斤不得少于2元。酒税税率稍有划一。但因各地情况不同,各省也未完全执行,因此烟酒税率也始终未统一。最低税率为5%,苏、鄂、湘行此税率,陕、甘、豫税率最高达30%~35%;其余各省一般为10%~20%④。烟酒税稽征办法各省不一,一般是从量计征,多于产地征收。

(二)烟酒公卖费

1915年北洋政府将各国烟酒专卖制度变通后,实施官督商销的烟酒公卖制。目的有二:一是为了解决中央财政支绌问题多;二是各省烟酒税名目繁多,性质复杂,实行公卖制,征收公卖费,以合并烟酒税和烟酒厘金及各种杂捐,有归并税目统一征税之意。1915年5月,北洋政府财政部拟定《全国烟酒公卖局暂行章程》及《全国烟酒公卖暂行简章》,经北洋政府批准,试办烟酒公卖。后又续订《各省烟酒公卖局章程》《烟酒公卖局暂行章程》

---

① 贾士毅:《民国续财政史》(二),461页。
② 贾士毅:《民国续财政史》(二),461页。
③ 贾士毅:《民国续财政史》(二),461页。
④ 《财政年鉴》,第八篇,1086页。

《各省烟酒公卖局稽查章程》,并先后实施。实行烟酒公卖后,烟酒税、烟酒厘金,各项捐款均照章继续征收,由公卖分栈代征后分拨。由此可见,实行烟酒公卖费后,不过是增加了一种新税。

北洋时期对烟酒同时征收烟酒税和烟酒公卖费。两者的不同点是:公卖费由中央决定征收,仅有一种名称,又有一定的章程,从价计征,有统一的征收机关,烟酒税则是由各省办理,种类繁多,名称各异,征收无一定的章程,省自为政,从量或从价计征,也无统一的征收机关。从两者发展趋势看,征收公卖费比较统一和合理。烟酒税和烟酒公卖收入情况,见表7-4。

表7-4　1918—1923年北洋政府烟酒税和烟酒公卖收入情况

年度	烟酒税/元	烟酒公卖费/元	合　计
1918	5 760 475	6 408 982	12 169 457
1919	6 729 566	6 655 910	13 385 476
1920	7 186 100	6 693 571	13 879 671
1921	7 111 127	6 115 393	13 226 520
1922	7 940 351	6 515 785	14 456 136
1923	7 798 806	6 934 909	14 733 715

资料来源:贾士毅:《民国续财政史》(二),298~299页、302~303页。

(三) 烟酒牌照税

属营业税性质。北洋政府于1914年创办并颁行《贩卖烟酒特许牌照税条例》。条例规定:凡卖烟酒的商人应先提出申请,经批准后,赴经营机关交纳牌照费,领取执照然后方许营业。烟酒营业执照分为两类:一为批发性营业,每年纳税40元;一为零售性营业,分为甲、乙、丙三等。甲等每年纳税16元,乙等每年纳税8元,丙等每年纳税4元。以后又增加丁、戊两等,丁等每年纳税2元,戊等每年纳税1元。分两季征收。

六、契税

北洋政府于1914年颁布契税条例,所订税率为卖九典六,另收契纸费每张5角,如先典后卖,则不收卖契税,官方和自治团体及其他公益法人典卖不动产免纳契税。以后契税税率多有变动。1917年,修改税率为卖六典三,各地可以征收附加税,但不得超过正税的1/3。1922年北洋政府司法部又颁布不动产登记条例,交纳不动产费。这样,加上1912年因财政困难开征的验契费,各省征收的契税附加,北洋政府的契税类税收包括契税、不动产费、验契费和契税附加等四类。前三项作为中央专款,各地经收后,上缴财政部分拨款。契税附加则是地方财政收入,由各地征收和支出。契税由各县知事经办,规定了偷税、补交、罚款等办法。不过由于各省情况不同,未能全都照办。故契税征收在北洋政府时期,仍是省自为政。契税本属中央专款,到后期也为各地军阀所截留。

七、牙税

北洋政府初期,整顿旧牙税,创设新牙税。1914年3月,北洋政府电令各省按本地情况妥议章程报部,以资整顿。1915年,北洋政府财政部拟订整顿大纲八条,规定旧帖和无帖营业者须领新帖;未缴帖捐者一律在1916年补缴,并规定了章程进行整顿,税率都有提高,名称也大同小异。总归起来有三类:帖费、帖税、牙捐。牙帖一般按规定由各省各县颁发。牙税虽为中央收入,由于政局变动,多为各省截留,实收数目都不得而知。

八、矿税

北洋时期矿税包括三个内容,即矿区税,矿产税和矿户的统税。矿区税由农商部征收。按矿区亩数计算,其税率为:一亩地每年征3角或1角5分。矿产税由各省财政厅征收,按出产地平均市价计算,税率为15‰或10‰。统税由财政部征收,按市价开算,税率为5%,每年二、五、八、十一月为期,由矿业主预估3个月之内销售量计算税额向财政部交纳。北洋时期矿税收入为中央专款,据贾士毅《民国续财政史》统计:矿税收入1917年2 629 075元;1918年为1 851 922元;1919年为867 897元。逐年下降的原因是小矿多未照章纳税;主管部门违章减免税,以致影响税收;政治动乱,中央政令不能下达,各矿业、公司经营因此受影响,转产和停办比比皆是,致使矿业不能发展,矿税收入也受影响。

九、印花税、通行税

印花税是北洋政府时期开征的新税,属行为税。因系对商事、产权转移等行为所书立或使用的凭证征税,采用在凭证上贴印花票的方法,故称为印花税。1912年,北洋政府根据清末印花税则修订为印花税法,由参议院决议公布。印花税所贴用的印花,由北洋政府委托海关监督、邮政局、中国银行、电报局、商会发售。1913年北京首办印花税,收入为五万多元,其后各省相继开征印花税。1914年12月对《印花税法》作了修订。修订后的印花税法,扩大征税范围,税率也有提高。印花税课税对象,汇票共26种,人事凭证10种。1917年又扩大到车船执照、洋学证书、高小毕业证书等十几种。此外还包括戏票、枪支执照、报税单据、民粮立户过户三联执照等。印花税税率:凡票据值银元10元以上贴印花1分,人事凭证贴印花1角到4元不等。印花税施行之初,尚见成效,后因财政支绌,中央滥印滥贴,置信用于不顾,各省强派勒索,扰商扰民,被视为苛税。印花税的征收,应不论中外商人,凡有商事行为均需课征。但北洋政府对帝国主义一味迁就,对租界内的外商、洋商则免贴印花。所以,印花税也带有半殖民地性质。

通行税是北洋政府时期开征的新税。1913年冬,因国库穷乏,北洋政府拟定通行税法,对铁路和水上运输工具载运货物和搭乘旅客,按运费及客票价格征收通行税。通行税法公布后,由于外交部和交通部托辞不办,后来又逢时局动荡,故未实行。

十、各种苛捐杂税

北洋政府时期,凡人凡物都有捐税,名目繁多不胜枚举。直隶省有戏捐、妓捐等共16种之多,奉天有乐户捐、桥捐、斧捐、菜园捐等33种,吉林省有缸捐、摊床捐、渡捐等20多种,广东汕头有猪捐、牛捐、鹅捐、番薯捐、青菜捐、丁口捐等,甚至女子出嫁也要纳捐,名为"女子出阁捐",四川省开征各种杂捐达到99种,仅警察官厅开征杂捐就有24种。川军割据时期,除加重旧税外,还有种种苛捐,差不多是无地不设关卡,无处不层层剥削。凡一物的运出输入动辄纳税十余次至数十次不等。如白糖一包,从资中运到重庆数百里之内,关卡21处,纳税捐22.52元①。大黄当归一包,平武运至重庆有关卡90处,纳税捐1 900多元(本金为银2 000两)。税目之繁,关卡之多,征税之苛,税负之重使北洋时期经济严重凋敝。关卡林立,阻碍商品流通,影响资金周转,从而影响到工农业生产的再生产过程。税负加重,生产者的成本提高,价格上涨,也影响到产品的销售和再生产,而这一切最终是由广大人民负担。列宁曾说:"征收日用品的间接税是极不公平的。它把全部重担转嫁到穷人身上,给富人造成特权。人愈是穷,他愈是要把自己更大一部分收入以间接税形式缴纳给国家。"②随着北洋政府和地方军阀军政费用地不断增长,北洋政府和地方军阀政权不断增加各种捐税,劳动人民的税负也必然不断加重。

第三节 赋税管理机构和管理制度

一、北洋政府时期各级赋税管理机构

(一)中央赋税管理机构

民国成立,改清末的度支部为财政部,财政部名称自此开始,财政部所属的税务机构有:赋税司,主管全国田赋和税收。同时,财政部又另设盐务署总管全国盐务,由财政总长管辖。在盐务署内成立盐务稽核所,由中国总办一员,洋会办一员主管。所有发给引票、汇编各项收入之报告表册各事,均由该总办、会办专人监理。又在各产盐区设立稽核分所。又在各产盐区设立稽核分所,有经理华员一人,协理洋员一人,此二人的等级职权均等,负责征收存储盐务收入。各产盐区盐斤纳税后,须有该处华人经理、洋员协理会同签字方准放行。盐务收入账内之款项,没有总办、会办会同签字的凭据,则不能提用盐,从此盐税征收支取之权,悉由帝国主义操纵。

北洋政府时期的关税管理机构,沿袭清后期制度,财政部下设税务处。下属三部:征

---

① 《重庆文史资料选辑》第11辑,51页。
② 《列宁全集》第5卷,北京,人民出版社,1959年,303页。

税部、海事部、工务部。征税部为海关的首脑机关,人员占全部海关人员的80%以上,其余两部则处于从属地位。海关人员中,外国人居要职,中国人处于从属地位。据1925年统计,从总税务司到税务司共43人,全是外国人员,而英国人则又占最重要地位,共计27人。副税务司30人,也全是外国人,英国人占18名。157名外国帮办中英国人占62名。海关的重要职位,大半为英国人所占,俨然像英国之海关。海关的一切实权操纵在总税务司之手。北洋时期的总税务司,由英国人安格联担任。总税务司有权裁决政治上、外交上、财政上有关的重要问题。海关的其他事务,则由总税务司所属六局的局长处理,六局即总务局、汉文局、统计局、审计局、伦敦局、人事局。总税务司之下置税务司,其下有六课:总务课、秘书课、会计课、统计课、监察课、验查课。各机构的重要职务均由外国人担任。从关税机构的职位看,外国人仍主宰了北洋时期的海关管理①。

(二)各省赋税管理机关

民国初建,各省都督府之下,设财政司,主管全省正税和各种杂税;袁世凯执政,想集财权于中央,在中央设立国税厅筹备处,各省设分国税厅筹备处,直隶财政部。其官职与各省军政首脑地位相等,主管国税。原有财政司主管地方税。后地方收入范围逐渐扩大,中央又想将这部分收入控制起来,于是国税厅筹备分处与各省财政司合并为"财政厅",财政厅之名自此始。财政厅直属中央财政部,财政部所设的税收机构,各省财政厅设相应分机构。北洋政府时期,财政厅多为各地军阀把持,成为军阀的军需库,而人事任免权也由军阀控制。不仅如此,各省财政厅还插手属于中央专款的各税,如烟酒、常关、印花、官产及至于盐务。所有中央专款,多被地方截留,中央财权旁落。中央权力削弱,地方军阀割据的局面就更加严重了。

(三)县级赋税机关

北洋政府时期,县级地方财政机构极为混乱,县内税款的征收有的由县署办理,亦有另设机构办理的。县征收田赋,烟酒公卖分局征收烟酒公卖费,由商人经办。后经县组织法决议,各县成立财务局以总管全县财税。后又改名为财政局(或财政科),管理全县财政之大权。此后在财政局外又有经征局、征收局、税务所、印花税局、烟酒分局、官场分所等,均为县级财政管理机构。各县财政局本应上属省财政厅,但都为军阀割据势力控制,县自为政。

二、中央税和地方税的划分

北洋政府鉴于清税制积弊深重,中央收支同地方收支性质不明,权限混淆等,着手进行改革,即划分国家税和地方税。下面分阶段介绍。

---

① 吴兆莘:《中国税制史》下册,179~191页。

（一）最初划分国地两税

1913年，北洋政府财政部整理税制并划分国家税和地方税，当年12月公布国家税和地方税法草案，次年复加修订。属中央管理的国家税有：田赋、盐税、关税、常关税、统捐、厘金、矿税、契税、牙税、当税、牙捐、当捐、烟税、酒税、茶税、糖税、渔业税17项。属于地方管理的地方税有：田赋附加税、商税、牲畜税、粮米捐、土膏捐、油捐及酱油捐、船捐、杂货捐、店捐、房捐、戏捐、车捐、乐户捐、茶馆捐、饭馆捐、肉捐、鱼捐、屠捐及其他杂捐杂税共20项。将新设的国家税有：印花税、登录税、继承税、营业税、所得税、出产税、纸币发行税。将新设的地方税包括：房屋税、入市税、使用物税、使用人税、营业附加税、所得附加税等。

正式划分国家税和地方税，这在中国税收管理体制的历史还是第一次。从上述划分看，地方税多属苛捐杂税，如果中央尚能约束地方，限制捐税的种类，地方税尚不致泛滥，但当时中央却没有这种驾驭地方的能力，中央命令地方不遵从。这样，划分国地税范围就没有多大意义。另外划分国税地税范围后，财政税收组织无相应的改革，以作为实现税收改革的组织保证，国地两税的划分要付诸实现也就很困难。1914年6月，因财政困难，北洋政府中央下令取消国地两税的划分，改由主管官署统筹支配，所有各种税款，复行统一收支。

1915年中央开始实行专款制，划定验契税、印花税、烟酒税、烟酒牌照税、牙税五项，谓之五项专款，由各省议定税额，按月报解中央。1916年中央专款又加入屠宰税、牲畜税、田赋附加税、厘金增加等项，正式定名为中央专款。1917年对中央专款进行整理，印花税另设机构办理，划出屠宰税等项，规定烟酒税、烟酒牌照税、烟酒附加税、契税、牙税、矿税六项为中央专款。为了保证中央专款收入，于1919年成立烟酒事务局，将烟酒税、烟酒附加税、烟酒牌照税移归事务局管理，至此由各地经征的中央款项仅契税、牙税、矿税三种。

中央专款由各省认解，而解额多未到达原认解数，1917年起，中央应发各省军费，多由专款划拨，往往款项未收足，先由各省借垫，年终了结。经年累月，则抵拨不清，各省拨留款逐年增多，则应解之款日少。

（二）再次划分国地两税

1923年12月，《中华民国宪法》公布，当时财政整理委员会根据宪法规定发表整理税制计划书，1923年国地税收划分如图7-1所示。

此整理计划因政变（曹锟下台，段祺瑞重新执政）而没有实现，仍实行中央专款制。因地方截留专款，中央几乎没有税收收入，仅赖崇文门税为唯一收入。北洋时期国地两税划分终未能实现。

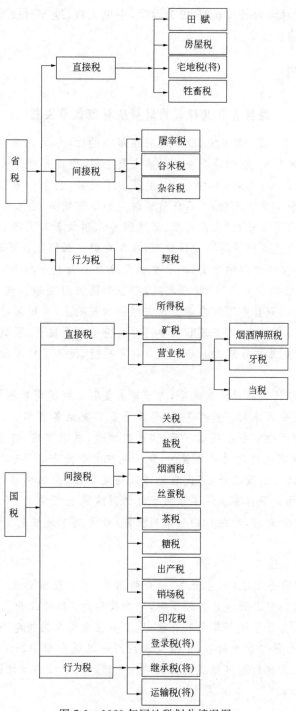

图 7-1 1923 年国地税划分情况图
注：表中"(将)"表示将要制定此税。

总之，北洋政府时期的财政管理，极为混乱，中央无权，地方财权又四分五裂，这也是北洋政权很快崩溃的重要原因。

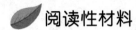 阅读性材料

周自齐在北洋政府时期的财政改革实践

从1912年3月至1927年6月，北洋政府在短短的15年之内先后更换了35届财政总长和7届代理财政总长，在如此众多的财政大员中间，周自齐被公认为是不可多得的理财高手。周自齐(1871—1923年)，字子廙，祖籍山东成武，出身于鲁西南的名门望族，是北洋政府时期的一个重量级人物，曾历任清朝驻美公使馆领事、山东都督、中国银行总裁、交通总长、陆军总长、财政总长、农商总长、署理国务总理兼教育总长，并一度摄行大总统职务。这不仅是因为他长期驰骋于北洋政坛，多年在财经部门担任要职，有着丰富的理财经验，更在于他早年接受过西学熏陶，敢于在制度建设方面放手作为，大胆创新。他在近30年的仕宦生涯中任职种类之多、职级之高，在整个民国时期很少能有出其右者。作为旧交通系三巨头之一，周自齐不仅在借鉴西方经验的基础上，对民国时期的财政管理体制提出了切实可行的改革措施，而且还积极参与并主持了公债发行、税制改革和盐政改良等一系列财政管理活动，形成了较为系统的财政改革思想，促进了中国传统财政管理体制的现代化转型。

袁世凯继任中华民国临时大总统后，为了筹集复辟帝制所需要的大量经费，亟待革新财政，建立新的财政管理体系。他在1914年2月6日发给各省都督、民政长、巡阅使、护军使、镇守使和国税厅的电令中明确表示："民国缔造，基础方成，将来之存亡生死问题，厥推财政。"①为尽快实现整理财政之目的，袁世凯在电令发布3日后的2月9日，将亲信周自齐由交通总长调为财政总长，周氏自此得以插足财政、交通两界，成为北洋政府中炙手可热的重量级人物。周自齐在一年零两个月的财政总长任期内，不遗余力地帮助袁世凯政府整理财政，广开财源，所推行的一系列措施，较为集中地映射出其财政改革思想的基本脉络。

（一）发行国内公债

周自齐认为："国务万亿，咸待治理，而命脉所系，尤以财政为先。"但在民国肇造、政局未稳之际，各省区的财政开支已自顾不暇，中央政府的"内外政费"只能"同仰外资"②。基于这种现实考量，为了尽快筹集帝制资金，周自齐在袁世凯的授意下，曾于1914年6月间向五国银行团进行第二次大借款，但借款谈判因一战爆发而中断。后不得已向美国单独商洽借款，又因五国银行团其他成员的反对而流产。在举债遇挫之际，他不得不考虑发

---

① 章伯锋、李宗一编：《北洋军阀(1912—1928)》，第一卷，武汉，武汉出版社，1990年，548页。
② 贾士毅：《民国财政史》，上海，商务印书馆，1917年，214页。

行国内公债一途。周自齐曾提出:"理财之要素,贵乎出纳有制",特别是在"大局未定,人民荡析"之际,节流应重于开源,因此他对于发行国内公债本来是不感兴趣的,而且一度认为:"若云举办内债,则政治未能清明,用途漫无限制,孰肯以艰辛所得之资财,供政府无穷之挥霍,是内借亦劝成不易也。"①但在外援断绝、举债不成的情况下,周自齐很快意识到:"内国公债为国家命脉,社会金融之所托,关系甚巨,自应督饬中国、交通两银行与主管拨款各机关商定逐期拨款办法,切实照行。"②基于这种认识上的转变,周自齐不仅于1914年8月呈请成立了"内国公债局",专门负责公债发行事宜,而且为了提高国内公债的信誉度,对公债的发行办法也进行了大刀阔斧的改革。他一方面提高1914年、1915年两年的公债利息与折扣,缩短发行周期与付息时间,以刺激商民的认募积极性。另一方面还加大在社会各界的动员力度,分别于1914年8月和1915年1月两次致电全国,请各省将军、巡按使与商会踊跃应募。由于措施得力,财政部于1914年8月呈准发行的2 400万元国内公债得以超额完成,共征得资金2 540余万元,而且预定1915年再发行国内公债2 500万元。此举使袁世凯政府的财政收入大为增加,不仅避免了中国财政一味依赖外债的不利局面,而且有效缓解了北洋政府的财政紧张形势。

(二) 推行税制改革

1912年12月,北洋政府财政部颁布的《整理财政总计划书》提出,要克服财政困难,既要借鉴西方经验,又要广开税源。但我国现有税目,"其课税物件非集注于生产机关,即集注于消费物品,此等经济思想犹是欧洲十九世纪上半期之时代。"因此,该计划书提出"今欲更新税制,非采用最新之思想及最近之学说,不足以剂租税之平。"③

按照这一思路,周自齐接任财政总长后,首先致力于整理由前清一直沿用的一系列旧税,并成立"整顿旧税所"作为专设机构,直辖于财政部。其主要职责,一是调查现有旧税的种类及收入总数,并分析其积弊原因;二是规范管理办法,杜绝各种不法行为;三是协助各省长官解决征税困难,并负责各省征税官吏的考核。

该所成立后即开始着手整理旧税,因"我国旧有之税,向推田赋、厘金、常税三种为大宗",所以整理旧税也是以三大税为主。据民国时期财政专家贾士毅所著《民国财政史》统计:1914年,周自齐通过整理田赋增加收入562万元,通过整理厘金增加收入3 865万元,通过整理常关税增加收入627.2万元。

在整理旧税之余,周自齐也积极开征新税,并为此专门成立了与"整顿旧税所"相并列的"筹办新税所",在充分"调查各种课税物件及将来征收之难易和多寡"④的基础上,将印花税、营业税和通行税作为新增税种。在三种新税中,周自齐对于开征印花税最为重视,

---

① 中国第二历史档案馆编:《中华民国史档案资料汇编》,第三辑,南京,江苏古籍出版社,1991年,100页。
② 沈云龙辑:《近代中国史料丛刊三编》,第二十辑,台北,台湾文海出版社,1987年,96页。
③ 中国第二历史档案馆编:《中华民国史档案资料汇编》,第三辑,南京,江苏古籍出版社,1991年,68页。
④ 中国第二历史档案馆编:《中华民国史档案资料汇编》,第三辑,南京,江苏古籍出版社,1991年,1231页。

为确保该税的正常征收,他于 1914 年 12 月 21 日专门颁布《稽核印花税办法大纲》,决定在财政部设总稽核员一人,股员六人,将全国 27 个省区以及各地的盐务机关、海关、常关征收局分隶于三股稽核。1915 年 1 月周自齐又以保障印花税罚金的执行为由,咨文内务总长朱启钤,专门制定执行规则,要求转饬京师警察厅和各省警察官厅遵照办理。数据显示,在短短的一年时间里,周自齐通过施行新税,为北洋政府累计增加收入逾 6 000 万元之多。

(三)提倡盐政改良

民国初年,盐税被视为北洋政府财政收入的三大支柱之一。由于长年的军阀混战,各省在盐业管理上各自为政,盐政之混乱较清末为甚。1912 年 3 月,袁世凯为解决国库空虚问题,以处理清政府债务善后事宜之名,用全国盐税作抵押,向英、法、德、俄、日五国银行团举借高达 2 500 万镑的巨款。作为此次善后借款的附带条件,北洋政府与五国约定在财政部下分别设置盐务署和稽核总所,其中稽核总所以中国人为总办,外国人为会办,所有盐政管理事务不经洋会办签署不得生效。在全国各产盐地则设立盐务稽核分所,以中国人为经理,外国人为协理,所有盐税收入存入五国银行团所属银行,不经洋会办签字不能提用,由此导致中国的盐税征收大权事实上为洋人所把持。

《善后借款合同》生效后,五国银行团力主将稽核总所作为中国的最高盐务管理机构,希望借此完全控制中国的盐政管理。周自齐洞悉洋人阴谋的危害性,为了摆脱中国政府在盐政管理上的被动局面,他在财政总长任内从多个层面积极推行盐政改良。

1. 收回盐政主权

周自齐认为,前任财政总长熊希龄等人提出的盐务署官制与稽核总所的权限多所抵牾,且容易为洋人提供可乘之机,为确保盐政大权为我所控,他建议将盐务署归由财政部直辖,并以之作为全国的最高盐政管理机关,稽核总所则必须置于盐务署领导之下。虽然该建议遭到英国代表丁恩等人的强烈反对,但在周自齐的努力和坚持下,1914 年 2 月 9 日北洋政府公布的《盐务署稽核总所章程》明确提出,稽核总所应成为盐务署的重要组成部分,其下"设立中国总办一员、洋会办一员,盐务署长应兼任稽核总所总办,总所会办应兼任盐务署顾问。"该章程第六条还特别指明:"盐务署长兼总办与洋会办兼洋顾问,彼此有不同意之事,应呈由财政总长核夺。"[①]这实际上是规定了时任财政总长兼盐务署总办的周自齐在盐政管理上的最高行政权,在实际执行层面挽回了北洋政府在盐政管理上受制于人的被动局面。

2. 改良盐务管理

民国初年,全国各地的盐税征收不仅税率高下不一,而且税款管理十分混乱,瞒报和走私产盐的现象随处可见,贪占和挪用盐款事件时有发生。有鉴于此,周自齐继任财政总长后即开始改革盐务管理办法。在运销方面,废止前清的先盐后税制度,改行先税后盐之

---

① 中国第二历史档案馆编:《中华民国史档案资料汇编》,第三辑,南京,江苏古籍出版社,1991 年,1376 页。

法,即盐商运盐前须先向政府报税,然后凭借领到的执照运盐行销,从而杜绝了贩运私盐现象的发生。在税收方面,废除以往为体恤商人而实行的耗斤制度,即政府不再对盐商运销中的损耗进行补贴,此举杜绝了盐商的漏税之弊,提高了国家的盐税收入。在生产方面,周自齐于1914年3月与国务总理孙宝琦一起呈请袁世凯公布《制盐特许条例令》,对制盐者的资格、种类和相关权力进行了明确界定,鼓励盐业生产者多造精盐,防止外国粗盐充斥中国市场,从而达到为国家挽回利权的目的。

3. 交涉盐税余款

经过周自齐的盐政改良,民国初年的盐税收入大为增加,存放于五国银行的盐款除偿还借款外尚有部分剩余应放还中国政府,但五国银行团为了操纵中国财政运作,往往以垫支借款准备金为由,拖延甚至拒绝向中国政府移交盐税余款。周自齐充分发挥其个人通晓国际法的优势,与五国政府多次严正交涉,认为既然《善后借款合同》中没有所谓借款准备金一说,则盐税余款放还中国政府就是理所当然。在周自齐的努力斡旋和一再争取下,五国政府不得不同意将盐税余款按时拨还北洋政府。如1914年放还盐税余款为31 304 818元,1915年为27 523 066元,①有效缓解了北洋政府的财政紧张局面。

【本章小结】

北洋政府时期,中国陷入社会、政治极度混乱时期。中央政府的财源或被地方军阀截留,或被用于抵押外债,中央财政没有稳定的财源,收入如同政治局面一样支离破碎。北洋政府为扩大财力的努力首先体现在税制改革上。北洋政府建立后,对田赋制度作了较大的改革,但改革成效不大。北洋政府还欲在清末税制的基础上创建所得税、遗产税和印花税,但直到1921年才真正开征所得税,并且最后只开征了官俸所得税,后来也因为时局动荡而不了了之。遗产税则因中国的继承条件与西方所得税制所依赖的条件存在巨大差异始终未能开征。印花税则因有清末的成熟酝酿而迅速开征。为了保证盐税收入,在外国势力的干涉下进行了盐政改革,但因或明或暗的抵制和阻挠未能贯彻执行。同时,还开征了成为当时中央财政第三大收入,包括烟酒牌照税、烟酒税和烟酒公卖费三项在内的烟酒税,以及包括矿区税、矿产税和矿统税三类的矿税,其中矿产税仍是各省各自为政。此间进行的关税自主运动只有有限的进展,稍稍提高了关税税率,并使各国承诺在1929年1月1日实现中国关税自主。

【关 键 词】

烟酒公卖费 印花税 通行税 田赋预征 国家税和地方税的划分

---

① 杨涛:《交通系与民初经济政策研究(1912—1916)》,陕西师范大学博士毕业论文,2012年,366页。

【复习思考题】

（一）名词解释

1. 通行税（运输税）
2. 印花税
3. 烟酒牌照税

（二）简答题

1. 简述北洋政府统治时期赋税的特点。
2. 简述北洋政府统治时期的田赋整理。
3. 简述北洋政府统治时期中央税与地方税的划分历程。

CHAPTER 8 第八章　国民政府时期的赋税

学习目标
(1) 理解国民政府的社会经济、赋税制度和税收管理体制演变特点。
(2) 了解国民政府后期的土地税体系。
(3) 理解国民政府的统税、货物税和直接税的概念及特点。
(4) 通过了解国民政府划分国地税的四次过程,总结税收征管的演变规律。

1927 年,北伐战争的胜利,结束了军阀割据、南北两个政府对峙的局面,中国重新实现了统一。中国社会进入了一个相对平稳的社会发展阶段。以蒋介石为首的国民政府从统一全国到败守台湾,历时 22 年。在国民政府执政时期内,以抗日战争为界,可分为三个阶段,1927 年至抗日战争爆发前为第一阶段,八年抗日战争为第二阶段,抗日战争结束后到 1949 年为第三阶段。

第一节　国民政府时期政治经济与赋税特点

国民政府成立后,长期奉行军事独裁政策,不仅从政治上对人民残酷镇压,而且与帝国主义相勾结,在经济上对人民进行压榨和剥削,迅速集中了巨额的财富,形成了蒋、宋、孔、陈四大家族为代表的官僚资本集团。四大家族官僚资本的核心是金融资本,通过金融垄断手段先后设立或控制中国的大部分金融资本,并通过实行法币政策及抗战胜利后接收敌伪银行资产等扩张其金融实力,进而以金融垄断为基础,控制国民经济命脉,是在商业、工业、农业等方面,四大家族官僚资本都取得了垄断地位。

与官僚资本迅速膨胀状况形成鲜明对比的是,在帝国主义、封建主义、官僚资本主义的侵略、剥削、压迫下,中国民族工业和农村经济的衰退、破产。在抗战以前,由于帝国主义对中国侵略及国民政府财政搜刮的加速,四大家族开始控制国民经济命脉,加上农村经济严重衰退,中国民族资本企业大都破产或半破产,抗战爆发后,日本帝国主义占领中国大片领土,民族工业集中的东南沿海地区沦陷,多数民族资本企业来不及搬迁,陷于敌手,损失惨重。而在后方,由于国内国际战争缘故,为内地工业发展提供了需求市场,促进内地官僚资本工业和民族资本工业的发展。抗战胜利后,为筹措内战经费,国民政府实行通货膨胀政策,使得物价猛涨,原料奇缺,捐税繁重,成本高昂,加上四大家族资本垄断乘机提高贷款利率及美帝国主义商品的大量倾销等,以致民族工业难以生存,多数企业被迫停工倒闭。国民政府统治下的农村经济,则在长期的土地兼并、无休止的兵员补充、差役、粮食供给和繁重的田赋苛杂课征以及美帝国主义农产品的大量倾销下,经济凋敝,荒地面积不断扩大,农产品生产日益减少,人口大量流失,加上频繁的天灾最终导致农村经济的全面崩溃。

除了政治、经济情况外,这一时期还有重要的特点是:一是现代金融体系初步建立。现代金融体系的建立一方面体现在金融机构的数量和规模上;另一方面体现在货币等金融工具的发达和完善上。全国统一后,在北伐战争中大力支持国民党政府以江浙籍金融资本为核心的金融财团,在政府的大力扶持下经济实力迅速扩张,成为中国金融业的主力军。此外,一般民族金融机构在这段时期内也得到了一定的发展,在全国范围内形成了较为系统的金融网络体系。据统计,到 1935 年,全国的金融机构已有 3 566 家之多,其中 90 家规模较大的银行的注册资本总额大约达到 3 000 亿元左右。值得指出的是,在金融机构的发展过程中,政府的介入程度非常深,一些大的金融机构直接控制在中央政府首脑手中,而一些地方性的金融机构也往往与地方政府关系密切。这种状况在初期有利于现代金融业的兴起,但也使得现代金融业从一诞生就成了一个畸形儿,少数金融机构凭借政治势力垄断了金融市场,公平的市场机制无法形成。二是国民政府时期,国家的统一带来了经济上的统一,尤其是货币制度的统一以及 20 世纪 30 年代初厘金制度的废除和统税的开征,为全国统一市场的形成奠定了基础,全国统一的市场经济体制逐步形成。国民政府于 1935 年进行的货币制度改革,结束了这种混乱的局面,法币成为全国通用的货币,至此,统一金融市场的建立有了坚实的基础。所惜者,由于战争对军费的需求过大以及政府本身行为等多方面因素的影响,抗日战争期间及其后,过度的货币发行导致了严重的通货膨胀,葬送了法币的权威,统一的货币制度在抗日战争胜利后迅速崩解。

在上述政治、经济背景下,国民政府赋税具有诸多特点。其中,值得肯定的特点主要有:

其一,财政活动的规范化有了较大进展。北洋政府时期,虽然在财政活动的制度化、法制化上做了一些工作,但由于中央政府的统摄力过弱,而使法令和制度仅停留在纸上。国民政府时期,中央政府的权威大大加强,尤其是从 20 世纪 20 年代后期到 30 年代中期,国民政府从多方面对财政制度作了整理、改革。在财政制度改革中,力图运用立法程序来规范政府的财政活动,颁布了一系列的财政法律、法规,并付诸实施。例如,此时期新设立的税种基本上都是通过立法程序颁布实施的。

其二,通过对税制进行清理、整顿和改革,建立了适应现代资本主义经济发展要求的新型税制结构。

1. 裁撤厘金、设立统税

国民政府一成立,国内及国际社会敦促国民政府裁厘的呼声就非常强烈,迫于社会的压力,国民政府于 1927 年设立了裁厘加税委员会,专门负责裁厘工作。但因厘金是政府财政的重要收入来源，一旦裁撤，若没有其他收入予以弥补，政府就将面临严重的财政困难。所以一直拖到20世纪30年代初，国民政府才最终将社会呼吁多年的裁撤厘金付诸实施。1930年12月，财政部长宋子文发表通电，要求各省从1931年1月1日起将厘金以及类似厘金的统税、特税、货物税、铁路货捐、邮包税、落地税和正杂各税捐，以及海关征收的50里外常关税、内地常关税(陆路边境所征国境进出口税除外)、子口税、复进口税等一律裁撤。为弥补裁厘造成的财政收入损失，政府陆续开征了棉纱、火柴、水泥统税、麦粉统税等税种。裁厘的实现，消灭了困扰中国工商业数十年的重复征税、严重妨碍商品流通的现象，为结束国内市场四分五裂的局面，建立全国统一的市场创造了有利的外部条件。

2. 裁汰和改良不符合社会经济发展要求的旧税种，开征符合市场经济发展需要的新税种

其内容包括：将田赋改造成土地税；废除牙税、当税等旧税种，代之以国际通行的营业税；取消了妨碍资本主义统一市场形成的厘金，代之以统税；并正式开征了所得税、遗产税等现代气息浓厚的新税种。基本上建立起一套适应现代经济发展要求的税制体系。现代税种的开征，标志着中国税制体系从传统的适应自然经济和小商品经济需要的旧体系向适应现代资本主义经济发展需要的现代化税制体系的转化已经启动。中华人民共和国建立初期所建立的税制体系也是在国民政府原有的税制体系基础上加以调整建成的。

3. 整理地方税制

整理地方税制的重点放在废除各种不规范的苛捐杂税和整顿税收附加上。1934年第二次全国财政会议结束后，国民政府发布废苛捐杂税令。一方面，对不合法捐税的范围作了界定，认定下述各项为不合法税捐：①妨害社会公共利益；②妨害中央收入来源；③复税；④妨害交通；⑤为一地方利益，对它地方货物输入为不公平课税；⑥各地方物品通过税。地方政府凡有属于上述各类捐税者，限自1934年7月至1934年12月底止，分期一律废除；另一方面，规定了税收整理程序：规定地方政府应将其在1928年《划分国家收入地方收入划分标准案》(简称《标准》)公布前征收的税捐列报财政部，《标准》公布后开征的税捐则需报请财政部补行审议；各省征收税捐或增减税目者凡与法律及法令有抵触的，财政部得随时撤销。该法令出台后，各地苛捐杂税及各种名目的附加税严重扰民的现象在一定程度上得到缓解。据统计，从1934年到1937年间，各省废除的苛捐杂税达7 400多种，减轻百姓税收负担1亿多元。这次地方税制整理的意义并不仅仅限于减轻百姓的税收负担，更重要的在于，在规范地方财政制度的同时，加强对人民的统治。加强中央政府对地方政府的统一指挥权。

其三，进一步划分国家和地方收支，吸收西方税收制度经验，推动了中国财政体制现代化进程。

1928年11月22日，国民政府颁行经过修行的《划分国家收入地方收入标准案》和《划分国家支出地方支出标准案》。既突出了中央财政的统一，又照顾了地方在实行中的具体情况,中央对此留有一定的机动处理权。主要表现在:一是新"标准案"采用了税源划分与补助金制度相结合的办法,以兼顾各省不同经济发展水平所形成的收入不均的矛盾;二是新"标准案"在划分国家和地方收支时,把主要税源收归中央,禁止附加税和对国家税的重征,而以补助金形式加以调剂地方利益,从而强化中央的财权;三是新"标准案"给予市、县一级一定的财权。中央也由此收回了原由地方把持的国税管理权。1935年7月24日,国民政府又公布了《财政收支系统法》,对中央、省(市)、县(市)各级政府财政收支的划分、配置、调剂及分类又有进步和完善,规定国家财政体制划分为中央、省(市)、县(市)三级,县(市)被正式确定为一级地方财政。

国民政府时期的国家和地方财政收支的划分比北洋政府时期更进步,不仅已分别税目、系统分明,采取了国家和地方税收收入划拨制来调剂国家和地方收支余缺等比较灵活多样的措施,而且在国家和地方支出划分的标准上体现出公共财政的受益原则,这为我国财政体制的建设提供了宝贵的经验,是中国财政体制现代化进程中最为重要的一环。

第二节 土地税、关税、盐税

一、土地税

国民政府早期,对农业仍采用传统的田赋征收制度;后期,则设立了包括田赋在内的土地税体系。土地税从广义上讲包括田赋、地价税、土地增值税、契税四个税种。下面概略介绍一下土地税体系中各税种的征收情况。

(一)田赋

国民政府初期,田赋征收制度与北洋政府时期差别不大。在1928年11月国民政府公布的《划分国家收入地方收入标准案》中,田赋收入属于地方政府的财政收入来源,田赋征收制度由各省在中央制定的原则条款下自行制定。基本是按土地肥瘠分等,按亩一年分两次(即上忙、下忙)征收。田赋税率在省际间有较大差别,总的情况看,是南方税收负担重于北方。各地的税目名称也略有不同,有的省仍分地丁、漕粮和租课三部分征收,有的省则将三者合一,通称田赋。为解决百姓田赋负担过重问题,国民政府于1934年5月在第二次全国财政会议上决定整顿田赋征收制度,整顿后,百姓的田赋负担有所减轻。1934年5月又公布了《办理土地陈报纲要》(草案),选择部分县市进行土地陈报工作,借以清查逃避田赋的黑地。试行结果,应税田亩有所增加。1940年又对田赋推收作了整顿。所谓田赋推收是指当土地所有权发生转移时,其应负担的田赋随之转移到新的土地所有者手中,一方面由原业主推出;另一方面由新业主接收,故称推收。初时,由于田赋归地方政府办理,整顿效果不明显。1941年田赋收归中央政府办理后,整顿初见成效。多数省在县田赋管理处下设第四科,专门办理田赋推收事项。由此扩大了田赋的税基,使农户的田赋负担趋于均衡。

抗战时期，田赋征收制度发生了很大的变化，先后实行了田赋征实、粮食征购和粮食征借等非常措施。

1. 田赋征实

抗战全面爆发后，物价腾涌，粮价大涨。为增加财政收入，地方政府开始加倍征收田赋，农民财政负担大大加重。为平衡财政收支、平抑物价，国民政府从1941年7月开始将田赋征收权收归中央政府，并实行田赋征实（即直接征收粮食）。此前，1939年国民政府颁发的《战区土地租税减免及耕地荒废救济暂行办法》中就曾规定，战区土地税得以农产品按市价折算缴纳实物。至此，田赋征实在整个国统区全面施行。田赋征实将大量粮食掌握在政府手中，对战争期间保证军队及后方居民对粮食的需要有很大的积极作用；对稳定物价、抑制通货膨胀也有十分重要的意义。但由于征实发生的大量运输费用加重了农民的负担。再加上实际征收过程中，经收官员采用大斗浮收、压级压价等手段中饱私囊，更是大大加重了农民的税负。田赋征实办法一直延续到国民政府垮台。

2. 粮食征购

抗战时期，军队及后方百姓对粮食的需求量非常大，田赋征实所筹集的粮食不敷使用。缘此，政府于1942年在田赋征实之外，又采取了定价征购粮食的办法。其具体征购办法是随赋带征。小额粮户可以免征购，大额粮户采用累进办法征购，征购总额达到征购限额为止。征购粮食价格标准由中央政府按各省县产粮市价分区核定，各省价格差别较大。

3. 粮食征借

由于粮食征购存在多种弊端，遭到社会的强烈反对。在各界强烈呼吁下，国民政府从1944年起，改粮食征购为粮食征借，并废除粮食库券，只在交粮收据上另加注明，作为征借的凭据。征借名义上是借，实际上是有借无还，是对农民的一种变相的掠夺。更有甚者，安徽省干脆将征购改成了捐献，赤裸裸地对农民进行掠夺。

4. 带征县级公粮

1942年开始实行。由于战争期间，地方政府经费困难，机构运转难于维持，故许多地方在中央正赋之外，加征附加现象十分普遍。为此，田赋改归中央政府后，从1942年起，中央在田赋征实的过程中，带征县级公粮。征收标准原则上是正赋的三成，但在实际征收中，各省的征收标准不尽相同。

国民政府实行的田赋三征（即征实、征购、征借）大大加重了农民的税负。从1941年到1948年，田赋三征的总额达到33 730万石。其中，抗战时期为24 490万石。这反映了当时农民的抗日救国热情，也反映了农民为抵抗外敌所付出的巨大代价。抗战胜利后，农民的田赋负担不仅未减轻，反而更趋加重。地方巧立名目征收的各种田赋附加，使百姓无法承受。许多地方爆发抗捐运动，并进而演变成革命运动。

(二) 地价税和土地增值税

1936年2月,国民政府公布修订后的《土地法》及《土地法施行法》,规定:开征土地税;土地税向土地所有权人征收;土地税分地价税和土地增值税两种;地价税照估定地价按年征收;土地增值税照土地增值之实际数额计算,于土地所有权转移或土地虽未转移,但持有土地届满15年时征。开征地价税和土地增值税的首要条件是整理土地和核定地价,因许多省的土地未经整理,地价无从核定,故未能开征两税。只有上海、青岛、杭州、南昌和广东省等较为发达的地区开征了该税。1937年8月,为进一步规范土地税征收制度,政府又公布了《各省市土地税征收规则》,截至1942年底,共有江苏、浙江、江西等十余省的47个市县开征了地价税,13个市县开征了土地增值税。各省的税收征收制度略有差异。抗战爆发后,南京、上海、青岛等城市先后沦陷,该税被迫停征。其他地区继续征收。抗战胜利后,国民政府于1946年4月公布了修订后的《土地法》,对土地税的征收制度作了如下修订:地价税按年征收,采用累进税率,基本税率为1.5%,超过累进起点地价时,其超过部分分3级加征,自0.2%加至5%;土地增值税于土地所有权转移或虽无转移但届满10年时征收。土地增值税就其增值部分征收,税率分4级,自20%累进至80%;土地改良物税按年征收,最高税率不得超过1%。此后,地价税和土地增值税的征收制度未作大的修订,只在1948年币制改革后,将地价税和土地增值税的征收单位改为金圆券,并对地价作了一些调整。

(三) 契税

国民政府成立初期,契税划归地方政府,各地契税正税税率不同,高的达到卖九典六,低的为卖四典二;契税附加的税率差别更大,附加税率高的省,附加部分可与正税相匹敌。百姓为躲避过重的契税负担,在买卖或典当土地时往往不到有关部门登记过户,偷漏税现象较为普遍。故此,1934年5月第二次全国财政会议上决定对契税征收制度进行整顿,规定:契税正税以卖六典三为限度,附加以正税半数为原则,其逾期及短匿之罚金至多不得超过其应纳税额。后经1941年8月、1942年5月、1946年6月三次修订,最终的《契税条例》规定:卖契、赠与契、占有契,税率为契价的6%;交换契、分割契为2%;典契为典价的4%。此后,契税的征收制度再未作大的修订。

二、关税

(一) 关税概况

国民政府统治的22年中,关税起伏较大,分为三个时期。战前,关税收入在整个税收收入中占有重要地位。1930年关税自主权"收回"后,修订关税税率,使关税收入逐年增加,居各项税收的第一位。在正常情况下,关税收入占全部税收一半以上。1933—1934

年,由于发生贸易衰退,走私猖獗,以及日本侵入华北等非常情况,关税锐减。1936年又有回升。战前关税收入,如果把1933—1934年的情况剔开,基本呈增长趋势,而且在各类税收中居于重要地位。抗战开始后,沿海、沿江原设海关地区,相继被日本帝国主义侵占,关税收入绝大部分落入敌伪之手,关税收入锐减。抗战结束,失地收复后,关税收入又逐年上升,一跃而为诸税中的第二位。1948年关税占当年税入为22%,为中央四项税收总收入的1/5以上。此期关税地位的上升其原因有三:一是日本帝国主义投降后,敌占区收复,原来失去的关税收复;二是国民政府发动全面内战后,征收关税地区在一个时期内未受内战影响;三是美帝国主义加强对中国经济侵略的结果。

(二) 关税自主权的收回

北洋政府统治时期迫于舆论的压力,在1925年的北京会议上与帝国主义达成协议,获允1929年收回关税自主权,规定中国从1929年1月1日起实施国定关税税率,同时裁撤厘金和常关税。此次会议议定关税自主后的税率为7级税率。最低税率为7.5%,最高税率为27.5%。

1928年7月,国民政府代表按1925年北京会议议定关税自主之办法,首先同美国全权代表签订新的关税条约,以后陆续与英、法、德、比、意、挪威、荷兰、瑞士、丹麦、葡萄牙、西班牙等国签订新的关税条约,日本则以西原借款问题,百般刁难,最后在1930年5月6日与中国签订新的关税条约。从1928—1930年止,国民政府与帝国主义国家相继签订了新的关税条约,完成了关税自主。新的关税条约规定:双方实行最惠国条款,华洋商人纳税平等待遇,陆路与海路关税平等待遇,裁撤国内通过税。

根据新的关税条约看,这种关税自主是有条件的自主。使用新的关税率,表面有7级之分,但在输入商品时,帝国主义则尽量照最低税率纳税。中国提出纳最低税率的商品有10目,而英、美、日则提出61目。所谓的国定税率,名为自主,实际上仍然属于协定关税,只不过取得了帝国主义同意后而将税率略作修订而已。帝国主义对中国收回关税自主权所作的"让步"是有其目的的。1928年,国民政府迫于全国人民日益增长的要求独立自主压力,向各国提出关税自主的要求。由于当时帝国主义在中国已有雄厚的经济力量,稍微提高一点关税对它们在中国的经济利益没有大的损害,它们与国民政府协定了关税税率,规定如果要修改关税税率,还得取得帝国主义的同意,同时还规定裁撤厘金和常关税作为自主的条件之一,这实际上是对中国主权的干涉。更为重要的是:涉及关税自主的一个重要问题根本没有解决,即海关管理未收回,海关总税务司仍为英国人担任,各地海关的主要职位仍被帝国主义国家的代理人所占据。因此新的关税条约的签订,实际上是重新肯定了帝国主义操纵国民政府关税的特权。帝国主义通过新的关税条约确认的特权,一方面保持了向中国输出商品的优越地位;另一方面通过海关特权监督中国的财政经济,进而控制中国的经济命脉。所以,新的关税条约,是使中国半殖民地性质深化的一步,而且是十分重要的一步。

(三) 关税税则的修订

1. 初期关税税则

国民政府初期关税税则,包括从1929年元月至1930年底止的过渡时期税则和从1931年至1934年止的固定税则。

(1) 过渡税则

1928年12月7日,国民政府以1925年北京关税特别会议英美日专门委员会所提7级税率为基础,制定并颁布了进口税7级等差税率,分14类718目,规定从1929年1月1日起实行。但这个税率仍属于过渡税率,待1930年裁厘后,再施行固定税则。

(2) 固定税则

1931年至1934年为固定税则时期,在此时期内改定税则两次。

进口税:1931年12月施行固定税则,税目有16类647目,其中减税的有150项,增税的有451项,未变动者232项。税率分十二级:最低为5%,最高为50%。以后又增加糖品税率,对药物、人造靛提高税率。1933年又以1931年为货价较准年度,在此基础上改订税则,计有税目16类672目。提高棉布、日用品等385项的税率,糖酒烟等433项税率不变,人参燕窝等奢侈品92项降低税率。1933年12月又征米谷等进口税,提高麦粉、煤油税率。1934年为辅助财政,提高1932年税则中棉布、机器等388项的进口税,降低棉花呢绒等66项的税率,其余470项不变。这次修改后计有税目16类672目,税率为15级(包括免税级在内),最低税率为5%,最高税率为80%。此次修改将12级税率改为15级税率,最低税率未变,最高税率由50%提为80%,这是此期内变动较大的修改税则措施。

出口税:1931年出口税则分六类270目,规定从量部分税率为5%,从价部分除肠衣、罐头、瓷器等25项值百抽五外,其余税率为7.5%:茶、绸缎等20项免税,此项税则从6月10日实行。1932年免征丝出口税,8月2日免征丝制品出口税,1933年10月起免征米谷等杂粮出口税。1934年税则,就1931年税则减低35项税率,新增免税品44项。还规定在财政许可范围内,对于原料品及食品,在国外市场销售困难者,酌量减税、免税,对工艺品宜予奖励输出者,也酌量免税。

转口税:1931年6月新订出口税则实行,所有出洋货物均照新则征税,对经由海港的国内贸易品所征之税,称为转口税,转口税率从原出口税率,即值百抽五,加2.5%的附税,计为7.5%。转口税本按关平两征收,1933年3月废两改元,规定原关平银代两,从1934年2月1日起实行。转口税则所列征税项目计有632项。其中从量税为461项,从价税为125项。免税为46项。

关税附加税:1931年因水灾严重,救济需款甚巨,国民政府特定《救灾附加税征收条例》,对应征进出口税的货物,征收救灾附加税。从1931年12月1日起,1932年7月底止,按关税征收70%,自1932年8月起再按关税征5%关税附加税,这两种附加税征至

1936年6月。

船钞(吨税):1933年以前船钞分两级,150吨以上之船舶每吨课银四钱,150吨以下者,每吨课银一钱。至1933年废两改元后,凡船只吨位超过150吨者,每吨应纳国币0.65元,150吨以下的船舶,每吨应纳国币0.15元。纳税范围包括:往来于通商口岸的中外轮船、帆船、汽船、马特船、电船、夏船、货船、驳船等,不论其为国内、国外航行,均一律征课。免税范围:各国军舰、领港船、公务船、游艇予以免征。

此期内修改税则的特点:将富于弹性的进口货减税,日用品增税。富于弹性的货物多为奢侈品,减税可以引起进口量增多,以增加关税收入,同时也满足大官员、大地主、大资本家奢侈生活的需求。日用品需要无弹性,增税不至于影响进口,也就不会影响关税收入。由此更可以看出国民政府关税的财政关税性质。至于出口税则中没有对制成品和原料区别纳税减税,减税的结果无疑对民族工业危害极大,因为这使帝国主义在中国取得购买廉价原料的特权,又制成产品流入中国,获取巨大利润。中国工商业输出原料取得的利益,绝不能与帝国主义所取得的对华输出制成品的巨额利润相比。由此可见关税自主后,修订税则对帝国主义和国民政府有利,而中国民族工业的发展却受到极大的阻碍。

2. 抗战时期关税税则的调整

抗战时期,由于海关多为日本帝国主义控制,以及走私活动严重,关税收入锐减。此时调整关税的目的是为了调整进出口贸易,统制进出口货物,为此国民政府制定战时关税政策,以便利必需品进口,禁止与军事有关的国产物资及资敌物资出口,奖励土货等物资出口,制止敌货走私,抢运物资及奖励反走私。

(1)进口税则

为了便利必需品的进口,充裕后方物资,以适应战时环境,国民政府于1939年7月规定减免进口税的办法:第一,凡军事上急需之物品,如医药、交通器材、钢铁等金属品及机器等,分别减税免税,或准予记账;第二,凡未经禁止进口之物品,日用必需品,其进口税一律照原税率1/3征收,最低税率为1.7%,最高为80%,共24级。从1943年1月1日起一律从价征收,此税则有效期至战争结束为止。1941年又扩大了1939年免进口税的物资范围,包括后方民食需要的米、麦、杂粮、耕牛、金鸡纳霜树皮,以及由滇缅路运货入境的卡车都予免征进口税。但禁止奢侈品入口。

(2)出口税

凡与军事有关的国产物资,如粮食、五金、废铜禁止出口。1940年成立货运稽查处,扩大禁运出口物资范围,凡资敌物资、法币、金银等禁止出口。对于外销土货,为了集结外汇,均尽量使之免税出口,包括生丝、茶叶、草帽、桐油等十余种货物,从1939年5月起列出33种免税货物,到1940年止,免税货物共包括十三类,并规定手工艺品、农产品、农副产品,后方工厂机制货物经审核后也可免征出口税,以利外销。

(3)转口税

1930年裁撤厘金和常关税时,拟定转口税同时裁撤,因未筹划出抵补的方法,故又继续征收。转口税对往来通商口岸的轮船和飞机运输的货物征收。民船和铁路公路运输的货物不在征收之列。因此转口税征收有不合理之处。如果裁撤转口税,对税收又有较大影响。1934 年转口税收入为 1 600 多万元,1935 年为 1 300 多万元,数目不小,故迟迟未加裁撤。到抗战开始,国民政府为弥补战时财政起见,仍将转口税加以整理扩大,并根据货物时价,改订税率,另颁海关转口税整理办法,于 1937 年 10 月 1 日起实行。1940 年 1 月 1 日将免税货又扩大到杂粮、肥料、鲜菜、鱼类、土烟、土酒,以及肩挑负贩的零星货物,估衣铺贩运的典当旧衣等均予免税。还规定转口税款在国币一元以下者免税。同年 5 月 1 日又将一部分货物如猪、牛、羊、家禽、鲜冻肉、衣服及衣着零件共 11 项货品列入免税范围。为扶植战时工业,对工厂在城郊间往来运输的原料及制品,依照工业奖励法,对专案核准的 26 项货物也予免税。战时转口税由各区货运稽查处征,1942 年改由海关办理。1941 年第三次全国财政会议决议各省市对货物征收的一切捐税,应予一律废除,按此规定,1942 年 4 月 15 日起,转口税被裁撤。

(4) 战时消费税

1941 年第三次财政会议主张将各省市对货物通过税、产销税及其他对货物征收的一切捐费一律裁撤,另行举办战时消费税,以抵偿其撤销后的损失。经会议议决,由财政部拟定战时消费税暂行条例,于 1942 年 4 月 15 日施行,同时裁撤转口税和一切捐费。战时消费税的税则是:从价计征,对人民切需之物免税,征收一次后其余关口不再重征,税款不满 5 元,肩挑负贩之物品免税,完税价格由海关按期调整,免征进口税的洋货也免征战时消费税,一般国货洋货均需交纳战时消费税。战时消费税的税率分为 4 级,日用品为 5%、10%、15%,奢侈品为 25%。战时消费税税目,国货有 245 项、洋货有 168 项。1945 年 1 月 25 日奉命裁撤。

3. 战后的关税

抗战胜利后,海关收回,税则仍复旧制,即按 1934 年税则,征税项为 16 类 672 目,从价征收,税率为 15 级(包括免税级),最低税率为 5%,最高为 80%,战时按进口税 1/3 纳税的货物,也都恢复原税率,1946 年 8 月取消出口税。1946 年 8 月,国民政府立法院通过修正进出口关税税则,拟定进出口贸易暂行办法,实行全面输入许可制度,以限制消费品进口,增加生产器材品的输入。1947 年 10 月,美国与国民政府签订《中美参加国际关税与贸易一般协定》,国民政府对 110 种美国商品减免进口税,减税程度几乎等于免税。由此可以看出国民政府依赖美帝国主义出卖国家权利已达到何种程度。应该提出的是,"二战"后美国人一度攫取了海关总税务司的位置,美帝国主义取代了英国人在海关机构中的重要地位,全面地控制了中国海关事务。

三、盐税

盐税在国民党统治时期也是重要的财源,在税收收入中占有相当重要地位。为了保证盐课收入,国民政府对盐税多次改制。现将有关盐制、盐税介绍如下:

（一）国民政府统治初期整顿盐税

由立法院制定新盐法，经国民议会代表议决后，于 1931 年 5 月公布。主要内容为：制盐须经政府许可；盐场由政府根据全国产销状况限额生产，即实行量销限产，实行就场征税，废除专商引岸制，任人民自由买卖，无论何人不得垄断。从量征税，税率为食用盐每百公斤征 5 元，不得另征附加，渔盐每百公斤征 3 角，工农业用盐免税。1931 年 3 月还规定：盐税附加由中央统一征收，更改六区税制，将高税区税率酌情减低，低税区则提高税率，同年 4 月 1 日起各区场税每担又增加 3 角，以作为磅亏的弥补。1932 年，改革盐务机关，由盐务稽核所兼办盐务行政，掌握盐税征收，稽查盐斤收放。7 月起通令划一税率，合并盐税为三种，即正税、销税和附税。1933 年，再度划一税率，将轻税区税率提高，重税区降低。1934 年 1 月起改用新秤，新秤比旧秤小 2/10。1931—1934 年间国民政府对盐税作了五次整理，从实质上看，与其说是改善税制，以求公平负担，还不如说是增加税收。如名为平衡各盐区税率，实则将低税区税率提高，所减之数远不及提高之数，调整后的各盐区税负仍然十分不合理，盐税税率仍不统一。五次整理盐税，以合理负担为名而行增加盐税之实。而征收手续也并未简化。盐税属人头税性质，盐税增加，实际上是抬高盐价，也就是使每个人都负担一点。在这种情况下，一般无力购买者，只得淡食或食有害身体健康的硝盐，此种现象尤以河北、山东地区为严重。

国民政府统治初期盐税在税收收入中占第二位，一般为税入总额的 20%～30%。此期盐税收入如表 8-1 所列。

表 8-1　国民政府统治初期盐税收入情况表　　　　　　　　万元

年度	税项收入	盐税收入	占税入的百分比/%
1927	4 650	2 080	44.7
1928	25 930	2 950	11.4
1929	46 170	12 210	26.4
1930	53 500	15 050	28.1
1931	61 520	14 420	23.4
1932	58 300	15 810	27.1
1933	65 940	17 740	26.9
1934	47 760	20 670	43.3
1935	38 530	18 470	47.9
1936	105 730	24 740	23.4

资料来源：1927 年数字、1928—1933 年数字分别见《财政年鉴》第 21、197 页。1934—1935 年数字见《财政年鉴》续编第三篇第 107、111 页。

从绝对数看,盐税是逐年增加的,1936年与1927年相比,10年中增加了10倍。由此可见,盐税在国民政府初期财政收入中地位之重要。

(二) 战时食盐专卖和食盐附加税的开征

抗战时期,长芦、山东、淮北等产盐区域,先后沦陷,海盐运输阻碍也大,河东解池盐又遭敌人蹂躏,潞盐大减,全国盐区被日本控制,或陷为游击区。盐源减少80%,加上运输困难,已危及军需民食。战争初期国民政府采取了一些措施,如抢运存盐,积极增加盐产量,用缓税办法鼓励商运,公定盐价等,使产销相应以调剂供求,在销售方面采用管制配销,管理盐店,杜防囤积操纵,推行官销,计口授盐,以保证民食之需。1942年12月实行盐专卖;为了增加财政收入,还开征了多种附加税。抗战时期,曾三次更改盐税征收制度,即1937年至1941年8月实行征税制,1941年9月至1942年1月为从价计征制,1942年至1945年1月行专卖制;1945年2月又恢复征税制。

对食盐征税,一般包括正税和附加税两部分。

1. 盐税正税

盐税正税包括场税和销税,1941年9月盐税改制,在各盐场征收实物或折价,名为产税,在各销岸中心地点从价征税、名为销售税。产销两税不得并征。如产盐区陷为游击区,无法征产税者,一律征销税。实行专卖后,将产销税名称取消,改征专卖利益。

2. 中央附税

1943年中央附加税有四项:建设专款,作国家建设之用;整理费,为建设仓廪之用;公益费,为盐工福利及救济难民难童用费;镑亏费,为弥补外债镑亏之用。1941年9月改制后建设专款和镑亏并入产销税,整理费、公益费由产销税内提拨,其余附加均取消。1943年因财政支出,遂又征中央附加税,包括:战时附加税、国军副食费、偿本费、整理费、盐工福利费、管理费。

3. 特种捐费

特种捐费属附收款性质,包括战前的筹备费、河江捐、食户捐、救国捐等。战时虽已取消,但一些省则借盐斤加价的名称征收,以满足地方费用之不足,实则又成为地方临时附加税。1942年统一收支后仍照收解库。

4. 盐专卖

1941年国民党五届五中全会决议:为促进生产、改良制造、调剂供需、稳定盐价,实行民制、官收官运、商销的盐专卖制。规定盐的生产须经政府批准,产品全部卖给国家,零售商售盐须领取许可证,按国家价格销售;在偏僻地区实行计口授盐。实行专卖后,将专卖利益加于盐价中征收,即寓税于价。

（三）战后开征盐税和征收方法的改变

抗战时期因专卖成绩欠佳,弊端层出不穷,国民政府乃于1945年2月取消专卖制,恢复就场征税制,专卖收益改称盐税,附税有偿本费、盐场建设费及盐工福利三种。就场征税,一税之后,听任在指定地区内自由销售。1946年2月,国民政府行政院通过《盐政纲领》,作为《盐政条例》施行前的盐务依据。1947年国民政府公布了《盐政条例》,条例规定采用民制、民运、民销政策,政府在产销方面加以调节管理,设常平盐以备荒缺。食盐就场征从量税。国民政府在战后虽然对盐政采取了一些改善措施,但还是不能挽回盐税地位下降的局面。战后盐税地位不断下降:1946年盐税占税收收入的32%,1947年降为15%,1948年更降为13.4%,盐税地位下降并不是国民政府放松了剥削,从前面调整税率情况看,税率是不断提高的。盐税在国民政府总税入中地位下降的真正原因是抗战胜利后,有些地区的盐场未被国民政府"劫收"而由人民革命政权所掌握,如东北6个盐场国民政府仅接收三场,山东7个盐场,只接收一场,两淮4个盐场亦仅接收两场,而且这些被接收的盐场没有完成预定收购数额。随着人民解放战争的胜利发展,国民党盐税收入只会削减而不会有任何起色,因此战后盐税在整个税收中的地位是日渐下降的。

第三节 统税、货物税、直接税、专卖

统税是国民政府统治初期创立的新税,与关税、盐税成为抗战以前国民政府的三大中央税体系。抗战期间,因财政入不敷出,遂将统税扩大为货物税,又新设直接税。食盐税、货物税、直接税便成为抗战期间重要的中央税。抗战以后,由于财政赤字越来越大,财政收入便以关税、盐税、直接税、货物税为重要征收手段,形成了国民党政权后期的四大国税体系。

一、统税

1928年1月,国民政府颁布卷烟统税条例。条例规定:卷烟统税属中央税,一物一税,纳统税后,准销行全国,同时在财政部设立卷烟统税的管理机构——卷烟统税处,各省设卷烟统税局办理征税事项。1931年1月,创办棉纱、火柴、水泥等项统税,后又将麦粉特税并入统税。1933年,又将熏烟税、啤酒税列入统税范围;1935年1月,火酒实行统税,统税项目大大增加。征收机构前后也有变化。1931年在开办棉纱、火柴、水泥三项统税时,遂将卷烟统税处扩大改组,成立统税署,直属财政部。各省原卷烟统税局也分别合并,设置各省区统税局,下设分区统税管理所、查验所、查验分所等,办理征收查验事宜。1932年7月,又将印花烟酒税处与统税署合并,改组为税务署,仍直属财政部。到此,统税系统及其征收管理系统完善了。

（一）统税的性质、征收原则和征收办法

统税是对货物征税,具有以下特征:①统税是出厂税,在货物出厂时征收;凡存放厂栈未运出的货物,不得课征;②统税以一物一税为原则,不得重复课税;③统税是一种内地税,凡国外输入的统税货物,在国内销售的,应与国产商品同样纳税,凡已纳统税的出口货物,在向外运输时,准予退税。根据统税的上述特征,即知统税的性质,是以一物一税为原则的出厂税或内地税。

课征统税有下列原则:①统税是国家税,地方不得重征和截征;②征收统税的货物,应该以便于课征的大宗消费品为限,并须用法令明确规定;③已征统税的货物,若遇有重征,应予退税,以确实保证一物一税制度的建立;④对货物征收统税,全国采用同一税率;⑤中外商人,待遇一律相同。

统税征收的办法因物而异。统税货物,有用机器生产的,有用手工制造的,亦有农林产品。针对上述不同情况,统税征收办法分为三种:一是驻厂征收;二是驻场征收;三是由商人自报,征税机关征收。

统税体系建立后,因制度健全,又避免了厘金的诸多弊端,因而税收逐年增加,并与关税、盐税共同组成了国民政府初期赋税中的中坚,占了赋税收入的绝大部分。兹将1927年到1936年关、盐、统三税的实收数额及其占税项收入的百分数列作表8-2。

表8-2　1927年到1936年国民党关、盐、统三税的实收数额及其占税项收入的百分数

百万元

年度	税项收入	关税		盐税		统税		三税合占税收的百分比/%
		数额	占税收的百分比/%	数额	占税收的百分比/%	数额	占税收的百分比/%	
1927	46.5	12.5	26.9	20.8	44.7	6.0	12.9	84.5
1928	259.3	179.1	69.1	29.5	11.4	29.7	11.5	92.0
1929	461.7	275.5	59.7	122.1	26.4	40.5	8.8	94.9
1930	535.0	313.0	58.5	150.5	28.1	53.3	10.0	96.6
1931	615.2	369.7	60.1	144.2	23.4	88.7	14.4	97.9
1932	583.0	325.5	55.8	158.1	27.1	79.6	13.7	96.6
1933	659.6	352.4	53.4	177.4	26.9	105.0	15.9	96.2
1934	417.6 (748.3)	71.2 (382.9)	17.0 (51.2)	206.7	49.5	115.3	27.6	94.1
1935	385.3 (704.9)	24.2 (341.4)	6.3 (48.3)	184.7	47.9	152.4	39.6	93.8
1936	1 057.3	635.9	60.1	247.4	23.4	131.3	12.4	95.9

（说明：1930—1933年税项收入数字中未减去坐拨征收费及退税。）

注：括号内是该年度预算数字。

从表 8-2 可以看出,自创立统税到抗战前夕,除 1932 年和 1936 年,统税收入总额都是增加的,并且增加的幅度还比较大。其次,统税收入总额在三税中虽居第三,不及关、盐税,但在国民政府税项收入中,占的比重还是很大的,除 1929 年和 1930 年约占 10% 以外,其余年度都超过此数,1935 年甚至占了 40%,可见,统税在国民政府的税项中占有十分重要的地位。

二、货物税

(一) 开征货物税的原因

货物税是抗战期间的主要税种之一,是由统税扩大课征范围而来的。抗日战争期间,日本帝国主义占领了中国大片领土,华北、华东、中南的广大国土沦入敌手,国统区范围大大缩小。统税征收最多的沿海地区沦陷后,统税收入骤然减少。国民政府统治下的西南、西北地区,经济不发达,工业生产尤其落后。因此,统税税源极其有限,统税本身也难以得到发展。而战时财政支出日益增加,税收收入却急剧减少,财政赤字必然愈益增大。为了弥补庞大的财政赤字,充实财政,国民政府遂于 1939 年改统税为货物税。货物税是把统税和烟酒税合并,改称货物出厂税和货物取缔税,还包括战时消费税和矿产税。它开征于 1939 年,延续到抗战胜利以后,直至国民政府崩溃。

(二) 战时货物税

1. 扩大课征范围

所谓货物税,通常是指统税、烟酒税和矿产税。其中统税为其大宗,并在此基础上扩大课征对象和改变课征标准,另开征战时消费税。1939 年,将汽水税扩大课征范围,包括了蒸馏水、果子露汁,改为饮料品税。同年 10 月,麦粉税从原来对全机制麦粉征收扩大为对半机制麦粉也征收。1940 年 2 月,又加课手工卷烟税,同年 12 月又开办糖类税。1941 年加课水灰税,并将其并入原有的水泥统税课征范围。1942 年 4 月又开征茶类税。1943 年 3 月开征竹木、皮毛、瓷陶、纸箱等税。烟酒在 1942 年实行专卖以前,也被纳入货物税范围征税。至于矿产税,自始即采用从价计征制。总计货物税新开征对象为 11 种。烟酒税和矿产原已征收,只是划为货物税的组成部分,不算新开征的税。但是,实际上,货物税的课征对象远不止于 11 类,而是十分广泛。例如竹木被定为课征对象,于是以竹为原料的扫帚、粪筐、锅刷也成了课征对象。棉纱属于课征对象,于是本属免税的自织土布也要征税。如此一来,课征对象大大增加,种类十分复杂,征税机关也随之增多,几乎到了无物不征的地步。

2. 改变征课标准

战前的统税大都采用从量税制。抗战开始以后,法币贬值,物价上涨,原定的从量税制已不能适应物价上涨的趋势。同时,国民政府的财政收入状况愈加恶化,收不抵支的情况更加严重,为与通货膨胀政策相适应,使税收随物价的上涨而增加,把通货膨胀造成的损失转嫁到劳动人民身上,国民政府于1941年把货物税一律改为从价征收。改变后的征课标准,麦粉从价征收1.5%,棉纱征3.5%,烟征80%,啤酒、洋酒为60%,糖类为15%,水泥为15%,饮料和普通酒精均为20%,熏烟叶为25%。可见,货物税改为从价计征后,剥削率大大提高了。

3. 部分货物税改征实物

为了掌握物资,继续转嫁通货膨胀造成的损失,国民政府继田赋征实以后,又将部分货物税改为征实。1943年1月首先对棉纱、麦粉征收实物。棉纱征实后,每年除折缴现款部分不计外,平均可收棉纱约3 500大包。麦粉征实数每年达六万余袋。1944年7月,又对糖类实行征实,税率由25%提高到30%。到1945年10月为止,在一年零两个月的时间内,征实所得的糖类,除供应外宾、盟军和公教人员外,尚库存170余万市斤。

4. 战时消费税的开征与裁撤

抗战期间,各省财政困难,竞相征收货物通过税。省自为政,节节重征,步步查验,名目不一,既阻碍货物流通,又促成物价高涨,流弊极大。于是,1941年第三次全国财政会议决议,取消省级财政,将各省征收的货物通过税取消,改行全国统一的战时消费税,俾其划一。战时消费税属战时税制,就其性质而言,与统税一样,是内地货物税。课征对象是统税征收对象以外的指定名目。课征办法是在水陆要冲之地或产销地附近的市场,对指定的货物一次征收,通行各处不再重征。但征收的名目很琐细,且无具体的征收品目,而且由于是在运输过程中稽征,需要查验车船,势必对商旅货运产生阻碍作用,于是,1945年1月,又将战时消费税全部裁撤。

(三) 抗战以后的货物税

抗日战争胜利以后,国民政府在不择手段、不问后果、只求能搜刮到大量收入的原则指导下,在收复区陆续推行货物税。这个时期里,货物税收入已大大超过其他税收,成为国民政府统治区内最重要的一项税收。1946年,货物税实收数字超过预算数字近一倍,占当年税收总额的35.1%,也超过了关税、盐税、直接税、货物税四项税收总额的1/3。1947年,四项税收实收104 000亿元,其中货物税收入为45 000亿元,占45%左右。可见货物税在国民政府税收中成了主要税收。这是这个时期国民政府税收方面一个突出的特点。1948年8月国民政府调整货物税税率,除极个别产品有所降低外,对多数货物的税率作了大幅度提高,货物税就成了国民政府特别重视的一种搜刮工具,也就发展成为高居首位的税种。

三、直接税

（一）直接税的创立

直接税是与间接税相对而言的，划分直接税与间接税的界限在于税收负担能否转移，能转移的是间接税，不能转移的是直接税，如所得税就属于直接税。北洋政府又于1914年公布所得税条例，后又经多次会议讨论，但是议而未行。国民政府建立后，为抵补裁厘损失，于1928年议办所得税。迨至1934年第二次全国财政会议，实行税制改革，才提出创办直接税。1936年6月，决议创办所得税原则八项。7月，财政部设立直接税筹备处。10月，首先开征所得税。1939年1月，举办过分利得税。1940年6月，正式设立直接税处，将印花税并入直接税。7月1日，开始施行遗产税法。1941年3月又扩大直接税体系和直接税征课范围。1942年又将营业税并入直接税系统。至此，直接税包括了所得税、利得税、印花税、遗产税、营业税五项税目。1943年财政部设立直接税署，直接税体系遂告建立。

（二）直接税的内容

1. 所得税

国民政府于1936年7月开征所得税，1943年又创办财产租赁出卖所得税。

（1）所得税的征收

1936年决议施行所得税暂行条例规定，所得税征收的内容分为三类：第一类为营利事业所得税。营利事业所得税包括公司、商号、行栈、工厂或个人资本在两千元以上者营利之所得、官商合办营利事业之所得以及一时营利之所得税。这类所得税采用全额累进税率，按所得纯益与资本实额的比例课税，由所得占资本实额5%起分级课征。

第二类为薪给报酬所得税。凡公务人员、自由职业者、其他从事各业者的薪给报酬之所得，采超额累进税率，每月平均所得自30元起至800元的，每10元课征5分。超过800元的，每超过100元按每10元增课2角征税，至每10元课征2元为最高限度。

第三类为证券存款所得税，包括公债、公司债、股票和存款利息之所得，采用比例税率，按50‰征课。

上述三类所得税，按所得性质，采用申报或课源法、估计法征收。

（2）1943年修改所得税法

1943年，国民政府财政部对所得税法进行修改。修改后的所得税法对于所得分类和税制未加更改，只修改了起征标准和税率。一般营利之所得税起征标准改为所得满资本实额10%的，始行课税，所得在资本30%以下的，均不增加税率，在30%以上的，始行增税，累进至征课20%为止。一时营利之所得起征标准改为200元；所得在18 000元以下者，税率变动不大，稍有增加，所得在18 000元以上的，其累进税率，最高限度为30%。薪给报酬所得税起征点由30元改为100元,每月所得在1 500元以下者,原税率不动,每月所得在1 500元以上者,提高税率,逐级累进,至征课30%为限。证券存款所得税改为两种,一是政府发行的证券和国家金融机关的存款储蓄所得,仍课税5%;二是非政府发行的证券课税10%。这次修改所得税法,提高了起征点,原因是通货膨胀造成的。但税率也提高了,因而纳税者的税负加重了。

在修改所得税法的同时,又开征了财产租赁出卖所得税,以土地、房屋、堆栈、码头、森林、矿场、舟车、机械等财产的租赁所得和出卖所得为课征对象。采用超额累进税率,30%累进至50%为止,其征收方法,除农业用地租赁所得税采用申报法外,其余均采用课源法。

(3) 1946年修改后的综合所得税法

1946年修改后的综合所得税法,征收面扩大了,并将所得税由三类改为五类即营利事业所得税、薪给报酬所得税、证券存款所得税、财产租赁所得税,一时所得税。各种所得税税率是:营利事业所得税分两种:一种是公司组织的营利事业所得,根据所得合资本的百分比制定九级税率,采用全额累进制,税率最低为4%,最高为30%;另一种是无限公司组织及独资合伙等营利事业的所得,以所得额为准,亦采用全额累进税制,由4%至最高为30%,共分11级。薪给报酬所得,采用超额累进税率,税率共分10级。证券存款利息所得,采用10%的比例税率。财产租赁所得,采用超额累进税制,税率最低为3%,最高为25%,共分12级。一时所得,采用全额累进税制,税率最低6%,最高30%共分9级。

2. 利得税

(1) 非常时期过分利得税

利得税又称战时利益税,始创于1937年。1938年国民政府西迁重庆,大后方物资奇缺,物价飞腾,通货膨胀,投机倒把盛行。国民政府为节制私人资本,增加财政收入,亦为平息社会公愤,于1938年1月28日公布《非常时期过分利得税条例》十七条。过分利得税属中央税,由所得税征收机关兼办,收入归中央。1943年公布《财产租赁所得税法》及《新非常时期过分利得税法》,对1938年税法作出了修改。新税法规定,废除财产租赁过分利得税,对此另有办法征收,对于营利事业过分利得税,作如下新规定:①营利事业之利得在资本35%以下者,维持原税率;②利得在资本35%以上、在100%以下者,以缩短级距的方式,酌增税率;③利得在资本100%以上者,始提高税率,以课征百60%为最高限额。经过修改,营利事业所得税和过分利得税相加,最高可达利润的80%。战争期间的民族工业已受到很大摧残,再对其加征利得税,无异于置民族工业于死地。因此,利得税对民族工业是又一沉重的打击。

(2) 特种过分利得税

1945年8月抗战胜利以后,非常时期结束。于是1947年1月1日,国民政府停止非常时期过分利得税的征收,代之以与此大同小异的特种过分利得税,《特种过分利得税法》规定:买卖业、金融信托业、营造业、制造业等营利事业,其利得超过资本额60%的,除依法征收分类所得税外,加征特种过分利得税,凡教育、文化、公益、慈善事业的营利事业,收入用于本企业者,免征特种过分利得税;税法未提及的旅馆、酒菜馆、舞场、浴室、戏院及娱乐性质的营业,也予免征。

综观国民政府的过分利得税政策,是有极大弊病的。其基本特点是不分工、商,都按规定的同一税率征税。对因投机而获暴利者,对误国害民者,课以重税是理所当然的,甚至于没收也于情所合。但对生产企业,特别是民族工业也"一视同仁",也将它们视为投机事业,这对民族工业是个沉重打击,而助长了投机势力的猖獗。利得税的征收方法是以资本额为基础,凡纯利超过资本额15%以上,即从累进税率课税。这样,同一纯利额资本越少,负担越重,资本额越大,负担反而越轻。于是过分利得税基本上集中在中小企业身上,四大家族的官僚资本企业却因其资本额大和享有各种特权,得以逃税和免税。总之,过分利得税对民族工业来说是又一道催命符。

3. 遗产税

遗产税的拟议始于北洋政府时期。1915 年,因国库空虚拟定《遗产税征收条例》,但未实行。1928 年国民政府第一次全国财政会议期间,财政部曾拟定遗产税条例草案,交会议讨论。次年修改后制定了《遗产税条例》及实施细则。以后又经过多次讨论,但仍未付诸实施。直到 1939 年国民政府财政部拟定《遗产税暂行条例》和《遗产税暂行条例施行条例》,并于 1940 年 7 月 1 日在全国同时实施,议论了 25 年的遗产税终于出笼。1945 年,国民政府又修订遗产税法,将起征点提高为 10 万元,同时对加征超额累进税的限额与违反条例的惩罚部分也略加修改。此后,又两次调高起征点。1947 年遗产税的起征点是 1 000 万元,同时对收复区开征遗产税。遗产税自开征以后,每年实收数都超过了预算数。但遗产税在直接税系统中不占重要地位。

4. 印花税

1934 年,国民政府制定《印花税暂行条例》二十九条。5 月,第二次财政会议又提出整理办法两条,第一条,印花税票改托邮政局代售,由人民自由购贴;第二条,印花税提拨一成归省,三成归县,二成接济边远贫瘠地区,以为裁减或废除苛捐杂税,减轻田赋附加之抵补。这两条对于制止苛派勒索,包办私印等弊端,尚有作用。1935 年 9 月 1 日,印花税开始实行,为便于稽征,1940 年 6 月又将印花税纳入直接税体系。1943 年又公布新印花税法,对原税作了一些修改;第一,扩大征收印花税的凭证范围;第二,发货票、账单、银钱货物收据三种的税率改为比例税率;第三,废除分票。1945 年抗战胜利后,国民政府又对印花税法进行修正。对印花税法的几次修改,都是以提高税率增加税收为目的,同时也是为了适应通货膨胀政策的需要。

5. 营业税

1928 年的国民政府召开第一次全国财政会议,裁撤厘金。为弥补裁厘损失,议定了营业税办法大纲,决定由各省征收营业税。1931 年 6 月,财政部制定了《营业税法》十三条并予公布。规定营业税为地方税,由各省自行办理,这就确定了营业税的基础。1942年,又将营业税划为直接税体系,属中央税。1946年,随着财政收支系统的变更,营业税又划为两部分,一般商业的营业税归地方政府征收。1947年公布特种营业税法,规定凡与普通营业有别,或含有全国性而非一地税源者,课征特种营业税,由中央统一征收。一般商业则课以普通营业税,由地方征收。

四、专卖和统购

(一) 专卖制度的建立和取消

抗日战争爆发后,国民政府财源急剧减少,而抗战所需之费日益加大,为了充裕国家财政,一个重要方法是对某些有关国计民生的物品实行专卖,寓税于价,使流通环节的利益也归于国家,以增加财政收入,这是实行专卖的基本目的。促使国民政府实行专卖还有另外一个重要原因,就是战争期间,内地物资奇缺,特别是军用物资和人民生活用品,更为紧张。一些投机商人趁机活动,他们想利用战争之大发国难财,于是囤积居奇,操纵市场,致使人民所需的生活用品供应极为困难。因此,有必要节制资本,由政府控制产销,从而达到促进生产、节制消费、调节物价、安定民生和解决财政困难的目的。

1941年春,国民党第五届执行委员会八中全会通过了《筹备消费品专卖以调剂供需平准市价》一案,决定对盐、糖、烟、酒、烟叶、火柴等消费品试办专卖,规定了专卖物品由政府统制生产、整购分销的办法。政府专卖,寓税于价,实行专卖后,不再对物课税。于是,抗战时期的专卖政策便由此确立了。1941年5月,国民政府财政部设立"国家专卖事业设计委员会",从事六种物品专卖事业的设计与筹备。自1942年起,先后将盐、糖、烟类、火柴四项专卖筹备完毕,并付诸实行。酒与茶叶因实施条件尚未具备,暂缓办理,机构方面,盐专卖一项,仍利用原有组织,由盐务总局继续办理。另设烟专卖局,川康、粤桂、闽赣三个食糖专卖局,火柴专卖公司。这些机构均以商业组织形式负责经营。另外,还分别设置董监事会,行监督、指导的责任。

战时专卖实际上是局部专卖。基本办法是私人生产或制造,由国家收购,售予承销商人,转售予消费者,国家着重于专卖物品的价格管制。其管制办法,是从产制成本着手,即先在产制区域设立评价委员会,根据产制成本,加上厂商合法利润[①],评定收购价格,然后以收购价格为基础,计出政府收购成本,加上专卖利益[②],即为专卖机关售予承销商人的批发价格。承销商人在批发价格上另加其合法利润及应有的杂费、运费,订出承销商售予零售商的价格,零售商再在此价格上加上运费、杂费和合法利润,订出零售价格。生产者

---

① 厂商的合法利润:当时规定,火柴为20%。烟类以20%为限,川康区食糖以20%为限,粤桂区食糖以15%为限。

② 当时的专卖利益,一般说来,烟类为收购价格的50%,统税在外,食糖为收购价格的30%,火柴约为20%,统税在外。

和承销商都须经政府许可,办理登记手续,方可生产和销售。专卖的具体办法因物而异。盐专卖是由政府收购并加专卖利益后,按各城镇人口的需要量,批发给商人销售。糖、烟、火柴则不收购,只控制生产,核定收购价格,按数配给各承销商号由各承销商号按规定交专卖利益。

战时专卖办法是一种民制、官收、官运、商销的制度。但因财政困难,实际上并未实行官运,而多由商运,国家只获得专卖利益。实行专卖原为补充战时财政,这一目的在一定程度上达到了,专卖实行之初对财政也曾有过应有的支持,对国计民生也曾起到了一定的保证作用。但是由于严重的通货膨胀,专卖物品的价格也向上猛涨,这种作用也就很快消失了。专卖制度自 1942 年 1 月实行,到 1944 年取消了糖专卖、1945 年 1 月取消食盐、火柴、烟专卖。取消的原因有以下几点:一是名为专卖,实为垄断。专卖机关借专卖控制物资。在通货膨胀条件下,谁有物资、谁就握有囤积居奇、进行投机的本钱。这些专卖品凭借垄断地位,带动一般货物价格的上涨,实际上没有起到平抑物价的作用,对人民没有好处;二是专卖机关人员利用专卖物资营私舞弊;三是专卖机关逐渐增加,费用开支过大,专卖利益多被用于专卖事业的开支,无补于财政;四是实行专卖后,有关生产者受到严重打击,因为对厂家的低价收购,迫使厂家转产、减产或关闭工厂。另外,统治者的意志也发生了某些作用。宋子文主张贸易自由,他任财政部长后取消管制,各种专卖制度逐一取消。总之,战时专卖制度于国无补,于民无益,反而打击了生产,助长了官吏的营私舞弊,因此,它仅仅实行了三年就被迫停止了。

(二) 统购统销

统购统销政策是战时物资管制的方式之一,属于战时财政措施的一种。主要是对重要的外销物资和重要的军需民用品实行控制。目的是为了掌握物资,调节供求,以保证对外贸易与战争时期的军需民用。统购统销物资分外销产品和主要的日用必需品两大类。前一类即外销产品有茶叶、桐油、猪鬃、生丝、羊毛及矿物(钨、锑、锡、汞、铋、钽六种)六类产品;后一类为主要的日用必需品,包括棉花、棉纱和棉布三种。这些物资分属于不同的机构管理。第一类物资中,茶叶、桐油、猪鬃、生丝、羊毛的收购运销由 1938 年 2 月成立的隶属于财政部的贸易委员会负责,其中桐油、猪鬃、生丝、羊毛由该委员会所属的复兴商业公司管理,茶叶由该委员会所属的中国茶叶公司管理。钨、锑、锡、汞等矿产品是军需工业的重要原料,国外需要量很大,则归资源委员会主管。第二类物资中主要是棉花、棉纱和棉布,最初由农本局所属的福生庄管理,1943 年移交财政部花纱布管制局管理。具体做法:1941 年实行收购办法,1943 年起改为统购棉花、以花易纱、以纱易布的办法,规定政府统购棉花,然后以一定数量的棉花向生产者换收一定数量的棉纱,以一定数量的棉纱换一定数量的棉布,另外核给工缴费(职工工资、机器折旧、杂费)和利润。

统购统销这一战时财政政策在抗战时期曾对国民政府的财政起过重要作用。特别是这一政策实行的前四年,在外销商品的收购方面是比较突出的。这些商品在对苏、对美、对英的贸易购料、偿债方面,以及完成其他外销任务方面,均曾起着重要作用;即使在后期,这些商品也仍保持着部分外销,同时内销也有相当发展。它对财政的作用是不容低估的。至于对棉花、棉纱、棉布的管制,也为实行棉布的平价供应提供了一定条件。在抗战时期,后方生活日用品缺乏的情况下,曾起到过保证军用花纱布供应和良用布匹配售的作用。但是,统购统销政策实质上是一种财政搜刮手段,它的弊病同专卖的弊病一样严重。它用低于市价甚至低于成本的价格收购产品,对生产者来说,这无疑是一种半没收式的掠夺。例如茶叶,据调查,屯绿毛茶 1941 年的成本是 188.22 元,而收购价最高为 105 元,低于成本 44.2%,其他如桐油、猪鬃、生丝等也是如此。又如棉花,1943 年陕西棉花生产成本每市担是 3 000 元,而官定收购价是 1 260 元,只有成本的 40%。统购统销机关以低价统购,却以高价统销,进行第二次掠夺。据土布业同业工会称,花纱布管制局收购 40.5 匹土布,收购价为 10 余万元(包括从棉花到土布的全部成本在内),售价却是 30 余万元,后竟高达 80 余万元,高出收购价 2~7 倍。这种低价收进高价卖出,自然是对人民的残酷掠夺,当然也给国民政府带来了财政上的好处。总之,统购统销政策既是对生产者进行的最大限度的掠夺,又是对消费者进行的最大限度的掠夺。从这一政策中获巨额利益的是国民政府和四大家族。

五、地方杂税

民国时期,地方主要的税种有:

(一)屠宰税

国民政府对屠宰牲畜的行为征税,最初沿用 1916 年北洋政府颁布并重新修订的屠宰税简章,1931 年国民政府将屠宰税并入营业税。税率规定,各省高低不一。1941 年,第三次全国财政会议决议,将屠宰税划为消费税,改为从价征收。还制定了屠宰税征收通则十二条。通则规定,凡屠宰牛、猪、羊三种牲畜,均一律课征屠宰税,其税率按屠宰时的价格征收 2%至 6%。根据这一规定,税率有了较大提高,而屠宰税收入也有所增长。

(二)营业牌照税

营业牌照税的前身是特种营业执照税和普通营业牌照税,其课征范围与等级各有不同,1935 年,国民政府将营业牌照税列为县税,但未举办。至 1941 年,第三次全国财政会议才决定举办,并制定《营业牌照税征收通则》十六条,于同年 8 月施行。通则规定:凡经营戏园、酒馆、旅馆、球房、屠宰等须缴营业牌照税,各省原有的牙帖、当户、屠宰证及其他有营业牌照性质的税捐,一律改为营业牌照税,并规定全年税额不得超过上年营业总收入的 2.5%,依照全年营业划分 6 个等级征收。

（三）使用牌照税

使用牌照税的前身是各地的船捐、车捐，1935 年改为使用牌照税，定为县级税收。1941 年第三次全国财政会议决议，为统一推行使用牌照税，制定使用牌照税征收通则十五条，于 1942 年 2 月 24 日公布施行。通则规定：凡使用公共道路的车、船、肩舆，除汽车类车辆照汽车管理规则纳捐外，一律向所在县市纳使用牌照税。通则规定，车类：人力车，每辆税款全年不得超过 36 元，兽力车，每辆税款全年不得超过 72 元。船类：人力船，每只税款全年不得超过 80 元；机器船，每年每吨税款不得超过 5 元。肩舆：每乘税款全年不得超过 24 元。兽力驼驮，每驮税款每年最高不得超过 18 元。以上税款分四季缴纳。通则还规定了免税范围：凡在市县领有牌照的，经过或停留本市县时间在一个月以内者，以及纳海关船钞之轮船；专驶公路的公有交通工具，均予免税。

（四）房捐

1927 年国民政府划分国地税后，房捐为地方税。房捐征收制度，各地很不一致。1941 年 5 月 21 日，国民政府公布《房捐征收通则》后，房捐征税逐渐趋于统一。以后各省为充实财政，又加重征收。1943 年 11 月，国民政府颁布了房捐条例十四条，以改进房捐征收办法。条例规定，凡未依土地法征收土地改良物税的县市和商业繁荣地区，住房聚居三百户以上者，其房屋均应征收房捐。税率是：营业用房出租者征收全年租金的 20%，自用者征其房屋现值的 2%。免税范围：凡机关和公、私学校所有的房屋，居民自用房（每户不超过一间），毁坏的不能居住的房屋等，均在免税之列。

（五）筵席及娱乐税

筵席及娱乐税各省市县间有征收。1935 年划为行为取缔税。因为国家没有制定税法，所以其征税范围各地不统一。1941 年第三次全国财政会议后改名为筵席及娱乐税，制定征收通则十一条，定于 1942 年 4 月 12 日开始实行。通则规定：筵席税对日常饮食不得征税，税率不得超过原价的万分之十；娱乐税的课征范围是以营利为目的的电影、戏剧、书场、球房，税率不得超过原价的 30%。

（六）附加、杂捐、摊派

1928 年国民政府国地收支划分中存在一个严重的缺点，那就是没有明确规定县级财政范围。省、县收入如何划分，均由各省自定。划分的地方税源都被省所把持，很少有指定某税由县支配。因此，县级财政毫无自主可言。可是，县级是一行政机构，应该有正常的财政开支。且上级行政机构有许多差事也往往要求县级筹办，诸如国民兵团、临时兵差、兵役、工役运输、供应驻军食宿、搬运军械等等差事，都由县级负责。上级行政机构在布置这些差事时，又从不规定筹款办法，所需费用，全靠县级财政自行筹集。县因无固定财源,为了筹集正常开支和各种临时差办经费,就不得不从人民身上打主意,其办法就是开征附加、杂捐和进行摊派。附加主要是随正税增加的额外税捐,以田赋附加为主,杂捐是各地烦琐的苛捐杂税,摊派是将应筹集的经费按户口、按田亩派给居民分担。附加和杂捐主要应付县级正常开支,摊派则是应付临时差办的经费。随着时间的推移,这三项税收越来越多,其积弊也越来越深,对人民的苛扰也越来越厉害。大抵说来,这三项征收的情况是:抗战时期甚过国民政府统治初期,国民政府崩溃时期又甚过抗战时期。杂捐甚于附加,摊派又甚于杂捐。

第四节 赋税机构与管理制度

一、赋税管理机构

国民政府统治时期的税收管理机构,在中央的有财政部所属的直接税署、赋税司、关务署、税务署、缉私署、盐政司、专卖事业司等机构,地方则设与此相应的机构。

(一)直接税署

直接税署下设直接税局、直接税分局。各省直接税局内设三课,即所得税课,办理所得税,并兼办过分利得税的调查、复查、审核、催征、督征、税额的退补及其他事项;遗产税印花税课,办理遗产税和印花税的调查、审核、催征、督征、税额的退补及其他事项;事务课,办理文件的收发缮校、保管印信、本局及各机关职员的监督、考核及庶务出纳事项。

直接税分局管理所在区内直接税稽征事项。

(二)关务署

关务署内设总务、关政、税则三科,主管关务行政事项。关务署下辖总税务司署、各关税务司署和海关监督。

总税务司署管辖全国各海关税务司署,内设总务、汉文、机要、稽核、典职、财务、审榷、缉私、统计、海务、秘书11科。此机构一直被英美所把持。

各关税务司署设于各海关,管理该关事务,内设总务、文书、会计、监察、验估、缉私、港务七课。因各关事务繁简不同,各关课的设置不一。1931年裁厘、裁撤常关和五十里常关后,征收进出口洋货土货税的常关就近并入海关,海关设分卡或分所管理。

海关监督直属财政部,受关务署监督,办理关务和对税务司进行监督,内设总务、税务、计核三课。1945年此机构撤销。

(三)盐政司

盐政司为全国盐务行政主管机关。另有盐务稽核所(各地有分所)。1937年将两机构并入盐政司,专司行政审核事务。另设盐务总局,直属财政部,专司全国盐税征收和其他一切盐务兼管硝磺事务。

所属有盐务管理局,设于各产盐区;盐务办事处设于产硝区。

(四) 税务署

税务署主管全国货物税。货物税主管机构在抗战前分为四类:

(1) 区税务局,下设税务管理所,税务分所,办理统税、矿税、印花税及烟税酒税等事宜。

(2) 区统税局,下设统税管理所及查验所,办理统税。

(3) 省印花税烟酒税局,下设分局、稽征所、稽征分所,办理烟酒印花统税事宜。

(4) 矿产税征收事务专员办事处,办理矿税征收事务。

设区税务局的省份,全省的统税、矿税和印花税、烟酒各税归该税务局办理,不另设(2)、(3)、(4)项所列机关。各省税务机构设置不统一。1943年后,各省设税务管理局,各县设税务征收局,试图统一税务机关。结果只贵州一省实行。

(五) 赋税司

赋税司机构变动比较大。国民政府成立之初,田赋为地方税,主要由各省管理,中央设赋税司管理一般事务。省财政厅内设科专管田赋,各县田赋的征收和催收事项由县政府财政局办理。各省还设土地呈报处,隶属民政厅和财政厅,主管土地所有权变更事项。

抗战时期,田赋划为国家税。经征机构是中央整理田赋筹备委员会、省田赋管理处、县田赋管理处,县以下设经征分处,主管田赋经征和土地呈报及推收工作。经收机构在中央是粮食部,在省是粮食局,在县是粮食科,县以下设经征分处和仓库。以后又成立田粮管理处统一征收工作,由各省财政厅主管。

(六) 专卖事业司

专卖事业司主管专卖事项,有盐务司主管盐专卖,食糖专卖局有川康、粤桂、闽赣食糖专卖局。

火柴专卖公司(下有川、康、黔、滇、闽、湘、甘、粤、陕、浙、鄂、青等分机构)和烟类专卖局(各省也有相应的分机构)等机构。专卖机构采用商业组织形式。后各项专卖统由专卖事业管理局办理。1945年1月专卖全部取消后,机构亦全部裁撤。

(七) 缉私署

缉私署直属财政部,内设11处,下辖各省区缉私处、税警总团、缉私骑兵团和警备大队,各省区缉私处以下设查缉所。缉私机构主管盐务、关务、税务的缉私业务。

（八）公库

公库属于国家财政组织的一个重要部分，它与税务的关系是：一切赋税收入均应存入公库。

兹将财政部所属税务机构列作图 8-1。

二、赋税管理体制

北洋政府曾多次划分国家税和地方税，明确国地收支范围，终因地方封建割据和政局动乱而未实行。国民政府建立后，为统一各级财政管理权限，于 1928 年 8 月划分中央税和地方税，制定《划分国家收入地方收入标准案》及《划分国家支出地方支出标准案》，地方财政从此确立。以后在几次财政会议上对国家税和地方税的划分又曾加以修改变动。现分述如下。

（一）中央和省两级制时期的税收体制

1928 年 7 月第一次全国财政会议决定实行中央、省两级财政体制。属国家税的有：盐税、海关税、内地税、常关税、烟酒税、煤油税、厘金及一切类似厘金的通过税、邮包税、印花税、交易所税、公司及商标注册税、沿海渔业税、所得税、遗产税等。属地方税的有：田赋、契税、牙税、当税、屠宰税、内地渔业税、营业税、市地税、所得税之附加、船捐、房捐、其他收入。

（二）中央、省、县三级制时期（新县制实行时期的税收）体制

1928 年国地税收划分后，只规定了中央和省级税收划分范围，没有划出县级税收范围。县作为省的附属，县级费用和上级所派差事的费用，都需要另行筹集，概无明确的款项。各县开始征收各种附加税、杂捐并实行摊派，以筹集费用。结果造成县级财政混乱。1934 年第二次全国财政会议确定县为自治单位，将土地税（田赋附加）、土地呈报后正附溢额田赋的全部、印花税的三成、营业税的三成、房捐（土地改良物税）、屠宰税及其他依法许可的税捐，划为县级财政收入。县级财政如有不足仍可乱征苛捐杂税，县级财政仍处于混乱之中。

（三）国家财政、自治财政两级财政时期的税收体制

抗战开始以后，国民政府为增强战时国家财政统筹力量和促进地方自治发展，于 1942 年 1 月将全国财政划分为国家财政与自治财政两大系统，省级财政并入国家财政，自治财政以县市为单位，包括县以下各级地方自治团体。在这种财政体制下，属于国家税的有：原属中央和省的一切税收，田赋、契税、营业税收归中央。属于县市的税收有：土地税（中央分给 25％）、营业税三成至五成、契税附加、遗产税三成五、印花税三成，屠宰

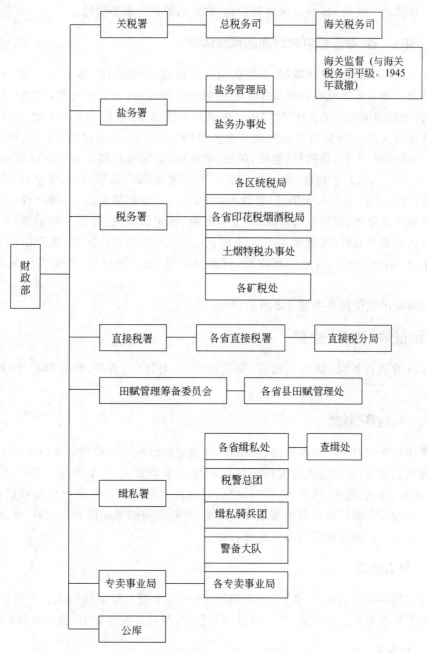

图 8-1　国民政府时期的税收管理机构

税、营业牌照税、使用牌照税、筵席及娱乐税。而分配数量的多少也不同,因此也不能因县市水源不足以确保县市开支,为了应付战时军事供给,只有临时筹补,于是,各县普遍推行摊派和非法抽捐。所以，推行这种划分后，县财政的弊病也未能根除。

（四）中央、省、县三级财政时期的税收体制

由于1942年的两级财政体制，不能适应地方行政、管理需求，遂于1946年又恢复三级管理体制。并对各级政府的财源作了详细划分。按规定，属于中央政府的财政收入包括营业税（由院辖市收入的30%划归中央构成）、土地税（由县市地方收入的30%划归中央和院辖市收入的40%划归中央构成）、遗产税（省县市30%，院辖市15%）、印花税、所得税、特种营业税、关税、货物税、盐税、矿税（矿业税、矿区税）；属于省政府的收入包括营业税（总收入的50%）、土地税（收入的20%）、契税附加；属于院辖市（与省平行）的收入包括营业税（总收入的70%）、土地税（总收入的60%）、契税和契税附加、遗产税（中央划拨15%）、土地改良物税（房捐）、屠宰税、营业牌照税、使用牌照税、筵席及娱乐税；属于县市政府的收入包括营业税（省拨给50%）、土地税（总收入的50%）、契税、遗产税（中央划拨的30%）、土地改良物税（房捐）、屠宰税、营业牌照税、使用牌照税、筵席及娱乐税、特别课税。

国民政府的赋税体系如图8-2所示。

三、赋税征收、管理、检查

国民政府颁行各税，就形式而言，都通过立法，对征收、管理、检查都有比较明确的规定。

（一）纳税登记制度

各税税法除明确规定纳税范围、税率外，还规定应纳税的厂商在开业前须向主管征收机关办理登记手续，登记的内容大抵有商号名称、营业负责人、资本额等。工厂、商号如发生合并、改组、转项、歇业、停业、迁移等情况，应按规定时间向主管征收机关登记，换领新证。主管征收机关就厂商申报的事项派员调查，并将调查结果随时登记入册，并呈报上级主管机关备查。厂商领证后方得生产或营业。

（二）复查制度

厂商应将一年度的生产、售价、资本填写报告单，申报主管征收机关。主管征收机关接到纳税人报告单后进行复查，核定各月应纳税额，按月填发通知书，通知纳税人缴纳。

（三）纳税制度

纳税人接到纳税通知书后应按规定时间纳税。如不服主管征收机关复查核定的应纳税额，可提出正当理由与确实证据，由主管征收机关重新核定，但必须如数缴纳税款，核定确实后，再行退税或补税。税款一律就地缴纳。

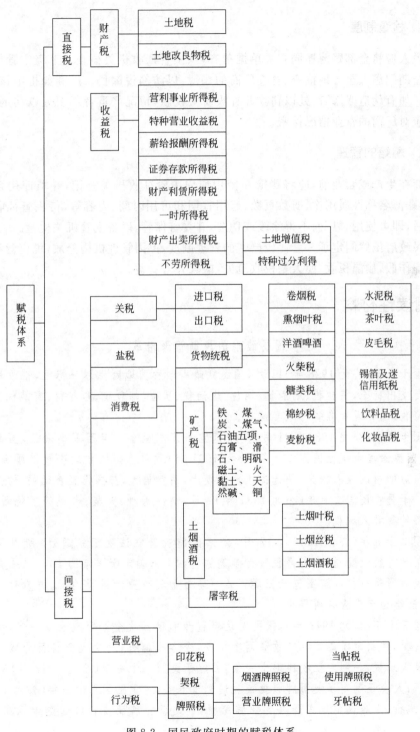

图 8-2 国民政府时期的赋税体系

（四）检查制度

纳税人应将全部账簿连同有关单据备齐，供主管征收机关核查。上级主管机关应于每届复查期间派人至各地抽查、复查厂商的账簿，以防偷税漏税。厂商如拒绝核查，则处以罚款。如有伪造账簿者，处以罚款并补收所欠税款，情况严重者还要处以徒刑或拘留。查验者应对厂商的营业情况保密。

（五）簿籍的管理

厂商在生产或营业前，应将账簿在使用前向主管征收机关登记，并填使用账簿报告单，包括账簿名称性质用途、册数页数、起用日期和可用时间、内容等，待主管征收机关编号盖戳后，即可使用。厂商不得涂改或伪造，并妥善保管，以备主管机关检验。

国民政府虽然制定了一套比较严密的管理制度，但因管理机构分散，税吏营私舞弊和厂商弄虚作假，偷漏税收，使大量税收流失，国家并未受益。

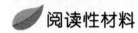

阅读性材料

国民政府的税制管理沿革

民国十七年（公元1928年）11月，国民党政府颁发国地两税划分标准，征收权限及国家地方费支出标准，将盐税、烟酒税、烟税、煤油税、厘金、邮包税、印花税、交易税、关税等，划为国家收入，并通知各省、市、县遵行。

民国十九年（公元1930年）1月，财政部宣布废止厘金。但因军事未了，国库收入骤减，故全国废除厘金延至民国二十年（公元1931年）元月。国民党政府裁撤厘金后，为了弥补裁厘后的财政收入损失，便选择生产规模大，消费量大，与国民经济无妨碍的产品，开办新税。于是在民国二十年（公元1931年）1月，创办棉纱、火柴、水泥等项统税。是年，又将麦粉特税并入统税。

民国二十五年（公元1936年）7月，南京国民政府立法院正式通过《所得税暂行条例》，同年8月行政院通过《所得税暂行条例施行细则》，确定于当年的10月1日起正式开征所得税。所得税征收范围包括三类：第一类为营利事业所得税；第二类为薪金报酬所得税；第三类为证券存款所得税。

民国三十年（公元1941年），国民党政府召开的第三次全国财政会议决定，将屠宰税划为消费税，并制定了屠宰税征收通则十二条，令各省遵行；这次大会将行为取缔税改名为筵席及娱乐税，并制定征收通则十一条，并定于民国三十一年（公元1942年）4月12日开始实行；大会还制定了使用牌照税征收通则十五条，定于民国三十一年（公元1942年）2月24日施行；大会议定正式开办营业牌照税，制定营业牌照税征收通则十六条，令各省遵行。

抗战开始后，国民党政府为增强战时国家财政统筹力量和促进地方自治发展，民国三十一年（公元1942年）1月，将全国财政划分为国家财政和地方财政两大系统，省级财政并入国家财政，自治财政以县市为单位，包括县以下各级自治团体。在这种体制下，属于县市的税收有：土地税（中央分给25%）、营业税三成至五成、契税附加、遗产税三成五、印花税三成、屠宰税、营业牌照税、使用牌照税、筵席及娱乐税。后五种税属于地方税的主要税源，前四种税为中央配给，不能由市县来控制，因此不能保证市县的财政收入。为了应付战时的军事供给，只有临时筹措，于是县市普遍推行摊派。

民国三十一年（公元1942年），实行两级财政体制后，使省级财政并入中央，省为中央的附属，无独立的税源，不能适应各省的实际情况需要，而县自治事业也不能充分发展。遂于民国三十五年（公元1946年）恢复中央、省、县三级财政时期的税收体制。其三级税收体制的税收分配如下：

中央税包括：营业税、土地税（由县市收入的30%划归中央构成）、遗产税（50%归中央）、印花税、所得税（分类所得税、综合所得税）、特种营业税、关税（进出口税、吨税归中央）、货物税、盐税、矿税等。

省税包括：营业税（收入50%）、土地税（收入20%）、契税附加。

县市税包括：营业税（省拨给50%）、土地税（总收入的50%）、契税、遗产税（中央拨给的30%）、土地改良物税（房捐）、屠宰税、营业牌照税、使用牌照税、筵席及娱乐税、特别课税。

分析：国民政府时期的国家和地方财政收支的划分比北洋政府时期更进步，不仅已分别税目、系统分明，采取了国家和地方税收收入划拨制来调剂国家和地方收支余缺等比较灵活多样的措施，而且汲取了西方税权划分的经验，在国家和地方支出划分的标准上体现出公共财政的受益原则，这为我国财政体制的建设提供了宝贵的经验，是中国财政体制现代化进程中最为重要的一环。

【本章小结】

国民政府时期赋税既有承袭晚清赋税改革的一面，又有其在独特历史条件下逐步资本主义化的一面，这一时期的赋税改革比较频繁，如淘汰和改良了不符合社会经济发展要求的旧税种，开征了符合市场经济发展需要的新税种，特别是国际上通行的直接税、间接税概念引入中国，并在直接税体系建设上做了许多工作，开征了所得税，非常时期过分利得税、特种过分利得税、遗产税等税种，并将传统的田赋改革为土地税，填补了中国税制体系中现代直接税税种的空白。在间接体系建设上，废除了遇卡征税的厘金，代之以在生产环节一次性征收的统税，取缔了牙税、当税等封建性旧税种，代之国际上通行的营业税等。国民政府时期现代税种的开征，标志着中国税制体系从传统的适应自然经济和小商品经济需要的旧体系向适应现代资本主义经济发展需要的现代化税制体系的转化已经启动。

国民政府税制方面的改革从很大程度上保证了当时财政收入的需要,特别是战争支出的需要。此外,国民政府还在国家与地方财政收支划分方面进行了大量的改革,保证中央财政收入的来源和有效、及时的征收,这些改革在中国赋税史上具有极其重要的地位。

【关　键　词】

统税　土地税　关税自主权　货物税　直接税　国地税划分

【复习思考题】

（一）名词解释

1. 田赋三征
2. 统税
3. 货物税
4. 非常时期过分利得税
5. 使用牌照税

（二）简答题

1. 简述国民政府时期的赋税特点。
2. 简述抗战时期关税税则的调整。
3. 简述国民政府划分国地税的四次过程。

第九章 中华人民共和国成立以来的税收制度

学习目标
(1) 了解中华人民共和国税收制度经历的五个阶段。
(2) 掌握1994年分税制改革,了解工商业税制的变化历程。
(3) 了解社会主义市场经济确立时期的税制改革过程。

中华人民共和国成立以来税收制度大体经历了五个阶段:第一个阶段是从1949年到1957年,此阶段处于国民经济恢复和社会主义改革时期,这是中国税制建立和巩固时期;第二个阶段是从1958年到1978年中共十一届三中全会之前,这是中国税制曲折发展时期;第三个阶段是从1978年改革开放到1994年社会主义市场经济体制基本框架确立,这是中国税制全面建设时期;第四个阶段是从1994年到2012年,这是社会主义市场经济确立时期的税制改革阶段;第五个阶段是从2012年至今,国家治理视野下的现代财税制度构建阶段。

第一节 税制建设与巩固时期(1949—1957年)

一、1950年税制改革

1949年中华人民共和国成立伊始,百废待兴,经济萧条,国家财政经济困难,财政收入分散且增长缓慢,中央财政存在着巨大的财政赤字。连年的战争使得国民经济处于崩溃的边缘,解放战争迅速进行使得军费开支庞大,1949年军费开支占财政收入的一半以上;而新解放区财政税收制度尚未确立,收入增加缓慢,与此同时财政支出逐步统归中央,地方政府的财政收入并未及时统一到中央手中,导致收支脱节。中央政府迫切需要统一财政管理。

1949年11月24日至12月29日,首届全国税务工作会议在北京召开。中央做出了统一国家财政经济工作的决定,会议全面讨论了全国税收的统一、税务机构的编制以及工作职责的确定等问题。最终草拟了《全国税政实施要则》,制订了第一个全国性的税收计划,整理与统一了全国税收基本原则。同时针对农业税和城市税收出现的偏差,对农业税和城市税做出了调整以减轻农负、平衡城乡负担。

(一) 调整城市税制

1950年1月中央人民政府政务院颁布了《全国税政实施要则》,决定增强税务工作,建立统一的税收制度。《要则》规定全国各地所实行的税政、税种、税目和税率极不一致,应迅速加以整理,并在短期内逐步实施,统一全国税政;除农业税外,在全国范围内统一征收货物税、工商业税、盐税、关税、薪给报酬所得税、存款利息所得税、印花税、遗产税、交易税、屠宰税、地产税、房产税、特种消费税、车船使用牌照税14种税。公私企业、外侨及其所经营的企业一律遵守中华人民共和国法令,照章纳税;税务机关应建立健全的相关税收制度等内容。意在建立一套以多种税、多次征为特征的复合税制,即以货物税、营业税、所得税为主,其他税种为辅,分布在生产、销售、分配多个环节可征。之后又陆续颁布了货物税、工商业税、盐税、存款利息所得税、印花税、屠宰税、特种消费行为税等税收暂行条例,在全国范围内统一实行。并对各地区性的税收法规进行了整理,从而建立了全国统一的新税制。

1950年5月29日至6月17日,财政部在北京召开了第二届全国税务会议,财政部部长薄一波和财政部税务局局长李予昂分别作了题为《关于调整税收问题的报告》和《开国两年来的税收工作》的讲话。会议的任务是在公私兼顾,调整工商业的总方针下调整税收;检查各地执行政策的情形和修订税法、改进征收方法。

在修订税法方面,主要是减并税种、简化税目、降低税率、统一计税方法和估价方法等。货物税原定品目1 136个,经简化合并为358个,对若干品目的税率也加以调整。工商业所得税的税率,由纯所得100万元以下征收5%,改为300万元以下征收5%;3 000万元以上征收30%,改为1亿万元以上征收30%。税率降低,级距增多,减轻了中小工商户的负担。继续实施工轻于商、日用品轻于奢侈品的政策,营业税分成工、商两部分,工业部门分成26个行业,税率分别在1%~3%;商业分为17个行业,税率为1.5%~3%。印花税减少品目,增加定额贴花。房产税和地产税合并为房地产税。遗产税和薪给报酬所得税暂不开征。会议强调依法办事,依率计征,工商业税采取自报公议、民主评定和在自报公议、民主评定基础上的定期定额的征收方法,反对单纯强调查账及自报不查的自报实缴的做法,反对评任务和整个县、整个市包税的办法。

城市税的调整一方面平衡了城乡税收负担,激发了广大农民群众的生产热情;另一方面公平了公私企业的税收负担,调动了私营工商业的生产积极性,推动了生产力的发展,同时为财政收入的增加培养了可靠的税源。

(二) 调整农业税制

中华人民共和国成立之初,老解放区已经完成了土地改革、建立了新型的农业税制度,新解放区的农业税征收办法各异且不尽合理。但是由于城市工商业比较落后,农业税收入仍然是国家财政的主要来源。1950年3月25日,中央人民政府政务院通过了《关于统一国家公粮收支、保管、调度的决定》，统一并调整了全国各地农业税的税政、税目和税率等要素。《决定》中规定：征收国家公粮的税则和税率，统一由中央人民政府政务院规定，各级地方人民政府不得自定或修改。1950年6月15日，根据毛泽东主席在中共七届三次会议上提出的关于调整税收、酌量减轻民负的建议，政务院副总理陈云在政协一届二次会议上提出了调整农业税收措施：一是只向主要农产物征税，凡有碍发展农业、农村副业和牲畜的杂税，概不征收。二是为了照顾农村的经济状况，鼓励农民的生产积极性，恰当地减轻农业税并必须按照规定标准征收。三是农业税应当以通常产量为固定标准，对于农民由于努力耕作而超过通常产量的部分不应当加税，以鼓励农民的生产积极性。同年9月5日，中央人民政府委员会颁布《新解放区农业税暂行条例》，规定农业税以户为单位，按农业人口人均农业收入计征。农业收入以土地常年应产量为标准，每户农业人口平均农业收入不超过150斤主粮者免征，以实验为目的的农场、林场，经过县(市)以上人民政府批准的学校、孤儿院、养老院、医院自耕的土地，机关部门的农业生产收入已经向国家缴纳生产任务的，可以免征农业税。垦种荒地、轮歇地，可以定期免征农业税。遭受自然灾害者和特别贫困者，经过批准可以减征免征农业税。

农业税的调整将实行了两千多年的田赋制度改为按产量征收的农业税制度，统一了农业税法，这是我国农业税制度的根本性变革。有利于实现税负合理负担、恢复和发展农业生产力。

城市税和农业税的调整促进了我国统一的新税收制度的形成。此时的新税制具有以下特点：一是新税制实行多种税、多次征的复合税制。它以货物税、工商营业税和所得税为主体。根据对资本主义工商业实行利用、限制和改造的方针，在公私企业使用一套税制的基础上，采用"区别对待、繁简不同"的征收管理办法；实行多环节、多层次的征收。能够把分散在各个环节的资金，通过税收聚集起来，能够体现奖励与限制政策，调节各方面的收入，发挥税收的经济杠杆作用，并有利于对各个经济成分进行财政监督。二是废除了苛捐杂税，简化了税种。新税制对国民政府时期开征的营业税、特种营业税、财产租赁税、一时所得税、综合所得税、过分利得税等多种属工商业性质的税种合并为工商税，使税制趋于简化，也更合理。对于苛捐杂税则全部废除，如北京市废除苛捐杂税达50余种，上海市废除300余种。三是调整税目、税率，制定减免税收的规定，体现了国家鼓励、限制和公平税负的政策。四是革除了那些对官僚买办资本在税收上的种种照顾，有利于国民经济的发展。五是统一了农业税法，促进了农村经济的恢复和发展。

二、1953年修正税制

1952年，我国的税收工作遇到了许多新情况。经济开始起步，税收收入占财政收入的比重却有所下降。经济成分不断改组，国营企业和合作商业发展迅速，在经济中占有越来越大的比重，但由于内部调拨并不纳税，私营企业成为主要征收对象。1950年统一的税制并不利于私营工商业，如，对国营商业部门之间的内部调拨不予以征税，对供销合作社在税收上实行减免和优待,而对私营商业在批发和零售环节实行多税种、多次征收的办法,私营工商业者叫苦不迭,因而采取各种办法逃税避税。此外,旧税制繁杂征收成本高,更加大了税收征管的难度。为了改变这些状况,缓和"五反"之后与私营工商业的矛盾,同年8月召开了财经工作会议,决定修改税制。

此次财政部修订的工商税制坚持两条原则:一是保税种;二是简化税制。其主要内容如下。

(1)试行商品流通税。对卷烟、烟叶、酒、麦粉、皮毛、棉纱、火柴、唱片、酸、碱、化肥、盘纸、报纸、轮胎轮带、原木、水泥、平板玻璃、有色金属、生铁、钢材、焦炭、矿物油22种国家能够控制生产和收购的产品,将原来在生产和销售各个环节缴纳的货物税、工商营业税、工商营业税附加税和印花税等合并改征商品流通税,一次征收。

(2)修订货物税。将生产制造应税货物的工厂原来应缴纳的印花税、营业税及营业税附加并入货物税征收并相应调整货物税税率;将原来的358个税目进一步简并为174个;将货物的计税价格由原来按不含税改为按包含税款在内的价格,并由原来依照市场批发价格计税为主改为按国有公司牌价计税为主。

(3)修订工商业税。将工商业原来应缴纳的印花税、营业税及营业税附加并入营业税缴纳,并相应调整营业税税率。已纳商品流通税的商品不再缴纳营业税,已纳货物税的货物只在商品零售时缴纳营业税,但对于不缴纳商品流通税和货物税的商品,在工业出售或者商业零售环节要缴纳营业税。临时营业的地方附加及印花税也并入营业税缴纳。对于代购、代销或包销,一律按照销货计征营业税。在工商所得税方面,将地方附加并入正税缴纳。小型工商户及摊贩应缴纳的营业税、所得税,采用简化办法,合并计算,按月缴纳;每月营业额不满起征点的,免征工商业税。

(4)修订其他各税。取消特种消费行为税,其中电影、戏剧及娱乐部分的税目改征文化娱乐税,其余税目并入营业税内征收。交易税中只保留牲畜交易税,药材交易税、粮食和土布交易税改征货物税。屠宰商应纳的印花税、营业税及附加全部并入屠宰税,按当地实际售价计算缴纳。将房地产税附加并入正税,并调整相应税率。

从税制结构来看,修正以后的税制与之前相比,税种和税制结构基本没有改变,但是改变了多种税、多次征的办法。主要体现在将工商企业缴纳的税种合并,部分产品道道征税改为只征一次税;从经济方面来看,1953年修正税制有助于改善经济日益繁荣而税收相对下降的局面,也使得国营企业加强经济核算、提高生产效率。

但是此次修改在方案制定上有些操之过急、认识问题不够深入,过分强调减并税种,将批发环节的营业税转移到生产环节等行为给税收征管带来了一系列问题。

至1957年,中国税制共有16个税种,即货物税、工商业税、商品流通税、车船使用牌照税、船舶吨税、印花税、牲畜交易税、盐税、利息所得税、城市房地产税、文化娱乐税、屠宰税、契税、农业税、牧业税、关税。其中畜牧交易税、盐税、农业税和牧业税由各地根据中央政府的规定自行制定具体征收办法,并没有全国统一的税法。

但是总的来说,1948年到1957年的税制改革适应了当时经济政治形势,一定程度上保证了国家的财政收入、推动了革命战争的胜利,促进了国民经济的恢复与发展并形成了我国现代税制的雏形。

第二节 税制建设曲折发展时期(1958—1978年)

一、1958年税制改革

1956年三大改造完成后,我国基本上实现了对农业、手工业和资本主义工商业的社会主义改造,我国国民经济结构发生了根本性变化。国有企业、合作社和公私合营企业等社会主义经济所占比重超过90%,而个体经济不足7%。这种经济结构的巨变使得社会的税收征纳关系也发生较大转变,资本主义工商业不再是征税重点,征税重点已经转向社会主义全民所有制和集体所有制企业,因此税收制度需要进行相应的调整。因此,1958年我国开始对税制进行第二次大规模改革。

1. 工商税制改革

工商税制改革的主要内容包括以下方面。

(1)合并税种。将原来工商企业应缴纳的商品流通税、货物税、营业税、印花税合并为工商统一税征收。

(2)精简纳税环节。对工农产品从生产到流通实行两次课征制度。工业产品需在生产环节和生产零售环节各征一道税。列举的11种农业产品在采购环节和商业零售环节各征一道税,取消了批发环节的营业税。

(3)简化征税办法。一是简化了计税价格。原来是除国家有调拨价格的产品按照调拨价格计税以外,一般工业商品要依照国有商业公司批发牌价计税,这割裂了工厂的税收负担与其实际销售收入的关系,改革后,工业产品一律按工厂实际销售价格计税。二是简化"中间产品"征税。原来规定工业企业自产的、继续用于生产的26种产品必须在生产环节纳税,改革后,除棉纱、皮革、白酒仍按原规定征税外,其他中间产品无须纳税。三是简化工业企业委托加工产品的征税办法。工厂委托加工产品,受委托工厂不再代缴税款,委托厂收回加工产品后,只就直接出售的部分纳税,用于本厂生产的部分不征税,鼓励协作生产。

(4)合理调整部分产品税率。改革后的税率在基本上维持原有税负的基础上,对个别产品税率进行调整。如钢材、电力、呢绒等利润水平较高的产品调高了税率,化肥、食品等利润低的产品的税率调低了。

(5)奖励和照顾。如,对于废品作为原料生产的产品给予减免税优惠政策;对国家银行、保险事业、农业机械站、医疗保险事业的业务收入和科研机构的试验收入免纳工商统一税。

本次工商业税制改革主要以简化税制,以税挤利为原则,使税收能更好地发挥促进生产的作用,同时,在税制结构上更加突出了以流转税为主体的格局。

2. 农业税制改革

三大改造的完成使农业合作化在全国范围普及,这从根本上改变了农村的生产关系。旧有的农业税征收办法已经不再适应新形势,农业税制改革势在必行。从1956年开始,财政部先后向省、自治区、直辖市和中央各部门征求意见,开始起草新的农业税条例。

经过多次专业会议的讨论,1958年6月3日,一届全国人大常委会第96次会议通过了中华人民共和国成立以来第一部全国统一适用的农业税税法《中华人民共和国农业税条例》,同时,这也是一次全国性的农业税制改革。改革的主要内容涉及以下几个方面:一是鼓励农业合作化,个体农民税额视情况加征一成至五成;二是纳税单位的调整。农业生产合作社或是兼管农业的合作社以社为纳税单位,其他纳税人按其经营单位纳税;三是全国统一改为比例税制,既无起征点又无免征额;四是实行地区差别比例税率,地方政府按照统一原则确定各自农业税税率。

至此,我国税制共有工商统一税、工商所得税、车船使用牌照税、船舶吨税、牲畜交易税、盐税、利息所得税、城市房地产税、文化娱乐税、屠宰税、契税、农业税、牧业税、关税14种税。其中的畜牧交易税、盐税、牧业税仍没有正式立法。

二、1973年税制改革

由于受到"文化大革命"的"左"的思想的影响,当时的税收制度被认为过于复杂与烦琐,在"合并税种,简化征收办法、改革不合理的工商税收制度"的指导思想下,认为国营经济的进一步扩大和个体经济的进一步缩小使得社会主义税收在调节经济方面的作用大大减弱,因此应进一步简化税制,于是中国开始了中华人民共和国成立以来第三次大规模的税制改革。

改革经历了三个阶段,第一个阶段是综合试点阶段,一个企业用一个税率征税,在原税负基础上将企业缴纳的各种税收合并起来实行"综合税"。也就是为企业设计一个税率使得依据税率缴纳的税款与原来向国家缴纳的税款大致相同。1968年财政部把天津作为试点,并草拟了《简化国营企业纳税办法》,在41个国营企业进行试点,把企业销售的各种产品按不同税率缴纳的工商业税、城市房地产税、车船使用牌照税、工商统一税附加合并为一种税,按统一税率缴纳。

第二个阶段是行业税试点阶段,由于综合税下同一行业内各企业税率不同,企业之间不便于比较分析、财政部门和管理部门不便于对企业税负进行比较分析和管理,1970年在天津进行了按行业定税率的"行业税"试点。主要是按照生产行业确定纳税行业,重工业行业划分稍粗、税负比较接近;轻工业行业划分稍细,税率力求简化。

第三个阶段是工商税试点阶段,改革主要内容包括:

(1) 合并税种。把工商企业缴纳的工商统一税及其附加、城市房地产税、车船使用牌照税、屠宰税等合并为工商税。把盐税也并为工商税的一个税目(但盐税暂按原办法征收,实际上仍然是一个单独的税种)。合并后国有企业只需缴纳工商税一种税,集体所有制企业只要缴纳工商税和工商所得税两种税。

(2) 简化税目、税率。实行工商税以后,税目由过去的108个减少为44个,税率由过去的141个减少为82个,事实上不同的税率只有16个。按照新的税率表,多数企业可以只按一个税率计算纳税。

(3) 调整税率。这次改革,除大多数行业和企业仍保持原来的税收负担水平以外,还对少数行业的税率作了调整。如农机、农药、化肥、水泥的税率降低了一些,印染、缝纫机、自行车、手表的税率略有提高。税率调整以后,有的地区税收要增加一些,多数地区没有增加或者略有减少。全国测算,税收总额约减少5‰。

(4) 把一部分管理权限下放给地方,地方有权对当地新兴工业、五小企业、综合利用和协作生产等确定征税或者减免税。

(5) 取消了原税制中一些征税办法。

这次税制改革,由于过分强调简并税种,简化征收办法,实行一个企业一般只缴纳一种税,只适用一个税率,使税收的作用进一步削弱。各地区各行业情况迥异,税制过于简化,难以发挥税收的杠杆作用。1973年税制改革后,我国的工商税制一共设有7个税种:工商税(包括盐税)、工商所得税、城市房地产税、车船使用牌照税、屠宰税、工商统一税和集市交易税。显然,这次税制改革使得税制大大简化,对国营企业只征一道税;集体企业只征收工商税和工商所得税;对个人和极少数单位征收城市房地产税、车船牌照使用税和屠宰税。

1973年税制改革是在国家政治、经济发展极不正常的"文化大革命"时期,以"斗、批、改"为指导将原有税制彻底批判为"繁琐哲学",将税收作为阶级斗争的工具,无论是指导思想还是改革的方法都是违背经济规律和税制建设的正确原则的。这次片面简化税制的改革导致税种越来越少,税制越来越简单,从而大大缩小了税收在经济领域中的活动范围及其在政治经济生活中的影响,大批税务人员被迫下放、改行。

到1978年,中国税制还设有13个税种:工商税、工商统一税、工商所得税、车船使用牌照税、船舶吨税、牲畜交易税、集市交易税、城市房地产税、契税、农业税、牧业税、关税、盐税。其中的畜牧交易税、盐税、牧业税仍没有正式立法,由各地方自行确定。结果导致全国的税收收入大幅下降,1958年,税收收入分别占财政收入和国民生产总值的48.3%和14.3%。①

---

① 刘佐:《中国税制五十年》,96页,北京,中国税务出版社,2000。

第三节 税制建设全面加强时期(1978—1994年)

1978年中国共产党的十一届三中全会是中华人民共和国成立以来的一次具有深远历史意义的伟大转折,会议决定把全党的工作重点转移到社会主义现代化建设上来,并提出了改革开放的决策,税制建设逐渐成为经济建设的关键点。因此国家根据经济发展需要开始对我国税制进行一系列改革和调整,重新发挥税收的作用。我们将中国税制建设全面加强时期分为税制改革起步、调查与试点和1994年分税制改革三个阶段。

一、税制改革的酝酿与起步

(一)涉外税制的建立

改革开放初期,为了响应和贯彻国家对外开放政策,财政部开始着手建立一套较为独立的涉外税收制度,第一步就是在对外资企业恢复征收一些旧有的税种的基础上开征了一些新税种,如对中外合资企业、外国企业和外国人继续征收工商统一税、城市房地产税和车船牌照使用税等。

1979年,第五届全国人大第二次会议通过了《中华人民共和国中外合资经营企业法》,该法规定:外国公司、企业、其他经济组织或者个人经过中国政府批准,可以在中国境内与中国的公司、企业和其他经济组织共同举办合资企业;具有世界先进技术水平的合资企业开始获利的头两年到三年可以申请减征、免征所得税,外国合营者将分得的净利润用于中国境内再投资的时候,可以申请退还已经缴纳的部分所得税。从1980年7月到1981年12月,我国先后颁布了《中外合资经营企业所得税法》《个人所得税法》和《国外企业所得税法》,并公布了相应的实施细则。企业所得税税率分别为30%和10%的地方所得税附加额和20%至40%的5级超额累进税率及10%的地方所得税,标志着与社会主义市场经济体制相适应的企业所得税制开始起步。这些法条在维护国家权益的情况下坚持税负从轻、优惠从宽、手续从简和对等待遇的原则,给予了外资企业较多的税收优惠政策。有利于吸引外资、引进人才技术,积极开展对外经济合作和技术交流,促进经济的发展。随后国务院又出台了划定的经济特区和14个开放城市有关涉外税收的规定,1987年颁布实施了《中华人民共和国海关法》,修订了《中华人民共和国进出口关税条例》并建立了涉外税收机构同其他国家签订了一些国际税收协定。我国逐步建立起了一套较为完整独立的涉外税收法律法规体系。

(二)国内税制改革的调查与试点

在建立涉外税制的同时,根据国内经济形势的发展情况,开始了国内税制改革的调查和试点。这次税制改革分为两个阶段进行:

(1) 1979年起，湖北省光化县、广西壮族自治区柳州市、上海市和四川省的部分国营企业试点。1979年5月，湖北省财政局决定把该省光化县15户县办国营工业企业作为试点对国营企业的利润收入改为工商所得税形式缴纳；上海市决定自1980年1月该市轻工业机械公司通过缴纳工商税、房地产税、车船牌照使用税、所得税、收入调节税、固定资产占用费和流动资金占用费代替原来向财政部门上缴的利润，余下的利润归公司所有；同年四川省在该省第一棉纺印染厂、成都电线厂、重庆电工厂等5个工厂征收所得税和固定资产税，又选择5户企业征收所得税、调节税、固定资金占用费和流动资金占用费。此次试点行动主要是对国营企业征收所得税，即"利改税"。

(2) 扩大"利改税"试点阶段。1980年8月26日，财政部向中央财经领导小组就改革试点情况作了关于税制改革问题的汇报。会议指出：税制改革要抓住"利改税"的中心，激发企业的积极性，提高其管理和生产效率。同年9月，国务院批准了国家经济委员会报送的《关于扩大企业自主权试点工作情况和今后工作意见的报告》，提出要积极进行"企业独立核算，国家征税，自负盈亏"的试点。据统计，当时已经有18个省、自治区和直辖市的456户国营企业、交通运输业进行了"利改税"试点。

(3) 工商业税制改革。1981年，财政部起草的《关于改革工商税制的设想》中指出，现行工商税制存在的问题是：经过中华人民共和国成立以来的三次大的税制简化，税种越来越少。目前对国营企业只征收工商税一种税，对集体企业也只征收工商税和工商所得税。税收在经济领域的活动范围大大缩小，且大部分税率长期不作调整，早就不能适应经济发展的需要，这些都限制了税收作用的发挥。现在国民经济正在进行调整和改革，当前经济发展形势要求税收更好地发挥其杠杆作用和组织收入的职能。为此必须肃清经济工作中"左"的影响，搞好税制改革。这次工商税制改革的指导思想是：认真贯彻执行"调整、改革、整顿、提高"的方针，合理调节各方面的经济利益，正确处理国家、企业和个人之间的利益关系，中央与地方的关系，充分发挥税收调节作用，促进国民经济的发展。

此次税制改革后我国共开征20种工商税收，即产品税、增值税、商业税、盐税、资源税、利润调节税、固定资产税、工商所得税、中外合资企业经营所得税、外资企业所得税、个人所得税、城市建设税、印花税、城市房地产税、土地使用税、车船使用牌照税、特种消费行为税、屠宰税、集市交易税、牲畜交易税。

从1978年到1982年，税收收入及其占财政收入的比重逐年稳步上升，税收收入占国内生产总值的比重则呈先降后升的趋势。据统计，1982年的全国税收收入约为700亿元，比1978年增长了34.8%；税收收入占财政收入的比重57.7%，比1978年上升了11.8%；税收收入占国内生产总值的比重13.2%，比1978年下降了1.1%。① 此次税制改革使得税收促进生产，调节分配的作用得到发挥，同时为1984年税制改革奠定了基础。

---

① 刘佐：《中国税制五十年》，147页，北京，中国税务出版社，2000。

二、1983—1991年"利改税"和工商税制全面改革的推行与完善

这一时期税制改革的中心任务就是进一步推行"利改税"(将国营企业向国家上缴利润改为缴纳所得税)来改革我国当时国家和国营企业的分配关系。

(一)"利改税"改革

改革开放以来,中国经济体制改革首先在农村取得了巨大成就,进而要求加快以城市为重点的经济体制改革的步伐,中心环节是增强企业活力,特别是大中型企业的活力。围绕这个中心,主要需要解决好两个方面的关系问题,即确立国家和全民所有制企业之间的正确关系,扩大企业权;还要确立职工与企业之间的正确关系,保证劳动者在企业中的主人翁地位。从分配关系角度来看,要解决国家与国营企业之间的分配关系,还要解决职工和国营企业之间的分配关系。因此,以推行"利改税"的方式改革国家与国营企业的分配关系成为20世纪80年代中期中国经济体制改革和税制改革的中心任务。

1. "利改税"第一步

1983年4月,国务院批准了财政部拟定的《关于国营企业利改税试行办法》,决定从1983年元旦起,在全国范围推行国营企业"利改税"改革,后来也称之为第一步"利改税"。试行办法的主要内容:一是凡有盈利的国营大中型企业(包括金融保险组织),均按照实现利润的55%的税率缴纳所得税。税后利润,一部分以递增包干上缴、固定比例上缴、缴纳调节税和定额包干上缴等办法上交国家;一部分按照国家核定的留利水平留给企业。二是凡有盈利的国营小型企业,按照实现利润和8级超额累进税率缴纳所得税。缴纳以后,由企业自负盈亏,国家不再拨款。但是对于税后利润较多的企业,国家可以收取一定的承包费,或者由企业按照固定数额上缴一部分利润。

到1983年底,全国实行"利改税"的国营工业、交通和工商业企业共有107 145户,占盈利国营其企业的92.7%。这些企业1983年共实现利润633亿元,比1982年增长11.1%。其中,工业企业实现利润474亿元,比1982年增长9.7%;在增长的利润当中,国家所得占61.8%,企业所得占38.2%。商业企业(不包括商办工业和饮食服务企业)实现利润86亿元,比1982年增长8.9%;在增长的利润中,国家所得占65.3%,企业所得占34.7%。上述实行"利改税"的工业、交通和商业企业共留利121亿元,比1982年增长28.2%,大大超过了工业产值、实现税利和上缴税利的增长幅度;企业留利占税利总额的比例从过去的15.7%上升到17.9%。①

从"利改税"实施第一年的情况看,改革取得了成功,达到了预期目标并为下一步改革提供了经验。

---

① 刘佐:《新中国税制60年》,105页,北京,中国财政经济出版社,2009年。

2. "利改税"第二步

为加快"利改税"改革步伐,1983年8月,国务院副总理田纪云向国务院领导提交了《关于进一步完善利改税制度的一些初步设想》,指出了国营企业"利改税"第一步改革取得的成效和存在的问题。田纪云副总理认为:形势的发展不允许我们停留在"税利并存"这一步。要使企业真正成为相对独立的商品生产者和经营者,责、权、利统一,彻底解决企业内部"吃大锅饭"和平均主义的问题,必须首先解决好国家与企业的分配关系问题。因此,在进一步完善第一步改革的同时,必须立即着手第二步改革的各项准备工作,不失时机地将"利改税"的工作继续向前推进。进一步完善"利改税"制度是经济体制改革的迫切要求。

1984年5月16日,财政部部长王丙乾在第六届全国人民代表大会第二次会议上作的《关于1983年国家决算和1984年国家预算草案的报告》中有关国营企业"利改税"第二步改革的内容得到了会议的批准,随即在北京召开了全国"利改税"第二步改革工作会议。改革的基本内容是将国营企业应当上缴国家的财政收入分别按照11个税种向国家缴纳税款,税后利润由企业自由支配,这种变化实质上就是由"税利并存"逐步过渡到完全的"以税代利"。具体要点主要有:把现行的工商税按照性质划分为产品税、增值税、营业税和盐税,把产品税的税率划细,适当调整税率以发挥税收调节生产和流通的经济杠杆作用;对盈利的国营企业征收所得税,国营大中型企业按照55%的比例税率纳税,国营小型企业按照新的8级超额累进税率(累进起点和级距有所调整,税负减轻)纳税。

1984年8月10日,财政部向国务院报送《关于在国营企业推行利改税第二步改革的报告》和《国营企业第二步利改税试行办法》。两部文件对工商税制做出了调整,具体内容下文涉及。

国营企业"利改税"第二步改革与第一步改革比较,无论是在广度上还是深度上都有新的进步,能够较好地解决"吃大锅饭"问题,有力地推动企业改善经营管理,提高经济效益。

但是"利改税"的缺陷也是不能忽视的:一是利和税的界限被模糊了。国家具有社会管理者和财产所有者双重身份,因此国家既可以凭借社会管理者的身份取得税收收入,也可以凭借财产所有者的身份获得一部分利润,如果对国有企业上交的收入试图实行完全的"以利代税",否定了上缴利润的合理性,这样就在理论上模糊了税利界限。二是所得税税率偏高,调节税实行一户一率,不利于调动企业的积极性,也不利于国家财税调节的规范性。

(二)工商税制的全面改革与完善

"利改税"改革不仅规范了国家与企业的分配关系,而且对工商税制也进行了较为全面的改革与完善,主要是在恢复一些旧有税种的同时,还陆续开征了一些新税种,调整了部分税种的征收范围和税率,并对征管办法做了进一步的改进。

(1) 完善所得税制度。主要是制定了集体企业所得税暂行条例适应国营企业实行"利改税"的进程;制定城乡个体工商业户所得税暂行条例和私营企业所得税暂行条例,加强对个体经济和私营经济税收的征收管理;开征个人调节税调节个人收入分配差距;合并涉外企业所得税法解决中外合资经营企业所得税法和外国企业所得税法与当时经济形势发展不相适应的矛盾。此外,为了进一步完善国营企业所得税制度,提出了"税利分流"的改革思路。

(2) 改革和完善流转税制度。改革前,流转税只有工商税一种,不利于产业结构的调整和企业的优化组合。在"利改税"第二步改革中,先是将工商税划分为产品税、增值税、营业税和盐税,形成了一个流转税体系。之后又逐步扩大增值税的征收范围,缩小产品税的范围。

(3) 建立了新税种,如固定资产投资方向调节税、烧油特别税、筵席税等,恢复了印花税、城市维护建设税、车船使用税等税种的开征。

(4) 加强了税收征管的法制建设。1986年4月国务院颁布了《税收征收管理暂行条例》,1992年9月第七届全国人民代表大会通过了《税收征收管理法》,将税收征管纳入法制化轨道。

此外,还对关税制度进行了改革与完善,鼓励出口,调节进口,对特定地区、外商投资企业和技术改造进口货物予以税收优惠等措施,使关税更加适应对外开放和国内经济发展的需要。

三、1994年税制改革

随着改革开放的不断深入,现行税制已经不适应当前经济发展的需要,对于理顺中央与地方以及国家、企业、个人的分配关系,难以起到有效的调节作用,主要表现为:一是税制不合理,税收流失严重;二是在税制方面没有为企业创造公平的竞争环境;三是在调节地区发展和个人收入分配方面税收还没有发挥应有的作用。因此推进税制改革已经到了一个关键时期。

(一) 1994年税制改革的指导思想和原则

1994年税制改革的指导思想是:统一税法、公平税负、简化税制、合理分权,理顺分配关系,保障财政收入,建立符合社会主义市场经济要求的新税制体系。

本次税制改革所遵循的原则如下:

(1) 有利于加强中央的宏观调控能力。通过税制改革,要逐步提高税收收入占GDP的比重,提高中央财政收入占整个财政收入的比重;还要在明确中央与地方政府事权的基础上,调节税制结构、调整税率金额合理划分税种,为分税制财政体制的实施创造条件,从而加强中央的宏观调控能力,理顺中央与地方的分配关系。

(2) 有利于发挥税收调节收入的作用,缓解收入差距过大的问题。促进地区协调发展,实现共同富裕。

(3) 体现公平税负,促进公平竞争。要逐步解决目前按照不同所有制、不同地区设置税种、税率问题。

(4) 体现国家的产业政策。促使经济结构更加科学合理,促进可持续发展。

(5) 简化、规范税制。税制规范、完整有利于维护税法的统一性和严肃性。

(二) 1994 年税制改革的内容

1. 流转税改革

流转税改革是改革的重点。它参照了国际上流转税制的一般做法,流转税改革主要内容:取消工商统一税,实行内外统一的增值税、消费税和营业税。即流转税统一适用于内外资企业,对商品的生产、批发、零售和进口全面实行增值税,规定增值税为价外税,实行比例税率,基本税率16%,低税率13%,实行发票扣税制。对小规模纳税人采用简便计征办法。对需要进行特殊调节的部分最终消费品交叉征收消费税,对不实行增值税的劳务交易和第三产业征收营业税。

2. 所得税改革

所得税改革分为企业所得税改革和个人所得税改革。

企业所得税改革:取消按照企业所有制形式设置所得税的做法,统一内资企业所得税,实行33%的比例税率,对部分微利企业增设27%和18%两档优惠税率,为各种不同性质的企业创造相对公平的竞争环境。此外,还取消了国营企业调节税和国家能源交通重点建设基金、国家预算调节基金。

个人所得税改革:合并个人调节税和城乡个体工商户所得税,建立统一的个人所得税制。工资薪金所得的月扣除额为800元,对外国人采取加计扣除办法。工资薪金所得实行5%~45%的超额累进税率,生产经营所得实行5%~40%的超额累进税率。统一后的个人所得税更加有利于调节个人收入分配差距、缓解社会分配不公的矛盾。

3. 其他工商税制的改革

一是开征房地产增值税,适当调节房地产交易中的过高利润。二是改革城市维护建设税,以销售收入作为计税依据,实行0.2%~0.6%的幅度税率,并将外资企业纳入征税范围,体现享用市政设施与纳税义务相对应原则。三是调整其他一些税种,下放屠宰税、筵席税,开征遗产税,统一实行房产税和车船使用税,取消集市交易税、牲畜交易税、工资调节税、烧油特别税和各种奖金税等。

4. 农业税制的改革

主要是农业特产税出台和完善。为了更好地适应农、林、牧、渔业生产发展的实际情况,将农林特产农业税、原产品税和原工商统一税中的农林牧水产品税三税合并为农业特产农业税。此外还出台相关政策减轻农民负担、规范征收管理,稳定农业税收。

5. 征收管理制度的改革

1994年税制改革也建立了比较完善的税收征管制度,建立了普遍纳税申报制度、税务稽查制度,推行税务代理制度、加速推进税收征管计算机化,组建中央和地方两套税务机构,通过建立税收立法、司法、执法相互制衡机制来加强税收法制建设。

 阅读性材料

1994年的分税制改革是我国改革历程中的一个经典之作

从我国改革开放的历程来看,20世纪90年代上半期是我国改革开放的一个历史转折期。1992年初邓小平南行讲话,一举破除了长期束缚着改革的意识形态障碍,社会主义也可以搞市场经济。党的十四大确立了经济改革的方向——建立社会主义市场经济体制,党的十四届三中全会通过了《中共中央关于建立社会主义市场经济体制若干问题的决定》,这是改革全面推进的具体行动纲领,各项改革依此一一出台。1994年1月1日起实施的分税制改革就是在这个背景下出台的。

改革开放伊始,财税改革一直是整个改革的突破口,是经济体制改革的中心环节。从对企业的放权让利,到中央对地方实行分灶吃饭体制、大包干体制,都是财税改革在带动各项改革,不断破除高度集中的计划经济体制。自从中央确立了市场化改革取向之后,财税改革也迎来了一个重大的历史转折,为市场在资源配置中发挥基础性作用开辟道路。市场经济需要公平的竞争环境,税制首当其冲。培育全国统一的市场体系,需要发挥中央与地方两个积极性,这就需要重新调整中央与地方的财政关系。

更为重要的是,当时财政大包干体制包死了中央财政,中央财政收入占全国财政收入的比重不断下降,中央靠借债度日,1993年的财政赤字达到近300亿元,而当时中央财政收入900亿元出头,赤字占中央收入的1/3,中央财政难以为继,甚至一度不得不向"富裕"的地方政府借钱。这种状况已严重威胁国家的统一与安全,严重损害了中央政府的政治控制力,这对改革开放伟业的持续推进形成巨大风险。改革财政大包干体制迫在眉睫。因此,1993年下半年,以分税制为核心的财税改革就开始了紧锣密鼓的筹划。由于涉及地方利益,这项改革面临巨大阻力,是当时五大改革(还有金融、投资、外贸和企业)中最难的。当时主持这项改革的朱镕基副总理带领中央各部门60多人深入一线调研,听取意见,一方面,宣传和解释中央的意图,同时也告诉地方中央的困难及由此可能产生的后果;另一方面,与地方深入讨论分税制改革的方案,通过算账、比较和讨价还价,最终达成了共识,分税制改革才得以在次年顺利实施。这次改革从启动到实施,时间并不长,但由于有国务院领导坐镇一线直接指挥,改革的力度很大,形成了一项既符合市场经济要求、同时又能解决中央财政困难的新体制;既利于长远的发展,又解决了当时眼前紧迫的问题。可以说,1994年的分税制改革是我国改革史上的经典之作,对当前进一步推进改革仍具有重大现实意义。

概括起来,1994年出台的分税制改革有这样几个特点:

一是深入实际,民主协商。当时网络还没有今天这样发达,没有广泛地向社会征求意见,主要还是在公共部门内部进行民主协商。由于做了全面深入的调查研究,制订的改革方案符合实际。只要符合实际还不够,充分的沟通、交流和协商就必不可少,在理解的基础上达到谅解,在谅解的基础上形成共识。没有这一条,即使发了文件,也会难以贯彻实施。这是一种中国式的民主决策,决策民主了,决策自然也就科学了。分税制改革在后来的实施过程中基本上没有变形走样,即得益于此。这是我国改革中民主决策的一个典范,是从我国实际出发的一种民主形式,改变了过去实行几十年的制度安排。

二是增量改革,建立机制。当时的分税制改革是在保证地方既得利益的前提下进行,避免了大的震动,对地方财政能力、企业负担几乎没有产生负面影响。当时分税制改革的指导思想是"朝前看",眼前的利益不动,只在未来的利益增量中嵌入新机制,形成新制度。不纠缠历史,着眼长远,不以今天否定昨天,大家一起共创未来,从而使一场巨大的变革变成了"无痛手术"。这为中国的渐进式改革提供了一个精彩范例和诠释。先批判,后改革,只会使改革频添阻力,最终劳而无功。增量改革不是和稀泥,关键是要落在机制和制度建设上,使改革的每一步都可以成为下一步的基础。一步一个脚印,几年下来就会见到明显成效。分税制改革是一个很好的教材。

三是不搞试点,全国统一。搞试点可以积累经验,但局部的经验往往难以推广。其实,越是复杂的系统性改革,就越是不能试点,试点反而引起震动,改变人们心理预期,对未来反而产生更大的不确定性。1994年的财税改革没有搞试点,全国统一的税制、一样的比例、一样的做法,不搞"一省一率"。看似"一刀切",但把体制框架整个就搭建起来了。这提高了改革的效率,也使改革显得更加公平。

分税制改革是中国式的分权改革,汲取了市场经济国家的一些制度元素,更是从我国实际出发的一种创新。经过20年的实践证明,这项分权改革的创新是成功的。在中华人民共和国的历史上,还没有任何一项财税制度能够存续这么长的时间,足以说明分税制框架的适用性、合理性和科学性。稍懂财政史的人都知道,1994年以前的财政体制,基本上是三五年就要做一次大的调整,很难稳定下来。这成为当时的老大难问题。而分税制改革把这个问题彻底解决了。1994年的分税制改革时间上离我们越来越远,已经永远定格在历史的年轮上,但它奠定了我国长治久安的基础,也构筑了我国市场经济体制的基础,其影响之深远是不言而喻的。作为一个重大的改革事件,至今仍在影响我国的改革与发展,当时的那种改革精神至今仍激励着新一代的改革人。

1994年税制改革主体工程完成后,我国税收制度共设有25个税种,即增值税、消费税、营业税、关税、企业所得税、外商投资企业和外国企业所得税、个人所得税、土地增值税、房产税、城市房地产税、遗产税、城镇土地使用税、耕地占用税、契税、资源税、车船使用税、车船使用牌照税、印花税、证券交易税、城市维护建设税、固定资产投资方向调节税、屠宰税、筵席税、农业税和牧业税。我国形成了以商品劳务税为主体,其他税种作为辅助的复合税制体系,初步建立了适应社会主义市场经济体制所需要的税制框架,强化了税收组织财政收入的职能和宏观调控的能力,并为下一次税制改革打下了坚实的基础。

第四节 社会主义市场经济确立时期的税制改革(1994—2012年)

1992年10月的中国共产党第十四次代表大会上,正式提出了中国改革开放的目标是建立社会主义市场经济体制。1993年,党的十四届三中全会通过的《中共中央关于建立社会主义市场经济体制若干问题的决定》,对社会主义市场经济体制的基本框架作了规定。这一时期我国的经济社会环境也发生了重大变化。

一、1994年税制改革以来我国经济社会环境的重大变化

(一)全球化进程加快

(1) 1994年特别是2000年以来,经济全球化进程加快迅猛推进,加入世界贸易组织以后,我国的经济形势和经济体制都发生了相当大的变化。1994年税制改革只是初步建立了一个适应社会主义市场经济要求的税制框架,本身也存在着诸多问题,而随着经济的发展我国经济增长呈现出新的特征,对现行税制提出新的要求,传统税制模式受到冲击。

(2) 从税制的公平性看,1994年税制改革准备时间比较短,动作比较大,在收入分配方面缺乏税收调节,对产业结构的调整力度也比较小,税收对地区间资源配置调解不够有力,行业税负结构调整也不尽合理,随着中国经济的迅速增长,这些矛盾更加突出,税制的公平性退化。

(3) 经济全球化打破了国家之间的经济障碍,我国的资本市场逐步放开,资本流动加快,国家间税收竞争加剧。

(二)市场化程度明显提高

改革开放以来,我国经济体制格局变动轨迹:"计划经济—计划经济为主、市场调节为辅—有计划的商品经济—社会主义市场经济",随着社会主义市场经济体制的初步建立,非公有制经济逐渐成为我国经济发展的一支强大的力量。经济市场化程度的不断提高,非公有制经济不断发展,国家对外开放程度不断提高,建立公平的市场竞争环境的要求愈加强烈,现行税制成为阻碍各种经济成分自由发展的绊脚石。

（三）公共财政框架初步设立

现行税制是在 1994 年公共财政尚未得到明确定位的背景下形成的。随着财政收入的不断增长,财政运行机制的调整未能同整体经济体制的变革、衔接配套,于是开始建立与市场经济体制相适应的财政运行机制,公共财政框架初步形成。而现行税制的运行必然会同公共财政的整体目标和框架发生摩擦,从而面临从理念到规则的一系列挑战。

（四）构建社会主义和谐社会的要求

经过一系列的税制改革,我国形成了一套相对完善的税制体系(见表 9-1)。自改革开放以来,为了发展经济我国采取了一系列的对外优惠政策和实行了社会主义市场经济,让中国的经济发展走过了长达近 30 年的黄金发展期,但是随着中国经济的快速发展,也

表 9-1　1994 年税制改革后形成的税制体系

税种分类	税种名称	作　用
商品（货物）和劳务税类	增值税	主要在生产、流通或服务业中发挥调节作用（2016 年 5 月 1 日"营改增"全面推行,营业税取消）
	消费税	
	营业税	
	关税	
资源税类	资源税	主要调节因开发和利用自然资源差异而形成的级差收入
	土地增值税	
	城镇土地使用税	
所得税类	企业所得税	主要调节生产经营者的利润和个人的纯收入
	个人所得税	
特定目的税类	城市维护建设税	主要是为达到特定目的,调节特定对象和特定行为
	车辆购置税	
	耕地占用税	
	烟叶税	
	船舶吨税	
财产税和行为税类	房产税	主要是对某些财产和行为发挥调节作用
	车船税	
	印花税	
	契税	

出现了收入分配差距过大,地区经济发展水平愈加不平衡的问题。我国的基尼系数这一指标从1978年的0.16,迅速上升至2000年的0.458,大大超过了国际公认的0.4的警戒线。成为我国经济、社会向更高层次发展的深层隐患。而传统的税制模式由于脱离了现实的经济状况阻碍了税收发挥公平收入分配的杠杆作用,因此继续深化税制改革、改善税制结构对于缩小收入分配差距,构建社会主义和谐社会具有重要作用。

二、社会主义市场经济确立时期的税制改革(1994—2012年)

1994年税制改革是新中国成立以来规模最大、范围最广泛、内容最深刻的一次税制改革,改革的方案是在中国改革开放以后税制改革的基础上,经过多年的理论研究和实践探索,积极借鉴外国税制建设的成功经验,结合中国的国情制定的,推行以后从总体上看取得了很大的成功。经过这次税制改革和后来的逐步完善,到20世纪末,中国初步建立了适应社会主义市场经济体制需要的税收制度,对于保证财政收入,加强宏观调控,深化改革,扩大开放,促进经济与社会的发展,起到了重要的作用。

2001年以后,根据中国共产党第十六次、十七次全国代表大会和第十六届中央委员会第三次全体会议的要求,第九届全国人民代表大会第四次会议批准的《中华人民共和国国民经济和社会发展第十个五年计划纲要》和第十届全国人民代表大会第四次会议批准的《中华人民共和国国民经济和社会发展第十一个五年规划纲要》,为了适应建立比较完善的社会主义市场经济体制的需要,中国继续完善税制。

2003年,十六届三中全会做出的《关于完善社会主义市场经济体制若干问题的决定》简称《决定》明确提出,"完善政府社会管理和公共服务职能,为全面建设小康社会提供强有力的体制保障",并提出"简税制、宽税基、低税率、严征管"的税制改革思路。从2003年10月《决定》通过后,进行了一系列重要的税制改革,主要内容如下。

一是农业税的取消。2005年12月29日,第十届全国人大常委会第十九次会议决定,《农业税条例》自2006年1月1日起废止。全面取消农业税。

二是增值税改革。增值税改革包括两个方面:一则是增值税转型改革。从2004年7月1日起,增值税转型试点首先在东北三省的装备制造业、石油化工业等八大行业进行;2007年7月1日起,将试点范围扩大到中部六省26个老工业基地城市的电力业、采掘业等八大行业;2008年7月1日,又将试点范围扩大到内蒙古自治区东部五个盟市和四川汶川地震受灾严重地区。自2009年1月1日起,在我国所有地区、所有行业推行增值税转型改革,由生产型增值税转为国际上通用的消费型增值税。二则是营业税改征增值税改革。2011年,经国务院批准,财政部、国家税务总局联合下发营业税改征增值税试点方案。从2012年1月1日起,在上海交通运输业和部分现代服务业包括研发和技术服务、信息技术服务、文化创意服务(设计服务、广告服务、会议展览服务等)、物流辅助服务、有形动产租赁服务、鉴证咨询服务和广播影视服务开展营业税改征增值税试点。至此,货物劳务税收制度的改革拉开序幕。截至2013年8月1日,"营改增"范围已推广到全国试行。并且从2014年1月1日起,将铁路运输和邮政服务业纳入营业税改征增值税试点,至此交通运输业已全部纳入营改增范围。

三是两税合并,实施新的企业所得税法。2008年,把我国之前分别针对内资企业和外资企业的两部税法:《中华人民共和国企业所得税暂行条例》和《外商投资企业和外国企业所得税法》合并为一套同时适用于内外资企业的《企业所得税法》,实行公平税收待遇。新税法实行法人所得税,外资企业将不再享有比国内企业低十几个百分点的优惠税率,与内资企业一样要缴纳统一的25%所得税。此外,外资企业单独享受的税前扣除优惠、生产性企业再投资退税优惠、纳税义务发生时间上的优惠等也将与内资企业统一。

四是个人所得税改革。2011年全国人大常委会通过关于修改《个人所得税法》的决定,个税免征额由最初拟定的3 000元提高到3 500元,将之前的9级超额累进税率调整为7级,税率为3%至45%。修改后的《个人所得税法》自2011年9月1日起实施。这是自1994年现行个人所得税法实施以来第3次提高个税免征额,涉及的减税额最大。按照中央关于进一步加强税收对收入分配调节作用的要求,此次改革立足现实情况,着重解决现行分类税制中存在的突出问题,切实减轻中低收入者税收负担,适当加大对高收入者的税收调节。缩小收入分配差距,所以有必要对个人所得税法做相应修改。个人所得税法的修改调整,体现了多数人纳税的利益。使得全年税收减少1 600亿元左右。其中提高减除费用标准和调整工薪所得税率级距带来的减收大约是1 440亿元,占2010年工薪所得个人所得税的46%。这次税改,月收入(不含三费一金)的临界点从19 000元提高到38 600元,也就是月收入在38 600元以上的群体,个税税负是增加的,最高增加税款1 195元。而新规实施后,月收入8 000元到12 000元阶层减负最多,达480元。改革较好地提升了个人所得税调节收入分配的职能作用,也充分体现了民生财政、公共财政的发展方向和改革思路。

五是房产税的试点。房产税是指以房屋为征税对象,按房屋的计税余值或租金收入为计税依据,向产权所有人征收的一种财产税。鉴于房产税全国推行难度较大,试点从个别城市开始试点。2011年1月27日,上海、重庆宣布次日开始试点房产税,上海征收对象为本市居民新购房且属于第二套及以上住房和非本市居民新购房,税率暂定0.6%;重庆征收对象是独栋别墅高档公寓,以及无工作户口无投资人员所购二套房,税率为0.5%~1.2%。

六是车船税立法。车船税是对行驶于我国公共道路,航行于国内河流、湖泊或领海口岸的车船,按其种类、吨位,实行定额征收的一种税。从1951年的车船使用牌照税,到1986年新开征的车船使用税,再到2007年合并了车船使用牌照税和车船使用税的车船税,我国车船税制度历经了多次改革和调整。2011年2月25日,第十一届全国人大常委会第十九次会议通过了《中华人民共和国车船税法》(以下简称《车船税法》),自2012年1月1日起施行。

七是出口退税制度的改革。自2004年1月1日起,对出口退税机制进行改革,按照

"新账不欠,老账要还,完善机制,共同负担,推进改革,促进发展"的原则,适当降低出口退税率;加大中央财政对出口退税的支持力度;建立中央和地方共同负担出口退税的新机制;推进外贸体制改革,调整出口产品结构;累计欠退税由中央财政负担。

八是完善财产税制。从2006—2007年,修改了《城镇土地使用税暂行条例》和《耕地占用税暂行条例》。此外,经国务院批准,财政部、国家税务总局陆续调整了原油、天然气、煤炭、有色金属、盐等若干资源产品的资源税税额标准。

另外,2008年推出酝酿多年的成品油价格和税费改革,取消公路养路费、航道养护费、公路运输管理费、公路客货运附加费、水路运输管理费、水运客货运附加费6项收费,提高成品油消费税单位税额,等等。此外,将船舶吨税重新纳入财政预算管理,取消了筵席税。

通过这些改革,中国的税制进一步简化、规范,税负更加公平,宏观调控作用增强,在促进经济持续快速增长的基础上实现了税收收入的连年大幅度增长。据初步统计,2007年,全国的税收收入达到45 613.9亿元,占财政收入和国内生产总值的比重分别为88.9%和18.3%。

第五节 国家治理视野下的税制改革深入阶段(2012年至今)

2012年11月8日,中国共产党第十八次全国代表大会在京召开,提出要确保2020年完成全面建成小康社会的目标,以及全面落实经济建设、政治建设、文化建设、社会建设、生态文明建设五位一体总布局。提出"更大程度更广范围发挥市场在资源配置中的基础性作用"。

2013年11月12日,十八届中央委员会第三次全体会议研究通过了《中共中央关于全面深化改革若干重大问题的决定》,对未来一个时期我国全面深化改革作了系统性部署,提出要使市场在资源配置中起决定性作用。对全面深化改革进行了系统部署,其中,以前所未有的高度对财政进行了定位,指出"财政是国家治理的基础和重要支柱"。并且提出建立"现代财政制度",认为"科学的财税体制是优化资源配置、维护市场统一、促进社会公平、实现国家长治久安的制度保障"。十八届三中全会决定中提出,"深化税收制度改革,完善地方税体系,逐步提高直接税比重。推进增值税改革,适当简化税率。调整消费税征收范围、环节、税率,把高耗能、高污染产品及部分高档消费品纳入征收范围。逐步建立综合与分类相结合的个人所得税制。加快房地产税立法并适时推进改革,加快资源税改革,推动环境保护费改税。"

2014年5月10日,习近平在河南考察时,根据我国经济发展呈现出的一系列变化,提出了我国经济进入新常态。2014年6月,中共中央政治局通过了《深化财税体制改革总体方案》(以下简称《总体方案》),《总体方案》对于现代财政制度作出了如下描述:"建立统一完整、法制规范、公开透明、运行高效,有利于优化资源配置、维护市场统一、促进社会公平、实现国家长治久安的可持续的现代财政制度。"按《总体方案》要求,2016年基本完成深化财税体制改革的重点工作和任务,2020年各项改革基本到位,现代财政制度基本建立。《总体方案》所描绘的新一轮财税体制改革,其影响力、涉及面、复杂性都超过以往的历次财税改革。新一轮财税体制改革,是经济发展步入"新常态"、致力于匹配国家治理现代化进程、立足于发挥国家治理的基础性和支撑性作用、以建立现代财政制度为标识的财税改革。2015年10月,党的十八届五中全会公报,再次重申,要"建立健全现代财政制度、税收制度"。

2012年以来的税制改革,在清理税收优惠政策的同时,焦点主要集中在六大税种改革,包括增值税、消费税、资源税、环境保护税、房地产税、个人所得税,此外,《税收征收管理法》的修订也日渐提上日程。截至目前改革深入推进情况主要体现在以下方面。

一、清理税收优惠政策

为推动区域经济发展,近年来一些地区和部门对特定企业及其投资者(或管理者)等在税收、非税等收入和财政支出等方面实施了优惠政策(以下统称税收等优惠政策),一定程度上促进了投资增长和产业集聚。但是,一些税收等优惠政策扰乱了市场秩序,影响国家宏观调控政策效果,甚至可能违反我国对外承诺,引发国际贸易摩擦。为此,2014年国务院出台了《关于清理规范税收等优惠政策的通知》(国发〔2014〕62号),提出要切实规范各类税收等优惠政策,包括统一税收政策制定权限、规范非税等收入管理、严格财政支出管理,同时,要全面清理已有的各类税收等优惠政策,建立健全长效机制。2015年5月,就国发〔2014〕62号文中涉及的相关事项,国务院又发布了《关于税收等优惠政策相关事项的通知》(国发〔2015〕25号),对进一步推进清理税收优惠政策进行了说明。一是国家统一制定的税收等优惠政策,要逐项落实到位。二是各地区、各部门已经出台的优惠政策,有规定期限的,按规定期限执行;没有规定期限又确需调整的,由地方政府和相关部门按照把握节奏、确保稳妥的原则设立过渡期,在过渡期内继续执行。三是各地与企业已签订合同中的优惠政策,继续有效;对已兑现的部分,不溯及既往。四是各地区、各部门今后制定出台新的优惠政策,除法律、行政法规已有规定事项外,涉及税收或中央批准设立的非税收入的,应报国务院批准后执行;其他由地方政府和相关部门批准后执行,其中安排支出一般不得与企业缴纳的税收或非税收入挂钩。五是指出国发〔2014〕62号文中规定的专项清理工作,待今后另行部署后再进行。

二、营业税改增值税

"营改增"是此轮税制改革的重点。2011年,经国务院批准,财政部、国家税务总局联合下发营业税改增值税试点方案。从2012年1月1日起,在上海的"1+6"行业率先试点。其中"1"为陆路、水路、航空、管道运输在内的交通运输业,"6"包括研发、信息技术、文化创意、物流辅助、有形动产租赁、鉴证咨询等部分现代服务业。新增两档按照试点行业营业税实际税负测算,陆路运输、水路运输、航空运输等交通运输业转换的增值税税率水平基本在11%~15%之间,研发和技术服务、信息技术、文化创意、物流辅助、鉴证咨询服务等现代服务业基本在6%~10%之间。为使试点行业总体税负不增加,改革试点选择了11%和6%两档低税率,分别适用于交通运输业和部分现代服务业。自2012年8月1日起至年底,国务院扩大营改增试点至北京、江苏、安徽、福建、广东、天津、浙江、湖北等8省市;2013年8月1日,"营改增"范围已推广到全国试行,将广播影视服务业纳入试点范围。2014年1月1日起,将铁路运输和邮政服务业纳入营业税改征增值税试点,至此交通运输业已全部纳入营改增范围;2014年6月1日,电信业在全国范围实施营改增试点。2016年5月1日起,我国全面推开营改增试点,将建筑业、房地产业、金融业、生活服务业全部纳入营改增试点,至此,营业税退出历史舞台,增值税制度将更加规范。这是自1994年分税制改革以来,财税体制的又一次深刻变革。

自2017年7月1日起,简并增值税税率结构,取消13%的增值税税率,将原制度中规定征收13%税率的农产品(含粮食)、自来水、暖气等税率降为11%。同时,为了进一步规范增值税发票管理,增值税普通发票必须有纳税人识别号或统一社会信用代码,否则不能税前扣除。销售方开具发票时,通过销售平台系统与增值税发票税控系统后台对接,导入相关信息开票的,系统导入的开票数据内容应与实际交易相符。

三、消费税改革

消费税改革体现了政策调节作用,重在对高能耗和高档消费品征收重税。2014年11月,财政部、国家税务总局发布了《关于调整消费税政策的通知》(财税〔2014〕93号),规定取消气缸容量250毫升(不含)以下的小排量摩托车消费税,气缸容量250毫升和250毫升(不含)以上的摩托车继续分别按3%和10%的税率征收消费税,取消汽车轮胎税目,取消车用含铅汽油消费税,汽油税目不再划分二级子目,统一按照无铅汽油税率征收消费税,四是取消酒精消费税。取消酒精消费税后,"酒及酒精"品目相应改为"酒",并继续按现行消费税政策执行。同时,为促进环境治理和节能减排,财政部、国家税务总局发布了《关于提高成品油消费税的通知》(财税〔2014〕94号),将汽油、石脑油、溶剂油和润滑油的消费税单位税额在现行单位税额基础上提高0.12元/升,将柴油、航空煤油和燃料油的消费税单位税额在现行单位税额基础上提高0.14元/升,航空煤油继续暂缓征收。2015年发布《关于对电池、涂料征收消费税的通知》,开始对电池、涂料等征收消费税。2016年10月1日起,财政部取消了对普通美容修饰类化妆品征收消费税,消费税征收目录中的"化妆品"税目名称调整为"高档化妆品",税率也从30%降至15%。同年12月1日起,开始对零售价格130万元以上的乘用车和中轻型商用客车在零售环节加征消费税,税率为10%。

四、资源税改革

新一轮资源税制改革始于2010年。从2010年6月1日起,在新疆开采原油、天然气的纳税人缴纳的资源税实行从价计征,税率为5%。2010年7月,国务院西部工作会议决定,在西部12省区对煤炭、石油、天然气等资源税由从量征收改为从价征收。

2016年5月,财政部、国家税务总局《关于全面推进资源税改革的通知》(财税〔2016〕53号),对资源税改革的指导思想、基本原则、主要目标和主要内容等进行了部署。改革的主要内容包括:一是扩大资源税征收范围,开展水资源税改革试点工作,逐步将其他自然资源如森林、草场、滩涂等纳入征收范围;二是实施矿产资源税从价计征改革,对《资源税税目税率幅度表》中列举名称的21种资源品目(如铁矿、金矿、铜矿等)和未列举名称的其他金属矿实行从价计征,计税依据由原矿销售量调整为原矿、精矿(或原矿加工品)、氯化钠初级产品或金锭的销售额,对《资源税税目税率幅度表》中未列举名称的其他非金属矿产品,按照从价计征为主、从量计征为辅的原则,由省级人民政府确定计征方式;三是全面清理涉及矿产资源的收费基金,在实施资源税从价计征改革的同时,将全部资源品目矿产资源补偿费费率降为零,停止征收价格调节基金,取缔地方针对矿产资源违规设立的各种收费基金项目,地方各级财政部门要会同有关部门对涉及矿产资源的收费基金进行全面清理;四是合理确定资源税税率水平;五是加强矿产资源税收优惠政策管理,提高资源综合利用效率;等等。此次资源税从价计征改革及水资源税改革试点,自2016年7月1日起实施,已实施从价计征的原油、天然气、煤炭、稀土、钨、钼等6个资源品目资源税政策暂不调整,仍按原办法执行。

为进一步明确改革事项,财政部、国家税务总局同时发布了《关于资源税改革重点政策问题的通知》(财税〔2016〕54号),对资源税计税依据的确定、税率的确定以及税收优惠政策等做了进一步的说明。

五、环境保护税改革

为了保护和改善环境,减少污染物排放,推进生态文明建设,2016年12月25日第十二届全国人民代表大会常务委员会第二十五次会议通过《中华人民共和国环境保护税法》,法律自2018年1月1日起施行。在中华人民共和国领域和中华人民共和国管辖的其他海域,直接向环境排放应税污染物的企业事业单位和其他生产经营者为环境保护税的纳税人,应当依照本法规定缴纳环境保护税。其中,所称应税污染物,是指大气污染物、水污染物、固体废物和噪声等。

六、房地产税改革

此轮房地产税改革,始于2011年。2011年1月28日起,上海市和重庆市开始房产税改革试点。上海市对部分个人住房征收房产税。征收范围包括上海市居民家庭在上海市新购且属于该居民家庭第二套及以上的住房和非上海市居民家庭在当地新购的住房。上海市居民家庭人均不超过60平方米的,其新购的住房暂免征收房产税。税基暂按应税住房市场交易价格的70%计算缴纳,适用税率暂定为0.6%。对住房每平方米市场交易价格低于当地上年度新建商品住房平均销售价格2倍(含2倍)的,税率暂减为0.4%。重庆市对个人新购高档住房价格超过均价两倍的,按照0.5%税率征收房产税,全部独栋商品房收房产税。独栋商品住宅和高档住房建筑面积交易单价在上两年主城九区新建商品住房成交建筑面积均价3倍以下的住房,税率为0.5%;3倍(含3倍)至4倍的,税率为1‰;4倍(含4倍)以上的税率为1.2%;在重庆市同时无户籍、无企业、无工作的个人新购第二套(含第二套)以上的普通住房,税率为0.5%。

七、个人所得税改革

2011年6月30日十一届全国人大常委会第二十一次会议表决通过关于修改个人所得税法的决定。法律规定,工资、薪金所得,以每月收入额减除费用3 500元后的余额为应纳税所得额,工资、薪金所得,适用超额累进税率,税率为3%~45%,修改后的个税法于当年9月1日起施行。但这次的修改并没有改革个人所得税实行的"分类征收制",而以家庭为单位进行综合所得税改革一直是业界探讨的热点。2017年7月1日起,我国开始将商业健康保险个人所得税税前扣除试点政策推至全国,对个人购买符合条件的商业健康保险产品的支出,允许按每年最高2 400元的限额予以税前扣除。

八、税收征管改革

2015年1月国务院法制办公室发布了关于《中华人民共和国税收征收管理法修订草案(征求意见稿)》公开征求意见的通知。此次征管法修改的主要内容包括:一是增加对自然人纳税人的税收征管规定;二是进一步完善纳税人权益保护体系;三是进一步规范税收征管行为;四是实现与相关法律如行政强制法、刑法修正案、预算法的衔接;五是健全争议解决机制的内容。2015年12月,中办、国办印发的《深化国税、地税征管体制改革方案》已正式向社会公布,明确了国税、地税合作不合并的改革方向,要求理顺征管职责划分,创新纳税服务机制,转变征收管理方式。2015年12月,国家税务总局发布了《关于加强国家税务局、地方税务局互相委托代征税收的通知》(税总发〔2015〕155号),对国税、地税如何委托代征税收进行合作进行了规范。

【本 章 小 结】

中华人民共和国成立以来,在不同的历史阶段,对税种、税制结构以及财政管理体制都进行了一系列重大改革和调整,建立并完善了财税新体制的基本框架,使得我国由原来的单一税制体系逐渐转变为以流转税和所得税为主体,其他税种做辅助,共同发挥调节作用的新税制体系。1994年分税制改革是税制改革的一个重要转折点,这次改革大大加强了中央的宏观调控能力,对中央和地方的财权与事权进行合理划分,进一步完善了税制结构。新一轮税制改革和国家治理视野下现代财政制度的构建必将不断地完善我国现行的税制体系,"营改增"在全国范围内的推行以及房产税改革都将推动税制体系更加科学规范。尽管我国的财税制度正在走向现代化的科学轨道,但目前的税收制度尚有许多不足,需要根据实践的变化不断地加以改革和完善。

【关　键　词】

工商税制改革　利改税　农业税取消　分税制　营改增

【复习思考题】

（一）名词解释

1. 利改税
2. 分税制
3. 营改增

（二）简答题

1. 简述1994年分税制改革的背景。
2. 中华人民共和国成立以来的税制改革带来了哪些基本经验和教训？

参 考 文 献

[1] 钱浩. 中国通史[M]. 北京：当代世界出版社,2007.
[2] 林耀华. 原始社会史[M]. 北京：中华书局,1984.
[3] 曾运乾注. 尚书[M]. 上海：上海古籍出版社,2015.
[4] 周礼[M]. 长沙：岳麓出版社,2001.
[5] 十三经注疏[M]. 上海：上海古籍出版社,1997.
[6] 管子[M]. 出版地不详,1934.
[7] 诸子集成[M]. 北京：中华书局,2006.
[8] 陈寿撰,裴松之注. 三国志[M]. 北京：中华书局,2011.
[9] 李隆基撰,李林甫注. 大唐六典[M]. 西安：三秦出版社,1991.
[10] 刘昫(五代). 旧唐书[M]. 北京：中华书局,2000.
[11] (元) 脱脱等. 宋史[M]. 北京：中华书局,1976.
[12] (清)徐松辑. 宋会要辑稿[M]. 北平：国立北平图书馆,1936.
[13] 陈高华等点校. 大元圣政国朝典章[M]. 天津：天津古籍出版社,2011.
[14] (明)宋濂. 元史[M]. 北京：中华书局,1976.
[15] 明会典[M]. 北京,中华书局,1989.
[16] (清)张廷玉. 明史[M]. 北京：中华书局,1974.
[17] (清)赵尔巽. 清史稿[M]. 北京：中华书局,2015.
[18] 马端临,上海师范大学古籍研究所点校. 文献通考[M]. 北京：中华书局,2011.
[19] 恩格斯. 家庭、私有制和国家的起源[M]. 北京：人民出版社,1972.
[20] 杨宽. 战国史[M]. 上海：上海人民出版社,1980.
[21] 徐喜辰. 井田制研究[M]. 长春：吉林人民出版社,1984.
[22] 曾仰丰. 中国盐政史[M]. 北京：商务印书馆,1936.
[23] 陈登原. 中国田赋史[M]. 上海：上海书店,1984.
[24] 吴兆莘. 中国税制史(上、下册)[M]. 北京：商务印书馆,1937.
[25] 周伯棣. 中国财政史[M]. 上海：上海人民出版社,1981.
[26] 叶振鹏. 中国历代财政改革研究[M]. 北京：中国财政经济出版社,1999.
[27] 叶振鹏. 20世纪中国财政史研究概要[M]. 长沙：湖南人民出版社,2005.
[28] 凌大珽. 中国茶税简史[M]. 北京：中国财政经济出版社,1988.
[29] 吴才麟,文明. 中国古代财政史研究[M]. 北京：中国财政经济出版社,1990.
[30] 吴才麟. 史前经济与财政起源[M]. 北京：中国财政经济出版社,1990.
[31] 孙翊刚. 中国财政问题源流考[M]. 北京：中国社会科学出版社,2001.
[32] 孙翊刚,董庆铮. 中国赋税史[M]. 北京：中国财政经济出版社,1984.
[33] 孙翊刚. 中国赋税史(修订本)[M]. 北京：中国财政经济出版社,1996.
[34] 孙翊刚. 中国赋税史[M]. 北京：中国税务出版社,2003.
[35] 孙翊刚,陈光炎. 中国赋税史[M]. 北京：中国税务出版社,2003.

[36] 刘孝诚. 中国财税史[M]. 北京:中国财政经济出版社,2007.
[37] 黄天华. 中国财政史纲[M]. 上海:上海财经大学出版社,1999.
[38] 黄天华. 中国税收制度史[M]. 上海:华东师大出版社,2007.
[39] 王志瑞. 中国赋税史[M]. 北京:中国财政经济出版社,1998.
[40] 叶青. 财政与会计关系史比较研究[M]. 北京:中国财政经济出版社,2000.
[41] 朱伯康,施正康. 中国经济史(下卷)[M]. 北京:复旦大学出版社,2005.
[42] (元)脱脱. 宋史[M]. 北京:中华书局,1997.
[43] 李焘. 续资治通鉴长编[M]. 北京:中华书局,1985.
[44] 曾仰丰. 中国盐政史[M]. 北京:商务印书馆,1936.
[45] 周伯棣. 中国财政史[M]上海:上海人民出版社,1981.
[46] 汪圣铎. 两宋财政史[M]北京:中华书局,1995.
[47] 王成柏,孙文学[M]中国赋税思想史[M]. 北京:中国财政经济出版社,1995.
[48] 朱伯康,施正康. 中国经济史[M]. 上海:复旦大学出版社,2005.
[48] 中国近代史资料丛刊. 北洋军阀[M]. 上海:上海人民出版社,1988.
[50] 来新夏. 北洋军阀史[M]. 天津:南开大学出版社,2000.
[51] 项怀成. 中国财政通史[M]. 北京:中国财政经济出版社,2006.
[52] 陈昭桐. 中国财政历史资料选编第12辑[M]. 北京:中国财政经济出版社,1990.
[53] 张东刚,朱荫贵,赵津,张利民. 世界经济体制下的民国时期经济[M]. 北京:中国财政经济出版社,2005.
[54] 史全生. 中华民国经济史[M]. 南京:江苏人民出版社,1989.
[55] 财政部编写组. 中华民国工商税收史纲[M]. 北京:中国财政经济出版社,1999.
[56] 邓海波. 中国历代赋税思想及其制度[M]. 台北:台湾正中书局版,1984.
[57] 杨青平. 皇粮国税:税制流变与王朝兴衰[M]. 郑州:河南人民出版社,2006.
[58] 杨荫溥. 民国财政史[M]. 北京:中国财政经济出版社,1985.
[59] 贾士毅. 民国续财政史[M]. 北京:商务印书馆,1934.
[60] 国家税务总局. 中国工商税收史(夏商周—清)[M]. 北京:中国财政经济出版社,1990.
[61] 左治生等. 中国财政历史资料选编[M]. 北京:中国财政经济出版社,1988.
[62] 刘佐. 新中国税制60年[M]. 北京:中国财政经济出版社,2009.
[63] 刘佐. 中国税制五十年[M]. 北京:中国税务出版社,2000.
[64] 马金华. 中国赋税史[M]. 北京:对外经贸大学出版社,2012.

教师服务

感谢您选用清华大学出版社的教材！为了更好地服务教学，我们为授课教师提供本书的教学辅助资源，以及本学科重点教材信息。请您扫码获取。

≫ 教辅获取

本书教辅资源，授课教师扫码获取

≫ 样书赠送

财政与金融类重点教材，教师扫码获取样书

清华大学出版社

E-mail: tupfuwu@163.com
电话：010-83470332 / 83470142
地址：北京市海淀区双清路学研大厦 B 座 509

网址：https://www.tup.com.cn/
传真：8610-83470107
邮编：100084